高等职业教育农业部“十二五”规划教材

高尔夫球规则实用教程

安铁民　主编

中国农业大学出版社
·北京·

内容简介

本书是针对高尔夫球专业课编写的教材，主要内容包括高尔夫球规则定义、高尔夫球比赛规则、复习要点、规则实践、复习题和模拟试题。全书40个单元，单元后附“要点提示”、“复习题及答案”、“案例解析”等。共有130个实训案例、800道模拟试题、300道复习题。

本书采用“案例教学”的方式设计教材，书中的许多案例都是实际赛事裁判工作中的具体案例。以实践技能为中心，注重全面提高学生的实践技能和执裁素养。本书层次清楚、通俗易懂、使用性强。

本书可作为高职高专、大专和本科等高等院校高尔夫球规则教材，也可作为中职中专、成人教育和企业培训教材。

图书在版编目(CIP)数据

高尔夫球规则实用教程/安铁民主编. —北京：中国农业大学出版社，2014.5(2016.7重印)
ISBN 978-7-5655-0922-3

Ⅰ.①高… Ⅱ.①安… Ⅲ.①高尔夫球运动-竞赛规则-高等学校-教材
Ⅳ.①G849.34

中国版本图书馆CIP数据核字(2014)第049752号

书　名 高尔夫球规则实用教程
作　者 安铁民 主编

策划编辑 陈 阳 伍 斌　　**责任编辑** 田树君
封面设计 郑 川　　**责任校对** 王晓凤 陈 莹
出版发行 中国农业大学出版社
社　址 北京市海淀区圆明园西路2号　　**邮政编码** 100193
电　话 发行部 010-62818525,8625　　读者服务部 010-62732336
编辑部 010-62732617,2618　　出 版 部 010-62733440
网　址 http://www.cau.edu.cn/caup　　**e-mail** cbsszs @ cau.edu.cn
经　销 新华书店
印　刷 北京鑫丰华彩印有限公司
版　次 2014年5月第1版　2016年7月第2次印刷
规　格 787×1 092　16开本　20.75印张　496千字　彩插8
定　价 45.00元

编委会

编 写 人 员

主　编　安铁民

副主编　魏忠发　邹本旭　刘云朝　刘云强

参　编　宋金官　匡勇进　牛真真　李　芳　曹　珺
李长福　刘丽馥　武　瑾　王　波　艾小龙
于霜楠　肖相霍　杨　东　孔维东　商　亮
孙一博　曹　炜

前 言

高尔夫球规则已经成为开设高尔夫球课程的院校和高尔夫球企业员工及高尔夫球爱好者必备的知识，因此，如何快速掌握高尔夫球规则知识，并应用于高尔夫球教学和实际工作中，已成为高尔夫球人迫切需要解决的问题。

为了适应这种需求，各类设立高尔夫球专业的高等院校、高职高专、中职中专、培训学校都开设了高尔夫球规则课程，高尔夫球俱乐部员工培训也把高尔夫球规则培训列为主要培训项目，基于以上原因，农业部批准了这部《高尔夫球规则实用教程》作为“十二五”规划教材，以满足高等院校、高职高专、中职中专及各类培训学校的教学需要。

本教材设计了六大部分：第一部分：高尔夫球规则定义；第二部分：高尔夫球比赛规则；第三部分：复习要点；第四部分：规则实践；第五部分：复习题；第六部分：模拟试题。为了方便教师教学和学生自学，全书设计了40个单元，每个单元后附有要点提示、复习题及答案、案例解析等。其中第四部分：高尔夫规则实践部分中共有130个实训案例。第五部分：复习题，设计了300道复习题。第六部分：模拟试题，设计了选择、判断、简答、案例分析等题型，共计800道模拟试题。为了方便同学们学习，在案例、复习题、模拟试题后都附有参考答案，便于同学们快速学习。在教材中我们插入了一些图片、简要图示等，方便大家直观理解学习规则定义及规则条款。

本教程以英文版规则为蓝本，并参考了R&A和USGA出版的2012—2013年《Decisions on the Rules of Golf》（高尔夫球规则判例）、李今亮的《高尔夫规则细解》、黄民隆的《话说高尔夫规则判例》、裴勇的《高尔夫实战法则》等可以借鉴的相关高尔夫球规则书籍。

本书在编写组广大同仁的共同努力下，中国农业大学出版社陈阳老师为本书出版也付出了大量的辛苦劳动，同时我的学生孙一博、于兴红、朱晶晶在此书的编写中参与资料收集和校对工作，在此向为本书编写出版付出辛勤劳动的各位同行和我的学生表示衷心的感谢。由于水平有限，在编写中难免出现不足和错误之处，敬请各位专家和同学们给予批评指正！

安铁民

2013年11月

目 录

第一部分
高尔夫球规则定义

第一单元　学习高尔夫球规则的方法

一、课程简介

高尔夫球规则是高尔夫球专业主干课，是未来从事高尔夫球专业的基础，为将来从事高尔夫球教练员、裁判员、职业球员、赛事运作管理、球会管理、职业球童、高尔夫球专业教师等工作奠定基础。

二、确立学习目标

初级裁判员→中级裁判员→国家级裁判员→国际级裁判员。

三、制订学习计划

制订三年学习规划、年度学习计划、学期学习计划、月学习计划。

四、学习规则的方法

①提前自学预习，标注疑难点，课堂积极思考发言。

②课后及时复习记忆，反复复习巩固，收集判例加深理解。

③加强英语规则学习，加强口语听力练习，提前考裁判员。

④充分利用各种资料、媒体网站等信息资源辅助学习。

⑤查找判例号方法：首先在 CONTENTS 里找出判例内容里面的关键词，其次在 INDEX TO DECISIONS 找出对应的判例号，最后通过判例号找出对应的判例。

⑥积累资料：文字、图片、音频、视频、亲身经历的规则案例等。

五、案例分析方法

1. 理解规则用词

①“可以”(may)(比如球员可以取消该次击球)的意思是该行为是选择性的。

②“应当”(should)(比如计分员应当核对成绩)的意思是规则推荐(建议)这样做，但不是强制性的。

③“必须”(must)(比如球员的球杆必须符合规则要求)的意思是这是一种命令。如果不遵照执行，将会受到处罚。

④ “一个球”(a ball)(比如在该点后方抛一个球)的意思是你可以替换另外一个球(如规则 26、27 和 28)。

⑤“这个球(或该球,此球)”(the ball)(比如球员必须拿起并抛这个球)的意思是你不得替换另外一个球(比如规则 24-2 或 25-1)。

2. 理解定义

①规则中有 60 多个定义,这些定义形成了比赛规则的基石。

②深刻理解这些术语的定义,对正确应用规则极其重要。

3. 确定案例的客观事实

①比赛形式。

②当事人(球员、他的伙伴、球童或局外者)。

③事情发生的地点(发球区、球场通道、障碍区或果岭)。

④到底发生了什么。

⑤案例发生的时机(比赛是否结束,是否已交记分卡等)。

六、学习路径推荐

USGA 官网:www. usga. org

R&A 官网:www. randa. org

中高协官网:www. golf. org. cn

新浪高尔夫网站:www. golf. sina. com. cn

高尔夫人人网:www. golfrenren. com

唐高网:www. golf 998. com

第二单元　高尔夫球场礼仪

一、球场上的举止

最重要的原则是:在球场上任何时候都要为他人着想。

二、高尔夫球运动的精神

高尔夫球运动大多是在没有裁判员监督的情形下进行的。依靠每个球员主动为其他球员着想和自觉遵守规则,保证诚实和信用。所有球员自觉约束自己的行为,在任何时候都表现出礼貌谦让和良好的运动精神。这是高尔夫球运动的精髓所在。

三、安全

1. 挥杆安全

球员进行挥杆练习时,应确保球杆可能击打到的地方及可能因击球或挥杆而被球、石块、小石子、树枝等打到的地方及其附近无人站立。

2. 打球安全

在击球时确认周围挥杆安全及球的射程范围内无人或车辆后再击球,在球飞向可能会击中他人的方向时,球员应立即高声喊"看球"。

四、为其他球员着想

1. 保持安静

不应以走动、说话或制造不必要的声音干扰他人打球,不接、打手机等。

2. 不先架球

在发球台上,在轮到自己发球之前不应先架球。

3. 合理站位

其他球员准备打球时,不应站在球或球洞附近或站在球或球洞的正后方。

五、在果岭上

1. 勿踩踏、遮挡推击线

身体和身影远离其他球员的推击线,也不要轻易跨越对方推击线。

2. 等待同时离开果岭

在本组的其他球员击球入洞之前应当站在果岭上或果岭附近等待。

3. 行进中核对成绩

在比杆赛中，如为其他球员记分的球员，应当在走向下一发球区的过程中，核对相关球员在刚打完之洞的杆数并记录下来。

六、打球速度

1. 快走稳打

保持快速的打球速度并及时跟进。球员应当保持较快的打球速度，委员会可以制定所有球员都应遵守的打球速度指南；一组球员有责任与前组保持跟进，不落后过多。

2. 礼让后组

如果一组球员落后前组整整一个洞而且延误了后组，不论后组有几名球员，该组球员应当请后组先行通过。

七、做好打球准备

1. 提前准备

球员应当提前做好打球准备。在果岭附近或在果岭上打球时，球员应当把自己的球包或球车放置或停在适当的位置，保证能够快速离开果岭并尽快行进到下一洞发球区。

2. 速离果岭

当一洞的打球结束后，球员应当立即离开果岭。

八、遗失球

1. 打暂定球　节约时间

如果球员认为自己的球可能在水障碍区外遗失或界外，为了节省时间，他应打一个暂定球。

2. 礼让后组　安全第一

当球不容易找到时，正在寻找球的球员应尽快发出信号，让后续球员先行通过。他们应在开始找球没有超过5分钟之前发信号。在允许后组先行通过时，在后续球员通过并走出球的射程可及范围之前，该组球员不应继续打球。

九、球场上的优先权

1. 速度优先

除非委员会另有规定，球场上的优先权由一组球员的打球速度决定。

2. 多打优先

任何要打完全部一轮的组，有超越不打完全部一轮组的权利。

十、对球场的保护

1. 平整沙坑

在离开沙坑前，球员应仔细平整好他在沙坑内造成的所有坑穴和足迹以及其他人在附近造成的坑穴和足迹。如果沙坑附近有沙耙，应当使用沙耙进行平整。

2.修复打痕、球痕和鞋钉印或其他损伤

球员应认真修复自己造成的任何打痕和因球的冲击对果岭造成的损伤(不论损伤由何人造成)。打完一洞后,一组中的所有球员应当修复高尔夫球鞋钉对果岭造成的损坏。

3.避免不必要的损伤

①练习挥杆　杆别挖地:球员应当避免对球场造成损伤,如在练习挥杆时削起草皮,或因为生气或其他任何原因用杆头砸击地面。

②重点保护　勿伤球洞:放置球包或旗杆时,球员应确保不对果岭造成损伤。不应站在离球洞过近(10英寸以内)的地方,小心扶持旗杆或将球从球洞中取出,不倚靠推杆站立,旗杆正确地放回球洞中。

③遵章驾驶　勿伤草坪:球员应严格遵守当地有关驾驶高尔夫球车的注意事项。

④对违反规则行为的处罚　在出现严重违反礼貌规范的行为时,委员会可以按照规则33-7对犯规球员处以取消比赛资格的处罚。

⑤球场规则分区　从规则的角度划分高尔夫球场分为:发球区、球场通道、障碍区和果岭四个部分。

球场礼仪(口诀)

高球礼仪	安全第一	穿着得体	彬彬有礼
别人打球	绝对肃静	足踏草坪	勿碾勿踩
练习挥杆	杆别挖地	打起草皮	填沙适宜
球进沙坑	近端出入	积极主动	填整耙平
爱护设施	捡拾垃圾	修复果岭	点滴做起
快走稳打	整体结构	落后一洞	礼让后组
打完一洞	速离果岭	互为裁判	记录成绩
球童为友	切磋球技	与自己比	不断进取

第三单元　行为用语、球的用语

一、击球准备

当球员将其球杆放在紧靠球前面或后面的地面上，该球员即完成了“击球准备(addressing the ball)”，无论他是否已经摆好站位。在障碍区内没有击球准备。

二、助言

助言(advice)是指任何能够影响球员打球决断、球杆选择或击球方法的劝告或建议。

释义：打球决断——例如，建议他人打到树的左边，或瞄着右边的山坡打等。

球杆选择——例如，建议他人用5号铁杆或球道木杆等。

击球方法——例如，建议他人打一个高吊球、地滚球、左弧线球等。

有关规则、距离方面的信息或者诸如障碍区的位置，旗杆在果岭上的位置等公共信息不属于助言。

三、站位

站位(stance)是指球员为击球或准备击球把双脚放在适当的位置。

四、击球

击球(stroke)是指意在打球并将其移动而使球杆向前的运动，如果球员的杆头触及球之前自发地停止或改变下挥杆动作，则他没有击球(上杆不属于击球)。

五、移动或被移动

移动或被移动(move or moved)：如果一个球离开原来的位置，并且静止在任何其他地方，这个球即被视为“移动”了，空间位移即是“移动”。

六、球进洞或进洞

球进洞或进洞(ball holed or holed)：当球静止在球洞的圆周内，且其整体都在球洞边缘水平面以下时，该球即“进洞”。

注释：

1. 球的整体如果都位于球洞边缘水平面以下时，即使没有到底部也属于进洞之球。
2. 球夹在球洞的边缘或旗杆的中间，当球的一部分位于球洞边缘水平面以上时，则不属于

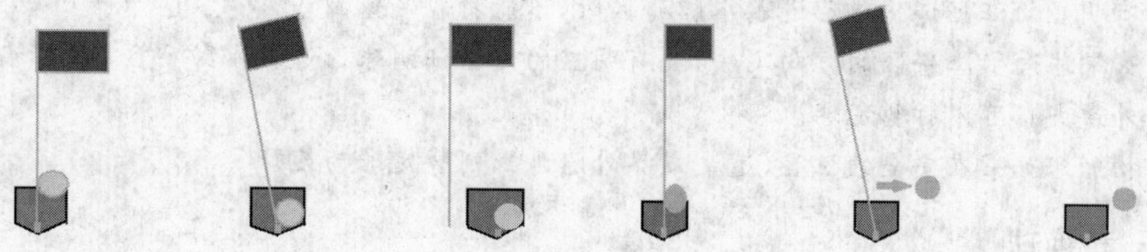

球进洞。

3. 两个球即使连续进入同一个球洞内，如果两个球都位于球洞边缘水平面以下，该球成为入洞之球，球没有发生碰撞则不受处罚。

七、使用中球

使用中球(ball in play)简单地讲就是处于比赛(使用)状态的球。

球员从发球区击球之后，该球如果没有遗失、界外、被拿起或(不论规则允许与否)被另一球替换，该球即成为"使用中球"，直至击球入洞为止都一直保持使用中球的状态。当球被另一球替换时，替换的球成为使用中球。

如果球员在开始一洞的打球时，从发球区外打了球或者是在纠正这一错误时从发球区外打了球，这个球不是使用中球，规则 11-4 或规则 11-5 适用。否则使用中球包括当球员选择或被要求从发球区进行下一次击球时从发球区外打的球。

比洞赛中的例外：如果球员在开始一洞的打球时从发球区外打了球，而对手并没有要求他按照规则 11-4a 取消该次击球，则该球成为使用中球。

注释：使用中球包括不论规则允许替换与否，实际上已替换了使用中球的球。

八、遗失球

遗失球(lost ball)有五种情况：

①球员一方或他们的球童在 5 分钟内没有找到这个球或无法辨认出是他的球。

②球员在初始球可能的位置或较该位置更靠近球洞的地点击打了暂定球(规则 27-2b)。

③球员已经按照规则 26-1a、规则 27-1 或规则 28 的要求，按照"一杆加距离"的处罚方式把另一个球投入使用状态。

④球员因为知道或可以肯定自己没有找到的球被局外者移动(规则 18-1)、位于妨碍物内(规则 24-3)、位于异常球场状况内(规则 25-1c)或位于水障碍区内(规则 26-1b 或规则 26-1c)，所以把另一个球投入了使用状态。

⑤球员击打了一个替换球。

打错球所用的时间不计入允许找球的 5 分钟时限。

九、暂定球

暂定球(provisional ball)是指球有可能在水障碍区以外遗失或可能界外时按照规则 27-2 打的球。

注释：

1. 规则规定，不允许以使用中球有可能进入水障碍区的理由打暂定球。

2. 有明显的证据证明球已进入水障碍区时，不能打暂定球。

3. 如果球向水障碍区的方向飞去，没有明显的证据证明球已进入水障碍区时(有可能在水障碍区外遗失)，可以打暂定球。

4. 初始球如果在安全的位置(遗失或界外除外)，则暂定球为死球。

十、替换球

替换球(substituted ball)是指当初始球处于使用状态、遗失、出界或被拿起时，代替初始球投入使用状态的一个球。

十一、错球

错球(wrong ball)是指除球员的下列球以外的任何球：

①使用中球；

②暂定球；

③比杆赛中按照规则 3-3(对处置程序有疑义打两个球)或规则 20-7c(比杆赛中，从错球地方打球后可能严重犯规而打的第二个球)打的第二球。

错球包括：

①其他球员的球；

②遗弃的球；

③不在使用状态的球员的初始球。

习题一

判断题

1. 当球员球杆在球的前面或后面接触地面，即视为完成了击球准备。(　　)

2. 有关规则、距离方面的信息，不属于助言。(　　)

3. 比杆赛中，A 在发球区开球之后，把球打进长草，B 准备开球时，A 对 B 说："应该用 7 号铁，我的 6 号打大了。"A 的行为属于提供助言，受罚两杆。(　　)

4. 上杆属于击球的一部分。(　　)

5. 一个球静止在球道上，一阵风吹过，它向前滚动了 1 码，又回到了原来的位置，视为球移动了。(　　)

6. 在球道上，球员试挥杆时使球移动，算是一次击球，要在球的现有位置打球。(　　)

7. 球静止在球洞的圆周内，一半在球洞边缘水平面以下，一半在水平面上，视为该球进洞。(　　)

8. 发球区击球之后，直至进洞，否则该球一直为使用中球。(　　)

9. 告诉其他球员"下坡打 80 码就可以上果岭"，属于助言。(　　)

习题一答案

判断题答案

1. ×　2. √　3. √　4. ×　5. ×　6. ×　7. ×　8. ×　9. √

第四单元　人的用语、物件用语

一、球童

球童(caddie)是指按照规则帮助球员的人,包括在比赛过程中为其携带或管理球杆。

当一个以上的球员共同雇用一个球童时,雇用者中哪一位球员的球(或其伙伴的球)与涉及的状况有关,该球童即被视为这位球员的球童,同时,该球童所携带的装备也被视为这位球员的装备。但是,如果该球童是按照雇用者中另一位球员(或其伙伴)的特定指示行动,他将被视为那位球员的球童。

注释:

1. 除赛事规定外,球员间可互作球童。

2. 球童可以向球员提供助言,但不能向球员提供物理协助。

物理协助:是眼睛可以看见的具体协助。

3. 在击球时,规则 14-2 禁止球员接受外界的任何保护,但是,并不禁止球员保护自己。

二、委员会

委员会(committee)是指负责比赛的委员会,如果比赛中没有发生问题,则委员会负责球场事宜。

三、比赛者

比赛者(competitor)是指比杆赛中的球员。“同组比赛者”是指与比赛者同组打球的任何球员,两者不是伙伴。

在四人两球赛和四球赛的比杆赛中,在不违反语境的情况下“比赛者”和“同组比赛者”的用语中包括其伙伴。

四、观察球童

观察球童(forecaddie)是委员会雇用的在比赛中为球员指示球位置的人员。观察球童是局外者。

五、记分员

记分员(marker)是指比杆赛中由委员会指定的记录比赛者成绩的人员,他可以是同组比赛者,但不是裁判员。

六、观察员

观察员(observer)是指由委员会指定的协助裁判员判定事实问题,并向其报告违规情况的人员。观察员不应照管旗杆、站在球洞旁边、指示球洞位置、拿起球或标定球的位置。

七、裁判员

裁判员(referee)是指由委员会指定的裁定事实问题并执行规则的人员。他必须对自己观察到的或接到报告的所有违反规则的行为采取行动。

裁判员不应该做的事情:照管旗杆、站在球洞边、指示球洞位置、拿起球或标定球的位置。

习题二

一、判断题

1. 球员在打球过程中可以让一个人为其管理和携带球杆,再让另一个人为其携带雨伞。(　　)

2. 一名球员在比赛中,同一时间允许有2个球童。(　　)

3. 比赛者是指比洞赛球员。(　　)

4. 观察员可以照管旗杆,站在球洞边或指示球洞位置。(　　)

5. 球员可以向同组比赛者询问助言。(　　)

6. 球童可以在同一时间服务2名球员。(　　)

7. 记分员是指比杆赛中记录比赛者成绩的人员。(　　)

8. 观察球童和裁判员不属于局外者。(　　)

9. 球员可以让裁判员帮助指示果岭位置。(　　)

10. 球员提醒同组比赛者"小心下坡推球"属于助言。(　　)

二、简答题

1. 举出2个物理协助的实例。

2. 说出球员、比赛者、同组比赛者、伙伴4个定义的区别。

习题二答案

一、判断题答案

1.√　2.×　3.×　4.√　5.×　6.√　7.√　8.×　9.√　10.√

二、简答题答案

1.(1)在球员击球时,帮助球员打伞。(2)在球员推球时,帮助球员挡阳光。

2.“球员”是参加比赛运动员的统称，球员既是比杆赛的运动员也可以是比洞赛的运动员。“比赛者”是指比杆赛中的球员。“同伴比赛者”是指与比赛者同组打球的任何球员，两者并非互为伙伴。伙伴是指与另一球员同属一方的球员。同组比赛者是指比杆赛中与球员在一组打球的球员。

第五单元　球场用语

一、球场

球场(course)是指委员会所设定边界内的全部区域。

二、果岭

果岭(putting green)是指正在打球之洞专为推击而特别制作或由委员会为此限定的所有区域。当球的任何一部分触及果岭时,该球即位于这个果岭之上,果岭环不属于果岭。

三、最近补救点

最近补救点(nearest point of relief,NPR)是指由不可移动妨碍物(规则 24-2)、异常球场状况(规则 25-1)或错误果岭(规则 25-3)造成的妨碍不受处罚地进行补救时的参考点。

该点是在球场上距离球最近的一个点,且符合下列条件:

①不靠近球洞:不比球原来的停点更靠近球洞;

②完全脱离妨碍:若将球置于该点,在球的初始位置打球会对球员击球造成的妨碍将不复存在。

例如,球员的球位于球车路上受到妨碍,球员按照不可移动妨碍物进行的补救后,球员的球位、站位、挥杆区域任何一项继续受到该球车路的妨碍,就是没有完成脱离妨碍。

注释:为了准确地找到最近补救点,球员应使用假设没有妨碍时,他下一次击球时使用的球杆模拟其击球准备位置、打球方向和击球的挥杆动作。

确定最近补救点的方法

补救依据	补救步骤	确定最近补救点的方法
不可移动妨碍物(规则 24-2)、异常球场状况(规则 25-1)或错误的果岭(规则 25-3)造成的妨碍	1.确定正确的最近补救点。 2.在最近补救点一支球杆范围内抛球或放置球	1.假设妨碍不存在时使用的球杆模拟击球挥杆区域 2.找到距离球最近且不靠近球洞的点。 3.如果球放在这个点上妨碍将不存在
备注	球员补救不一定能获得较好的球位	

四、错误的果岭

错误的果岭(wrong putting green)是指除了正在打球之洞果岭以外的任何果岭。如果委员会没有另行规定，错误果岭包括球场上的练习果岭和切击果岭。

五、打球线

打球线(line of play)是指球员希望击球之后球运动的方向，再加上向两侧延长适当的距离。打球线从地面垂直向上延伸，但不越过球洞。

六、推击线

推击线(line of putt)是指球员在果岭上进行击球之后希望球运动的路线，除去规则 16-1e 提到的场合外，推击线包括该路线两侧合理的距离。推击线不越过球洞。

七、障碍区

障碍区(hazard)是指任何沙坑和水障碍区。

八、沙坑

沙坑(bunker)是指在球道中挖掉草皮和泥土，再用沙或沙状物制作成的障碍区，多呈凹状。

沙坑边缘或沙坑内被草覆盖的地面，包括草皮码放而成的表面(不论是有草覆盖还是土质的)不是沙坑的一部分。

沙坑的侧壁或边缘未被草覆盖的部分是沙坑的一部分。沙坑的界线垂直向下延伸，但不向上延伸。当球位于沙坑内或其任一部分触及沙坑时，则该球为沙坑内的球。

沙坑知识点

内　容	不属于沙坑	属于沙坑
沙坑边缘被草覆盖的地面	√	
沙坑内被草覆盖的地面	√	
草皮码放而成的表面(不论是有草覆盖的还是土质的)	√	
沙坑的侧壁或边缘未被草覆盖的部分		√

九、水障碍区

水障碍区(water hazard)是指任何海、湖、池塘、河川、水沟、地表排水沟或其他无覆盖水道(无论是否有水)及其他类似性质的水域。

在界线内的地面或水属于水障碍区的一部分。

标示水障碍区界线的立桩属于该水障碍区，水障碍区的界线由地面上桩的最外侧点决定。

当同时使用立柱和线标示水障碍区时，立柱作为水障碍区的识别标志，而线标定障碍区的界线。

当水障碍区的界线由地面上的线标示时，该线本身属于水障碍区。水障碍区的界线垂直向上下延伸。

当球位于水障碍区内或其任何部分触及水障碍区内，该球为水障碍区内的球。

用来标示或识别水障碍区界线的立柱为妨碍物。

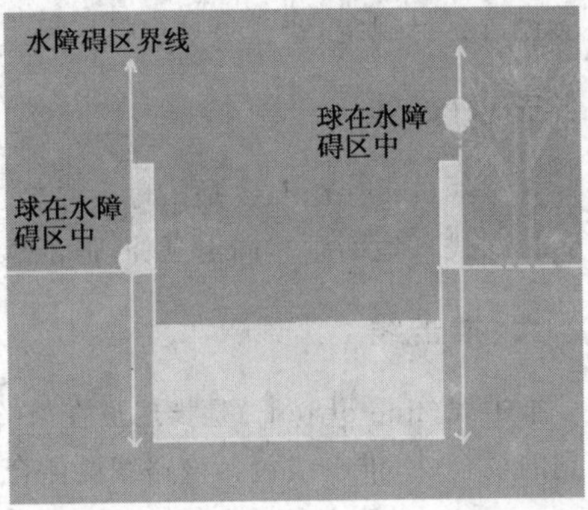

注释：

1. 用来标示水障碍区的立柱或线必须是黄色的。

2. 委员会可以制定当地规则，禁止在被标定为水障碍区的环境敏感区域内打球。

例如，你是球会运作总监，举办自己球会的会员月例赛时，球场水障碍区的水中的浅水区播种的芦苇刚刚露出小芽，球员如果进入障碍区打球则会伤害小苗，这时你可以制定当地规则禁止在该水障碍区中打球。

十、侧面水障碍区

侧面水障碍区（lateral water hazard）是指水障碍区或其一部分，而根据形状无法按照规则26-1b在该水障碍区后方抛球或委员会认定为无法在其后方抛球的区域。侧面水障碍区的所有地面和水都是侧面水障碍区的一部分。

侧面水障碍区由立桩标示时，立桩属于侧面水障碍，障碍区的界线由立桩的最外侧点界定。

当同时使用立桩和线标示侧面水障碍区时，立桩作为侧面水障碍区的识别标识，而线标定障碍区的界线。

当侧面水障碍区的界线由地面上的线标示时，该线本身属于侧面水障碍。侧面水障碍区的界线垂直向上下延伸。

当球位于侧面水障碍区中或任何部分触及侧面水障碍区时，该球为位于侧面水障碍区中的球。

用来标示侧面水障碍区的立桩属于妨碍物。

注释：

1. 水障碍区中要被作为侧面水障碍区打球的部分应被特定标定。用来标示侧面水障碍区的立桩或线必须是红色的。

2. 委员会可以制定当地规则，禁止在被标定为侧面水障碍区的环境敏感区域内打球。

3. 委员会可以将侧面水障碍区标示为水障碍区。

十一、比洞赛的形式（forms of match play）

个人赛（single）：一名球员对抗另一名球员的比洞赛。

三人两球赛（threesome）：一名球员对抗两名球员，每一方各打一个球的比洞赛。

四人两球赛（foursome）：两名球员对抗另两名球员，每一方各打一个球的比洞赛。

三球赛（three-ball）：三名球员互为对抗的比洞赛，各自打自己的球，每个球员同时进行两个分别的比洞赛。

最佳球赛（best-ball）：一名球员对抗另外两名球员中较佳球者或三名球员中最佳球者的比洞赛。

四球赛(four-ball):两名球员中较佳球者对抗另两名球员中较佳球者的比洞赛。

比洞赛形式要点

比赛形式	对抗形式	备　注
个人赛	一对一	两人对
三人两球赛	一对二	每一方各打一个球
四人两球赛	二对二	每一方各打一个球
三球赛	三人互相对抗	各自打自己的球,每人同时进行两个分别的比赛
最佳球赛	一对二或三	一人对抗两人或三人中成绩最好者的比赛
四球赛	二对二	两人中成绩较好者对抗另两人中成绩较好者

十二、比杆赛的形式(forms of stroke play)

个人赛(individual):每一名比赛者作为个体参加的比赛。

四人两球赛(foursome):两名比赛者作为伙伴且共打一个球的比赛。

四球赛(four-ball):两名比赛者作为伙伴,各自打一个球的比赛。伙伴中较低杆数作为该洞的杆数。如果一名伙伴没有完成该洞的打球,不受处罚。

注释:关于波基比赛,标准杆比赛和定分式比赛,请参看规则 32-1。

比杆赛形式要点

比赛形式	对抗形式	备　注
个人赛	一对全体比赛者	一对抗全体参赛者
四人两球赛	二对全体比赛者	两人作为伙伴共打一个球
四球赛	二对全体比赛者	两人作为伙伴,各自打一个球的比赛。伙伴中较低杆数作为该洞成绩

十三、规定一轮

规定一轮(stipulated round)是指除委员会另外认可时外,按正确顺序打完球场上的各洞。规定一轮的洞数应为 18 洞,但委员会也可以规定较少的洞数为一轮。比洞赛中规定一轮的延长,见规则 2-3。

十四、罚杆

罚杆(penalty stroke)是指按照相应规则加在球员或其一方成绩上的杆数。在三人两球赛或四人两球赛中,罚杆不影响打球顺序。

十五、R & A

R&A 是指英国 R&A 规则有限公司。

十六、规则

规则(rule or rules)包括:

①《高尔夫规则》以及《高尔夫规则判例》中的解释；

②委员会依照规则 33-1 和附属规则Ⅰ制定的任何比赛条件；

③委员会依照规则 33-8a 和附属规则Ⅰ制定的任何当地规则；

④附属规则Ⅱ和Ⅲ中关于球和球杆的规范，附属规则中有关装置和其他装备的规范。

十七、装备

装备(equipment)是指球员或为球员使用、穿着或携带的所有物品，包括球员的伙伴或他的球童为该球员携带的任何物品，如球车、烟盒、球包、手套、不在使用状态的球、球座、mark、球杆、毛巾、帽子、眼镜、饮料瓶、服装、食品等。但不包括正在打球之洞使用的球及用来标定球的位置或标定应抛球区域范围的小物品如硬币或球座等。

● **要点提示**

1.“球座”是指用来将球架离地面的用品。它的长度不得超过 4 英寸(101.6 毫米)在其设计和制造上不得有指示打球线或影响球运动的作用。

2.用来标定球的位置或抛球范围的小物品，如硬币或球座等不属于装备。

注释：

1.①装备中包括电瓶或手拉球车。如果该球车由两个或两个以上球员共用，在发生与球有关的问题时，该球车及车上所有的物品均被视为球的所有者的装备，但若另一共用球车的球员正在移动该车，则车及其中所有物品被视为正在移动球车的球员的装备。两人都没有移动的球车，则是两人共同的装备，谁的球撞到则是撞到自己的装备。

②被拿起后，在重新投入使用状态之前的球也属于装备。

2.如果球车由两个或两个以上球员共用，则球车及其中所有物品被视为共用球车球员的装备。

装备知识点

序号	内　容	装备	非装备
1	球员使用、穿着或携带的所有物品。球员的伙伴或他们的球童为该球员携带的任何物品，如球车、手拉车、球包、球杆、球、球座、硬币、手套、帽子、雨伞、食品、水杯、烟盒、眼镜、毛巾、服装	√	
2	A 球员击球时，击中了停止的两人共用的球车及车上所有物品，是否属于 A 的装备	√	
3	自己单独使用的球车或手拉车	√	
4	没有处于使用状态的球	√	
5	正在打球之洞使用的球及用来标示球的位置或标示应抛球区域范围的小物品，如硬币或球座等		√
6	使用中球、暂定球、按照规则打的第二个球		√
7	A 球员击球时，击中了由 B 球员正在移动的两人共用的球车及车上所有物品，是否属于 A 的装备		√

十八、散置障碍物

散置障碍物(loose impediments)是自然物体，包括：

①散置的石块、树叶、树枝、树杈及其类似物。

②动物的粪便。

③蠕虫和昆虫及它们的脱落物或堆积物。

下面不是散置障碍物：

①固定的或生长着的。

②牢固地嵌入地面。

③附着在球上。

沙和松散的泥土在果岭上属于散置障碍物，在球场其他地方不是（沙和松散的泥土在球场通道上是球场一部分）。

雪和自然界的冰可以根据球员的意见视为临时积水或散置障碍物，但霜除外。

露水和霜不是散置障碍物，不可以轻易去除。

散置障碍物要点

序号	内　容	散置障碍物	不是散置障碍物
1	散置的石块、树叶、树枝、树杈、蒿草、掉落的水果、蔬菜	√	
2	蠕虫和昆虫及它们的脱落物或堆积物	√	
3	打起的散落在球道上的草皮	√	
4	在果岭上的沙和松散的泥土	√	
5	散落的动物粪便	√	
6	雪和冰（还可视为临时积水）	√	
7	蛇蜕下的皮、蜘蛛	√	
8	死鸟的尸体	√	
9	黏附在球上的动物粪便		√
10	附着在球上的蠕虫和昆虫（有生命的物体不是黏附）	√	
11	部分被打断，还有一少部分连接地面的草皮		√
12	在果岭环上的沙和松散的泥土		√
13	在球道上的沙和松散的泥土		√
14	牢固嵌入地面的石块、倒伏但还有部分连接地面根系的树枝、蒿草		√
15	露水和霜		√

十九、妨碍物

妨碍物(obstructions)是指任何人造物体,包括道路和通道的人造表面和侧面及边缘部分以及人造冰。但下列物体除外:

①标示界外的物体,例如墙壁、栅栏、立桩和栏杆、铁丝网等。

②在界外不可移动人造物体的任何部分。

③委员会宣布为球场不可分割部分的建筑物。

1. 可移动妨碍物

以球员一个人的力量、不会造成比赛不当延误或引起伤害即可移动一个妨碍物时,该妨碍物为可移动妨碍物。否则为不可移动妨碍物。

例如,雨伞、球车(可以轻易开走或移走的,没有钥匙移动不走的是不可移动妨碍物)、标示牌、水障碍或整修地的标示桩、码数桩、果岭叉、沙耙、手套、水管、广告牌、纸杯、易拉罐、酒瓶、塑料制品、烟盒、加工过的木制品等。

注释:委员会可以制定当地规则宣布可移动妨碍物为不可移动妨碍物。

2. 不可移动妨碍物

当一个妨碍物球员本人不能轻易移除,且会造成不正当延误打球或引起伤害时,则该妨碍物为不可移动妨碍物。

例如,防滑垫(表面、侧面)、水沟盖、树木支架、洗球器、防护网、球车道、人造表面的道路和通道(如沥青、水泥、砾石、瓦片、橡胶、塑料、矿渣、木头等制成的人工路面)、水障碍区外的人行索道和人造桥梁、电线杆、铁塔、固定的水泥垃圾桶、嵌入地面的码数牌、配电箱、喷灌龙头、上下水防护盖、牢固固定在球场内的广告板等。

注释:委员会可以宣布一个不可移动妨碍物为球场不可分割部分。宣布后,球员只有在现有位置打球或宣布该球不可打。

例如,你作为裁判长可以把果岭边上的会所或别墅宣布为球场不可分割部分,球员只有在现有位置打球或宣布该球不可打。

二十、临时积水

临时积水(casual water)是指球员在采取站位前后,在球场上眼睛明显可看见的任何暂时性积水，但水障碍区内的水不是临时积水，雪和自然冰根据球员的选择，可以定义为临时积水或散置障碍物，但霜除外。

人造冰是妨碍物，露水和霜不是临时积水。

当球位于临时积水中或任何部分触及临时积水时，该球为位于临时积水中的球。

二十一、掘穴动物

掘穴动物(burrowing animal)是指出于习性或藏身需要而制造坑穴的动物，例如兔子、鼹鼠、土拨鼠、田鼠、水貂、囊地鼠或火蜥蜴等。但不包括蠕虫、昆虫或类似物。

注释：除非被标示或宣布为整修地，否则由非掘穴动物如猫、犬造成的坑穴不属于异常球场状况。

二十二、整修地

整修地(ground under repair，GUR)是指被委员会标示为整修地或由委员会授权的代表宣布为整修地的球场任何部分，位于整修地内的所有地面和草、灌木、树或其他生长物均为该整修地的一部分。

①整修地包括准备移走的堆积物和球场管理人员制造的坑穴，即使没有被标示为整修地。

②不是整修地：被弃置在球场内而不准备移走的剪下的草屑和其他物体不属于整修地，除非它们被标示为整修地。

③整修地界线：a. 整修地的界线由立桩标示时，立桩位于整修地内，整修地的界线由立桩在地平面的最外侧点标定。b. 当同时使用立桩和线标示整修地时，立桩作为整修地的识别标志，而线标定整修地的界线。标示整修地的线本身属于整修地。c. 整修地的界线垂直向下延伸，但不向上延伸。

④整修地中球的界定：当球位于整修地中或任何部分触及整修地时，该球为位于整修地中的球。

⑤整修地的立桩或线是妨碍物(立桩多用蓝色，线多用白色，在当地规则中文字标注)。

注释：委员会可以制定当地规则禁止在整修地内或被标定为整修地的区域内打球。

★ 规则在具体工作中的运用案例：你作为球场的运作总监，整修地内新种植的小草刚刚长出小苗，在做比赛时可以制定当地规则禁止在整修地内或被标定为整修地的区域内打球。

二十三、异常球场状况

异常球场状况(abnormal ground conditions,AGC)是指球场上的任何临时积水、整修地、掘穴动物、爬行动物、鸟类造成的洞穴、刨出的土堆或通道。

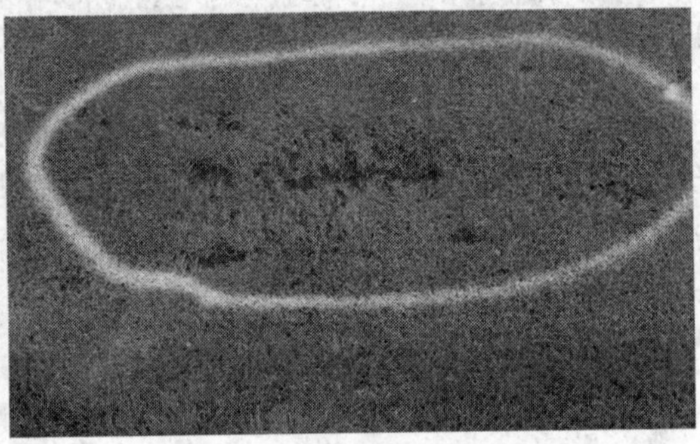

二十四、界外

界外(out of bounds,OB)是指球场边界以外的区域或由委员会标定为界外的球场的任何部分。

当用白色立桩和白线标定界外时,立桩作为界外的识别标志,而线标定界外的界线。标定界外的线和立桩本身属于界外。

①界外线垂直向上下延伸。

②当球的整体位于界外时即为界外球。

标定界外的物体诸如墙壁、栅栏、立桩和栏杆不是妨碍物,它是固定物。立桩作为界外的识别标志不属于妨碍物,被认为是固定物。

注释:

1. 标示界外的立桩和线应该是白色的。

2. 委员会可以制定当地规则,宣布作为识别标志而非标定界外的立桩为妨碍物。

工作中的具体应用案例:你做大型比赛裁判时,在相邻球道设置有OB线,同时又有起到识别标志而非标定界外的立桩时,你可以制定当地规则,宣布该立桩为妨碍物。

二十五、发球区

发球区(teeing ground)是指正准备打球之洞的起始处。它是纵深为两支球杆长度、前端和两侧由两个发球区标志的外侧边缘标定的长方形区域。当球的整体位于发球区以外时,即为发球区以外的球。

二十六、果岭区通道或称球场通道

果岭区通道或称球场通道(through the green)是指除下列区域外的所有区域:

①正在打球之洞的发球区和果岭。

②球场内所有障碍区。

● **要点提示**

1. 最近补救点是在球场上最接近球停点的一个点，而且符合下列条件：

①不比球原来的停点更靠近球洞；

②用假设该妨碍不存在时球员要使用的击球方式衡量，当球位于该点后，球员寻找补救的状况所造成的妨碍将不再存在。

2. 沙坑边缘或沙坑内被草覆盖的地面，包括草皮码放而成的斜面(不论有草覆盖还是土质)，不属于沙坑的一部分。

比赛形式知识点

序号	内容	属于比杆赛	属于比洞赛
1	比赛者	√	
2	同组比赛者	√	
3	球员	√	√
4	对手		√

区域界线的知识点

内容	向下延伸	上下延伸	线的颜色	备注
沙坑界线	√		无	未被草覆盖的沙坑的侧壁属于沙坑的一部分
整修地界线	√		白线或蓝桩	线和桩属于整修地内
水障碍区界线		√	必须黄、红线	线属于水障碍区内
OB界线		√	白线或立桩栅栏等	线或桩属于界外

妨碍物和散置障碍物的区别

序号	内容	人造物	自然物体	记忆方法
1	妨碍物	√		每天看到任何物体都要判断一下它的分类，属于妨碍物、散
2	散置障碍物		√	置障碍物或固定物、界外物体
3	牢固嵌入地面			球员非常费力才能移动，轻易移开的石头是散置障碍物

习题三

一、判断题

1. 当球的全部位于果岭上时，才属于果岭上的球。(　　)
2. 打球线垂直向上下延伸，不越过球洞。(　　)
3. 推击线是球到球洞的一条直线。(　　)
4. 沙坑的界线垂直向上延伸。(　　)
5. 当球一部分触及沙坑，该球即位于这个沙坑内。(　　)
6. 标定侧面水障碍区的立柱必须是红色的。(　　)
7. 水障碍区的界线垂直向上下延伸。(　　)
8. 沙子和松散的泥土是散置障碍物。(　　)

9. 霜和露水不是散置障碍物。(　　)
10. 当球一部分触及临时积水时,该球即位于临时积水中。(　　)
11. 兔子、鼹鼠、土拨鼠、火蜥蜴是掘穴动物。(　　)
12. 整修地的界线垂直向下延伸。(　　)
13. 标定球的位置或抛球范围的小物品不是装备。(　　)
14. 球员放在球包里的球不是球员的装备。(　　)
15. 标定界外的立桩是可移动妨碍物。(　　)
16. 界外的界线垂直向上下延伸。(　　)
17. 球员不可以站在发球区外打发球区内的球。(　　)
18. 当球的一部分在发球区以外时,该球即位于发球区外的球。(　　)
19. 沙坑和水障碍区属于球场通道。(　　)
20. 水泥碎块是可移动妨碍物。(　　)
21. 球道边缘施工留下的水泥地面是不可移动妨碍物。(　　)
22. 竹子扫帚上掉下的竹条是可移动妨碍物。(　　)
23. 烧烤的竹签是可移动妨碍物。(　　)
24. 蜘蛛和鸟的尸体是散置障碍物。(　　)
25. 掉落的蜂房是散置障碍物。(　　)
26. 蛇的尸体是散置障碍物。(　　)
27. 蜘蛛洞属于异常球场状况。(　　)
28. 野鸡造成的坑属于异常球场状况。(　　)
29. 松鼠造成的坑属于异常球场状况。(　　)

二、简答题

1. 写出可以接受无处罚补救的3种情况。
2. 写出水障碍和侧面水障碍的区别。
3. 分别写出散置障碍物和妨碍物的特点。
4. 写出水障碍区、整修地和界外的界线是怎样确定的。

习题三答案

一、判断题答案

1.× 2.× 3.× 4.× 5.√ 6.√ 7.√ 8.× 9.√ 10.√
11.√ 12.√ 13.√ 14.× 15.× 16.√ 17.× 18.× 19.× 20.√
21.√ 22.× 23.√ 24.√ 25.√ 26.√ 27.× 28.× 29.×

二、简答题答案

1. 异常球场状况、不可移动妨碍物、错误的果岭。

2. 水障碍区是指任何海、湖、池塘、河川、水沟、地表排水沟或其他无覆盖水道(无论其中有无水)及其他类似性质的水域。侧面水障碍是指水障碍区或其一部分,而根据形状无法按照规则26-1b在该水障碍区后方抛球或委员会认定为无法在其后方抛球的区域。侧面水障碍区的所有地面和水都是侧面水障碍区的一部分。

3. 散置障碍物是指自然物体，包括石块、树叶、树枝、树杈及其类似物、动物的粪便、蠕虫和昆虫及它们的遗弃物或堆积。它们不是：固定的或生长着的，牢固地嵌入地面，附着在球上。

在球洞区上，沙和松散的泥土属于散置障碍物，但不是任何地方都是。妨碍物是指任何人造物体，包括道路及通道的人造表面和侧面部分以及人造冰。但下列物体除外：a. 标示界外的物体诸如墙壁、栅栏、立桩和栏杆；b. 在界外的不可移动人造物体的任何部分；c. 委员会宣布为球场不可分割部分的建筑物。

4. 标示水障碍区界线的立桩属于该水障碍区，水障碍区的界线由地平线桩的最外侧点决定。当水障碍区的界线由地面上的线标示时，该线本身属于水障碍区。水障碍区的界线垂直向上下延伸。整修地的界线由立桩标示时，立桩位于整修地内，整修地的界线由立桩在地平面的最外侧点标定。整修地的界线垂直向下延伸，但不向上延伸。界外线垂直向上下延伸。

第六单元　其他用语、比赛用语

一、局外者

比洞赛中：局外者(outside agency)是指除球员和对手双方、双方的球童、双方正在比赛之洞使用的球，以及双方装备以外的任何人员或物体。

比杆赛中：局外者是除比赛者一方、比赛者一方的球童、比赛者一方正在比赛之洞使用的球，以及比赛者一方所有装备以外的任何人员或物体。

注释：

1. 局外者包括：裁判员、记分员、观察员、观察球童、见证人、观众、球场工作人员、动物、车辆和其他所有物品。
2. 风和水不属于局外者。

二、球座

球座(tee)是指用来将球架离地面的用品。它的长度不得超过 4 英寸(101.6 毫米)，在其设计和制造上不得有指示打球线或影响球运动的作用。

三、球洞

球洞(holed)直径必须是 $4\frac{1}{4}$ 英寸(108 毫米)，且深度至少为 4 英寸(101.6 毫米)。衬筒上缘必须至少沉入果岭表面以下 1 英寸(25.4 毫米)；衬筒的外径不得超过 $4\frac{1}{4}$ 英寸(108 毫米)。

四、旗杆

旗杆(flagstick)是指一个插在球洞中央以标示其位置的可移动的直的标志物，上面可附有旗布或其他物品。旗杆横断面必须呈圆形。禁止使用可能会对球运动产生不当影响的软垫或减震材料。

五、对手

对手(opponent)是指比洞赛中球员一方所对抗的另一方的成员。

六、伙伴

伙伴(partner)是指与另一球员同属一方的球员。

在三人两球赛、四人两球赛、最佳球赛或四球赛中，在不违反语境的情况下，“球员”一词包括其伙伴。

七、球被意外变向

球被意外变向(rub of the green)是指运动中的球意外地被任何局外者改变方向或停止。

八、一方

一方(side)是指一个球员或两个以上互为伙伴的球员。比洞赛中，对方的每一个成员都是一名对手。比杆赛中，所有方的成员都是比赛者，在一起打球的不同成员是同组比赛者。

九、最大可用补救

最大可用补救是指针对沙坑内的异常球场状况(非不可移动妨碍物采取补救时)，球员可以：

①在提供最大可用补救点不受处罚的在沙坑内离球最近，不更靠近旗杆抛球(此处没有一支球杆范围)。

②接受一杆罚杆，在沙坑外不更靠近旗杆，在球洞与球的原始位置连线的后方，无限制范围内抛球打下一杆。

十、完全补救

完全补救是指当球手根据规则规定对在球场上遇到不可移动妨碍物、异常球场状况、错误的球洞区等情况的妨碍时，球员可以接受的补救(但沙坑内没有完全补救)。

初始球遗失的情况

序号	内　容	初始球遗失
1	5分钟内没找到球或无法辨认	√
2	在比初始球更靠近球洞的地方打了暂定球	√
3	按照“一杆加距离”打了另一个球	√
4	初始球被局外者移动、位于妨碍物、异常球场状况、水障碍区等状况之中，把另一个球投入使用状态	√
5	球员打了一个替换球	√

习题四

一、选择题

1. 下列不是局外者的是(　　)

A. 其他组球员　　B. 观察球童

C. 裁判员　　D. 风和水

2. 比洞赛中，下列是局外者的是(　　)

A. 球员和对手　　B. 双方的球童

C. 裁判员　　D. 双方所使用的装备

3. 比杆赛中，下列是局外者的是(　　)

A. 球员本人　　B. 比赛者的球童

C. 比赛者的装备　　D. 裁判员

4. 比洞赛的形式表述正确的是(　　)

A. 个人赛，三人两球赛　　B. 四人两球赛

C. 三球赛，最佳球赛，四球赛　　D. 以上都是

5. 下列不是异常球场状况的是(　　)

A. 球车道　　B. 整修地

C. 临时积水　　D. 临时发现的破损暴露在球道上的下水井

二、简答题

1. 写出比杆赛和比洞赛之间的相同点和不同点。

2. 举出 5 个局外者的实例。

3. 什么是球场通道的短草区？

4. 异常球场状况包括哪 3 种状况？

5. 如何区分打错球和从错误地方打球？

习题四答案

一、选择题答案

1. D　2. C　3. D　4. D　5. A

二、简答题答案

1. 比洞赛是以每洞决定胜负，除规则另有规定外，以较少的击球杆数击球入洞的一方为该洞的胜者。比杆赛是一个人对多个人的比赛，球员的对手是多个的，必须要规则来保护他人的权益是以最少的击球次数打完规定一轮或数轮的比赛者为胜者。

2. 裁判员、记分员、观察员、观察球童、见证人、观众、球场的作业员、动物、车辆和其他所有物品。

3. 球场通道的短草区是指草的修剪高度与球道上草相同或更短的球场上的任何区域，包括穿越长草区的通道。

4. (1)临时积水；(2)整修地；(3)掘穴动物、爬行动物、鸟类造成的洞穴、刨出的土堆或通道。

5. 错球是指其他人的球或者自己不在使用状态的球。而从错误的地方打球(规则 20-7)是指在错误的地方打了自己的使用中球。因此，球员打的球是否是他的使用中球是判断他是打错球还是从错误的地方打球的最主要依据。

第二部分

高尔夫球比赛规则

第七单元　规则 1 至规则 4

规则 1　高尔夫球比赛

1-1. 总则

高尔夫球比赛是依照规则，从发球区开始使用球杆对一个球经一次击球或数次连续击球将其打入球洞内的过程。

1-2. 对球的运动施加影响或改变自然条件

球员(或其球童)不得有意采取行动影响一个使用中球的运动，也不得有意影响一洞的比赛而改变自然条件，但根据规则行动和保护球场为目的的行动时除外。

例外：

1. 其他规则特别允许或特别禁止的行为将依照该规则处理，不用按照规则 1-2 执行。
2. 纯粹出于保护球场的目的而采取的行动不在违反规则 1-2 的行为之列。

▲ 违反规则 1-2 的处罚：比洞赛——该洞负；比杆赛——罚两杆。

▲ 严重违反规则 1-2 的处罚：取消比赛资格。

注释：

1. 如果委员会认为球员违反本规则的行为给他本人或另外一名球员带来了明显的利益，或使其伙伴以外的其他球员处于明显不利的状况，则该球员被视为严重违反了规则 1-2。

2. 比杆赛中，除非因严重违规而被取消比赛资格，否则因影响自己的球的运动而违反规则 1-2 的球员必须从球被停止的地方打这个球；如果球被变向，必须从球静止后的地方打这个球。如果同组比赛者或其他局外者故意影响了球员的球的运动，规则 1-4 适用于该球员(参见规则 19-1 的注释)。

1-3. 协商排除规则应用

球员之间不得协商排除任何规则的应用或免除受到的处罚。

▲ 违反规则 1-3 的处罚：比洞赛——取消双方资格；比杆赛——取消所涉及的比赛者的资格。

（比杆赛中协商不按顺序打球——见规则 10-2c）

1-4. 规则未涵盖的问题

出现任何规则中没有涵盖的有争议的问题，应按公正的原则进行裁决。

规则 1-2 和规则 19-2 的区别

规则	区别	状况	性质	处罚	处理
规则 1-2	球员故意行为	故意停止了球，只是几码的距离不会进入障碍区或 OB	不严重	该洞负或罚两杆	现有位置打球
		故意停止了球，可能是几十码的距离，可能会进入障碍区或 OB	严重	取消资格	
规则 19-2	球员意外行为	球员意外使球变向或停止	不严重	罚一杆	现有位置打球

毒蜂、毒蛇等危险情况的处理方法

序号	球的位置		处理方法	抛球范围	是否罚杆
1	球场通道		在球道上找一个避开危险，不在果岭和障碍区，不靠近球洞的最近点	最近点一支球杆范围抛一个球，可以替换球	否
2	障碍区（水障碍或沙坑）	可以抛在同一障碍区	在同一障碍区内找一个避开危险，不靠近球洞的最近点	最近点一支球杆范围抛一个球，可以替换球	否
		可以抛在类似障碍区	在附近类似障碍区内找一个避开危险，不靠近球洞的最近点	最近点一支球杆范围抛一个球，可以替换球	否
		不可能抛在障碍区	接受一杆罚杆后，在障碍区外抛球	球洞与初始球停点的连线后方抛一个球，距离没有限制	罚一杆
3	果岭上		找一个避开危险，不靠近球洞的最近点	放置一个球，可以替换球	否
备注	1. 前提条件：球处在可打的位置。 2. 如果球受到其他物体或自然条件的限制明显无法击球时，不得按照上述方法补救，可以按照规则 26 或规则 28 处理。				

多次违反规则的处罚原则

序号	违规方式	处罚	案　例
1	单个行为多次违反一条规则	单一处罚	比杆赛中，球员推杆后球先后撞到了 2 名同组比赛者的球，两次违反了规则 19-5a，单一处罚两杆
2	单个行为违反两条规则	单一处罚	比杆赛中，球员准备用推杆把球从沙坑中推上果岭，他用沙耙耙平了沙坑内打球线上的脚印。违反了规则 13-2 和规则 13-4a，单一处罚两杆
3	相关行为多次违反一条规则	单一处罚	1. 比杆赛中，球员在同一障碍区多次试挥杆都打到地面，违反规则 13-4b，罚两杆。 2. 球员在一次打球过程中，多次助言和接受助言，违反规则 8-1，两球员都被罚两杆

续表

序号	违规方式	处罚	案例
4	相关行为违反两条规则	单一处罚	1.比杆赛中,一名比赛者考虑把他的球从沙坑中推击出来,他用沙耙耙平了沙坑内打球线上的多个脚印。多次耙沙,多次违反了规则13-2和13-4a,单一处罚两杆。 2.比杆赛中,一名比赛者的球在他准备击球前移动,球正在运动时却意外地被这名比赛者的球杆停住并靠在了这支球杆上,违反了规则19-2。之后该比赛者移动其球杆,导致球也被移动,违反了规则18-2a。这些相关的行为导致单一的罚一杆
5	无关行为违反两条规则	多重处罚	1.比杆赛中,一名比赛者在障碍区内试挥杆用球杆碰到了障碍区的地面,此外,他还用手折弯了一根树枝,改善了其打球线。判罚应为按照规则13-4罚两杆,按照规则13-2改善打球线再罚两杆,共罚四杆。 2.比杆赛中,一名比赛者的球,在他准备击球前移动,球正在运动时却意外地被这名比赛者的球杆停住,并靠在了这支球杆上,违反了规则19-2,罚一杆。之后该比赛者移动其球杆,导致球也被移动,如果比赛者在下一次击球前没有把这个球放置回原位,不把球放置回原位就属于无关行为,该比赛者将按照规则18-2a被再罚两杆
6	无关行为多次违反一条规则	多重处罚	1.比杆赛中,一名比赛者故意踩在另一名球员的推击线上,试图改善其推击线路。之后,准备击球前他的球没有明显原因开始移动,他又故意停止了自己正在运动的球。因为他的这两个行为是无关的,所以判决应为两个独立的处罚,按照规则1-2每个罚两杆,共罚四杆。 2.A和B是同组比赛者,他们在三杆洞正等待前组离开。A之前总是把球打到目标的右侧,于是他问B是否自己的瞄准有问题。B向A确认他的瞄准确实有问题。前组离开后,A问B打算用什么球杆,B没有回答。判决是A和B两人因为就A的瞄准征询和提供助言(击球方式的助言)都要被罚两杆。此外,A还要因为向B征询可能有助于他选择球杆的信息而再被罚两杆。尽管A的两次询问违反的是同一条规则(规则8-1),但是它们的特点是完全不同的,因此实施两个独立的处罚是合理的。 3.按照以上原则3的案例1,这个比赛者之后的击球没有能够把球打出障碍区,他在这个障碍区内又试挥了两次,每次都碰到了地面。判决将是两个独立的按照规则13-4b的两杆处罚,因为比赛者在违规行为之间进行了击球,这些行为的联系被打断了
备注	出于应用此规则的目的:1.在判断两个行为是否相关时,委员会应考虑这些行为的类似性、它们之间的间隔时间和距离长短,以及中间是否介入了其他事件等因素。2.各规则的分条款被认为是一条独立的规则(如规则1-2、1-3和1-4被认为是独立的规则)。3.下列规则的二级分款也被认为是独立的规则:4-3a、4-3b、13-4a至13-4c、14-2a、14-2b、16-1a至16-1f、17-3a至17-3c、18-2a和18-2b		

习题五

简答题

1.球员抛球后,球在滚动中,如果球员用手、脚或用球杆把球挡住是否违反规则?

2.举例说明严重违反规则1-2的情况。

3.球员按照遗失球处理后,发现初始球已经进洞,如何处理?

4.比杆赛中,球员用球杆或脚压平了同组比赛者的推击线上掀起的草皮,如何处理?

5.球员的球正在洞边运动时,球员或其球童在球旁跺脚使其进洞,如何处理?

6.球员击球进洞后,出于保护球场的目的平整球洞边缘或推击线,如何处理?

7.球员击球进洞后,平整球洞边缘凸凹处有影响对手、同组球员或伙伴的球运动的意图,或者他有意影响这个洞的比赛而改变自然条件,如何处理?

8.球员协商不遵守某规则条款的应用,但没有实施,是否处罚?

9.明知道其他球员违反规则或协商违反规则,仍然没有提起投诉或在记分卡上签字者,如何处理?

10.球员打球时意外被干扰是否可以重新击球?

11.球员的球可能在水障碍区内遗失,也可能在临时积水中遗失,如何处理?

12.球员的球可能在水障碍区内遗失,也可能OB,如何处理?

13.球员移动障碍区(沙坑或水障碍区)内的可移动妨碍物,同时移动了散置障碍物,如何处理?

14.球员在击球前后两次违反同一条规则是否叠加处罚?

15.同一行为违反了两条不同的规则如何处罚?

习题五答案

简答题答案

1.球员违反规则1-2,构成了对球的运动施加影响。比洞赛该洞负,比杆赛罚两杆,在球停止的地方继续打球。

2.如球员抛球后球在下落后在滚动中故意用脚把球踢到好的位置并完成了击球。构成了严重违反规则1-2而取消比赛资格。

3.按初始球计算该洞成绩,随后打的其他球,如打错球,暂定球以及所打的杆数及罚杆都不予计算。

4.改善了推击线,属于"有意影响一洞的比赛而改变自然条件",违反了规则1-2,罚两杆。

5.他是有意采取行动影响球的运动,因此违反了规则1-2,比洞赛该洞负,比杆赛罚两杆,并且必须从球静止的地方打球。如果球进洞,算上一杆进洞,但必须接受规则1-2的两杆罚杆。

6.不违反规则1-2,无处罚。

7.违反了规则1-2,比洞赛该洞负,比杆赛罚两杆。

8.在规定一轮中达成一致意见,即违反了规则1-3,被取消比赛资格。

9.因违反规则1-3,取消比赛资格。

10. 不可以。

11. 依据规则 1-4，出于公正考虑，必须按照水障碍区规则处理。

12. 依据规则 1-4，出于公正考虑，必须按照 OB 处理。

13. 没有处罚，但必须把散置障碍物尽可能地放置回原位，否则按照规则 13-4，比洞赛该洞负，比杆赛罚两杆。

14. 不叠加。

15. 出于公正（规则 1-4），必须应用两种处罚中较重的处罚。

★ 案例解析

规则 1-1. 总则

△ 两个使用中球同时在不同球洞。

案例：为了节省时间，两名球员在 7 号洞攻果岭后，先在旁边的 8 号洞开了球，然后回到 7 号洞的果岭上完成推球。这样他们就可以直接走到 8 号洞的球道上打这个洞的第二杆了。这样可以吗？

答：不可以。按照规则 1-1"高尔夫球比赛是依照规则，从发球区开始使用球杆对一个球经一次击球或数次连续击球将其打入球洞内的过程。"这个规则明确规定，球员必须连续击球将其打入洞内。他们的做法违反了这一规定。

比洞赛中，由于没有完成规定一轮的比赛，这两名球员将被取消资格。比杆赛中，由于在从 8 号洞击球前没有在 4 号洞击球进洞，按照规则 3-2，这两名球员都要被取消资格。

△ 球员没有意识到他的球已经入洞，将另一个球投入使用。

案例：一个球员向果岭方向打了一个球之后，在果岭附近没有找到他的球后，把另一个球投入使用状态，此后他发现自己的初始球已经进洞了。该如何判决？

答：规则 1-1 规定"高尔夫球规则是依照规则，从发球区开始使用球杆对一个球经一次击球或数次连续击球将其打入球洞内的过程。"当初始球进洞后，这名球员就已经完成了这个球洞的比赛，所以他随后把另一个球投入使用状态的行为与这个洞的结果没有关系，这个洞要用他初始球的杆数来计算成绩。

规则 1-2. 对球的运动施加影响或改变自然条件

△ 推击线被对手或同组比赛者踩踏故意改变。

案例：一个对手或同组比赛者故意踩踏球员的推击线或其推击线上的延长线，该如何判决？

答：对手或同组比赛者违反了规则 1-2。比洞赛该洞负，比杆赛罚两杆。除非委员会宣布对手或同组比赛者更加严厉的处罚，如取消其比赛资格。

比杆赛如果球员的推击线被严重破坏，根据公平原则 1-4 球员有权利修复其推击线。

△ 在其推击线一侧对大风进行防护。

案例：球员可以将他的球包放在平行于他的推击线的附近，为了防护大风吗？

答：不可以，球员这样的行为有意图地改变影响球的运动，违反了规则 1-2 改变其自然条件，即使球包是在其击球之前放下的也不可以。

规则 1-3. 协商排除规则应用

△ 球员间协商排除某条规则的应用但是没有实施，是否还要对其处罚？

案例:比赛开始后,两名球员 A 和 B 相互协商并达成一致意见——打球出界的地点抛一个球并罚两杆,尽管他们知道实际上的处罚应该是回到上一杆打球的地点并罚一杆。有人听到了他们的对话后,告诉他们不能这样安排,此时两人都还没有把球打出界。该如何判决?

答:按照规则 1-3,A 和 B 因为协商免除规则 27-1b(球出界)而被取消资格。

尽管 A 和 B 还没有按照协商的方式去行动,但是在规定议论中,一旦他们之间达成一致意见,他们就已经违反了规则 1-3。

规则 1-4. 公正原则

△ 移走沙坑内的妨碍物将移动散置障碍物该如何处理?

案例:一名球员的球在沙坑内靠在一条毛巾旁,在这个毛巾的上面有一片树叶。如果球员移走毛巾,势必也将触动那片树叶。按照规则 24-1,球员有权移走这个毛巾(可移动妨碍物)。但按照规则 13-4,因为球和树叶都在同一个障碍区内,所以他不得移动那片树叶(散置障碍物)。这种情况应该如何处理?

答:仅仅因为上面有一片树叶就禁止球员移走毛巾有失公允。所以,出于公正(规则 1-4),该球员可以移走毛巾。如果树叶在此过程中被移动,他不受处罚,但是必须把树叶放在尽量接近其原来位置的地点。如果他不按照要求放置这片树叶,根据规则 13-4,他将在比洞赛中该洞负,比杆赛中被罚两杆。

△ 球员在球旁边又蹦又跳,但是球却没有移动,是否要对其处罚?

案例:一名球员的球静止在球洞边缘,这名球员在球洞边又蹦又跳,希望能够震动洞口的地面从而让球掉进洞里,但是球并没有移动。是否判定这名球员影响球的运动?

答:规则 1-2 的例外 1 明确指出,其他规则特别允许或特别禁止的行为将依照该规则处理,不用按照规则 1-2 执行。本案例中,球员虽然是正试图移动一个静止球,而这一行为已明确被包含在规则 18-2a 中,所以按规则 18-2a 处理即可,无须考虑规则 1-2。

本案例中,因为这个静止球没有移动,所以不会按规则 18-2a 施加处罚。相反,如果这个静止的球移动了,这名球员将被视为导致他的球发生移动,无论是比洞赛还是比杆赛,他都要按规则 18-2a 被罚一杆,并且必须把这个球放回原位。

如果球员蹦跳时这个球正在运动,他就是有意采取行为影响这个球的运动,此时适用规则 1-2。比洞赛中,他在该洞负,比杆赛中,他被罚两杆,并且必须从球静止的地方打球。如果这个球进洞,球员被视为用上一杆完成了这个洞的比赛,但必须按照规则 1-2 接受两杆处罚。

△ 比洞赛中能否写上互相认可对方的所有短推?

案例:一次比洞赛中,两名球员事先商定,所有短于推杆握把长度的推球都可以自动"OK",也就是认可其下一杆进洞,这样做违反规则 1-3 吗?

答:在决定球员是否因协商免除规则应用而违反了规则 1-3 时,必须要考虑一点,即球员们是否意识到他们正在协商免除规则的应用。因此,本案例的答案取决于这些球员是否知道规则 2-4 仅允许认可"下一次击球",不允许他们协商认可特定距离内的推击。

如果他们不知道规则禁止用这样的方式协商认可推击,他们不会受到规则 1-3 的处罚。否则,他们就要按照规则 1-3 被取消资格。

△ 球场上遇到毒蛇、蜜蜂等危险情况该如何处理?

案例:球员的球停在一条毒蛇或蜂巢附近,除了在现有位置击球外,球员还有其他选择吗?

答:有。这种情况下让球员冒着生命危险去打球是不合理的。如果他的球处于可打的位置，那么要求他根据规则 26（水障碍区）或 28（不可打之球）接受一杆的处罚也不公平。因此，他可以视情况进行选择。

①如果这个球在球场通道，他可以在球场通道找一个避开危险，不在果岭或障碍区，不更靠近球洞的最近点，然后在该地点一直球杆范围内抛一个球（在不能取回球时可以替换球），不受处罚。

②如果这个球在障碍区内（沙坑或水障碍区），他可以在这个障碍区内找一个避开危险，且不靠近球洞的最近点，然后在该点一直球杆范围内抛一个球，不受处罚。在可能的情况下，必须把球抛在同一个障碍区内，如果不可能，必须将其抛在附近的一个类似的障碍区内，但以上两种情况都不得更靠近球洞。如果球员不可能把球抛在障碍区内，他可以在接受一杆的处罚后，在该障碍区外，球洞与初始球停点的连线后方抛一个球。

③如果这个球在果岭上，他可以找一个避开危险且不更靠近球洞的最近点，然后在该点放置一个球。

④如果很明显是由于危险状况以外的其他物体的妨碍而使球员无法击球，或者危险状况只是在球员采取了明显不合理的击球方式，不必要的异常站位，挥杆或打球方向后才构成妨碍，他不得按照以上方式补救。不过，他可以考虑按照规则 26 或 28（如适用）处理。

规则 2　比洞赛

2-1. 总则

比洞赛是在规定一轮中一方对抗另一方的比赛，但委员会另有规定时除外。

比洞赛中，比赛是以球洞为单位进行的比赛。

除规则另有规定外，在一个球洞的比赛中以较少的杆数击球进洞的一方该洞获胜；在有差点的比洞赛中，净杆数较少的一方在该洞获胜。

表达比洞赛的状况时采用以下术语：几洞“领先（holes up）”、“打平（all square）”或几洞“待打（to play）”。

当一方领先的球洞数与待打的球洞相等时，这一方被称为“等洞方（dormice）”。

★ 案例解析

案例：一场比洞赛中，A 和他的对手 B 准备打一个三杆洞。这个洞发球区的前方是一个很大的水障碍区，A 和 B 都觉得自己很难把球打过这个水障碍区，于是他们商量在这个洞打平。这样做允许吗？

答：不允许。规则 2-1 规定，比洞赛是“规定一轮中一方对抗另一方的比赛”。如果他们在这个洞一杆都没有打，他就是没完成规定一轮，所以将因为协商排除了规则 2-1 的应用而被取消资格。

但是，如果他们打了一杆后同意这个洞双方打平就不会违反规则，因为一洞比赛过程中同意打平本身并不构成协商违反规则。

2-2.一洞打平

如果双方以相同的击球次数打完某个球洞，则该洞打平。

当一名球员已击球进洞而对手只差一次击球即可打平时，如果该球员随后受到处罚，则双方在该洞打平。

案例：规则 2-2 的第二段话指出："当一名球员已击球进洞，而他的对手只差一次击球即可打平时，如果该球员随后受到处罚，则该洞打平。"这句话是什么意思？

答：我们可以举一个例子来说明这句话的意思。一场比洞赛中，A 已经完成了一洞。A 的对手 B 正在准备推球打平，此时 A 向 B 提供了关于推击线方面的助言。通常情况下，A 要因为违反规则 8-1 而在该洞负，但是这种情况下应使用规则 2-2，双方在该洞打平。

这条规则的目的是保证比赛结果的公平性，因为当一名球员已经击球进洞而他的对手最好的结果也只能是打平时，如果球员违规，给予对手最好的结果即足够了。所以，此时对球员违规的处罚设置一个最高限度是比较合理的，依旧是双方在这个洞打平。

2-3.获胜者

当一方领先的洞数多于待打洞数时，这一方在该场比洞赛获胜。

如果出现平局，委员会可以延长规定一轮的球洞数目直至决出胜负。

案例：规则 2-3 指出：当一方领先的洞数多于待打的洞数时，这一方在该场比洞赛获胜。这句话是什么意思？

答：假设 A 和 B 打一场 18 洞的比洞赛。当比赛打到 15 洞时，A 已经领先 B 4 个球洞。此时他们虽然还剩下 3 个球洞没有打（也就是待打洞数为 3），但比赛其实已经结束了，因为 B 即使赢得剩余的 3 个球洞，他仍然输掉这场比赛。

用"×&×"来表示比赛的结果，前面指的是领先的洞数，后面指的是待打的洞数。比如"3&2"的意思是比赛在 16 洞结束，一方以 3 洞领先 2 洞待打获胜。

2-4.认输一场比赛、一个球洞，或认可下一次击球

在一场比赛开始之前或结束之前的任何时间，球员可以认输这场比赛。

在一个球洞的比赛开始之前或结束之前的任何时间，球员均可以认输该洞。

当对手的球静止时，球员可以在任何时候认可对手的下一次击球。此时对手被认为已经用下一杆击球进洞，并且双方都可以将这个球移开。

认输或认可不得被拒绝或撤销（球在洞口边缘悬停——见规则 16-2）。

案例：比洞赛中，如果对手认可了球员的下一杆，这名球员是否还可以继续击球直至进洞？

答：规则 2-4 没有回答这个问题。不过，这种情况下球员打球进洞并不受罚。

但是，在四球或最佳球比洞赛中，如果该行为有助于伙伴的打球，出于公正（规则 1-4），伙伴要被取消该洞资格。

2-5.对处置程序的疑义、争议和申诉

在比洞赛中，如果球员之间产生疑问或争议，球员可以提出申诉。如果在合理的时间内由委员会授权的代表无法到场，这些球员必须继续比赛，不得拖延。只有适时提出申诉，并且申

诉者已经在当时通报了其对手他正在提出申诉(或者想要求裁决)以及有关该状况的事实,他要求裁决时,委员会才可以考虑受理该申诉。

申诉必须在下列时限内提出:

(i)在任何一名球员在下一发球区发球之前提出申诉;

(ii)情况发生在比赛的最后一洞时,在该场比赛的所有球员离开果岭前提出申诉;

(iii)同组球员离开最后一洞果岭后才发现产生申诉的情况,他在该场比赛的结果被正式公布之前提出申诉。

对于该场比赛中之前某个洞的申诉,只有它是基于申诉者前所未知的事实,并且对手向他提供了错误的信息(规则 6-2a 和规则 9-2b)的情况下,委员会才会考虑。这样的申诉必须适时提出。

一旦该场比赛结果正式公布,委员会不再考虑任何申诉,除非委员会确信以下几点:a. 正式比赛结束时申诉者仍然不知道事实;b. 对手向申诉者提供了错误信息;c. 对手当时知道他提供错误信息。考虑这样的申诉没有时间限制。

注释:

1. 球员可以忽略其对手的违规行为,但他们不得协商排除规则的应用(规则 1-3)。

2. 比洞赛中,如果球员对其权利或正确处理程序产生疑问,他不许用两个球完成该洞。

案例:比洞赛中看到对手违规可以不予理会吗?

答:可以。比洞赛是球员双方的事情,和其他人无关。因此,比洞赛中,如果对手违反了规则,但是球员觉得没有必要追究或者不想追究的话,他可以不予理会。但是,他们之间协商同意这样做。不理会对手的违规和同对手协商免除处罚之间是有区别的。规则 1-3 禁止的是后者。

2-6. 一般性处罚

如果没有其他规定,在比洞赛中对违反某条规则的处罚为该洞负。

★ 案例解析

△ 球员在一洞认输后发现球员之前打了错球该怎么办?

案例:在一场 A 和 B 的比洞赛中,A 从长草中打的第二杆直接上了果岭,而 B 此时已经打了 5 杆,于是 B 向 A 认输该洞,但随后 A 马上发现自己打上果岭的那个球是个错球,该如何判?

答:在比洞赛中打错球的处罚是该洞负,当 A 在长草中打了错球,他实际上在 B 认输该洞比赛之前就已经输掉了这个洞(规则 15-3a)。因此,应判 A 在该洞负,B 有没有认输无关紧要。

△ 比洞赛中如何提出有效申诉?

答:为了使一个申诉有效,申诉者必须通知其对手他正在申诉或要求裁决以及该状况的事实,此外他必须在规则 2-5 要求的时限内做到这些。比如,在一场 A 和 B 的比洞赛中,A 折断了他身后挥杆区域内的一根树枝,如果 B 指出“这样做是不允许的,你要被处罚”或“我要对你这一杆提出申诉”,裁判员就应考虑这个申诉。

如果 B 只是说“我不清楚这样做是不是可以”或者“我觉得你这样做可能有问题”等模棱两可的话,就不能构成有效申诉。因为这些话语中没有包含申诉通知(或裁决要求)和有关状况的事实等内容。

△ 对手提出无效申诉后球员没有表示异议，该如何处理？

案例：一场比洞赛中，A在果岭旁边的长草中把一个错球打上果岭，此后他在洞中发现了自己的球，原来他已经用三杆将球打进了洞中。这个成绩比B的成绩要好，但是B因为A已经打了错球而申诉自己该在该洞获胜。A没有对此提出异议，结果他最后输掉了这场比赛。

后来A查阅规则得知当自己的球在打错球之前进洞后，他就已经完成了这个球洞，打错球其实并没有关系，所以他才应该是那个洞的获胜者。于是A向委员会提出申诉。委员会应该如何判罚？

答：委员会应判原来的结果有效。虽然B的申诉本来是无效的，但是因为A没有在B从下一个发球区打球前对此提出异议，所以B的申诉变成了有效申诉。因此，B在该洞获胜。

规则3 比杆赛

3-1. 总则；获胜者

比杆赛是比赛者完成规定一轮或数轮中所有球洞的一种比赛方式。每一轮比赛中，比赛者都要提交一张记有其各洞总杆数的记分卡。比杆赛中，每一名比赛者都在同时对抗其他所有的比赛者。

以最少的击球次数完成规定一轮或数轮的比赛者为获胜者。

在有差点的比赛中，以最少的净杆数完成规定一轮或数轮的比赛者为获胜者。

案例：如果一次比杆赛一共打4天，每天一轮，球员是否每轮比赛都要提交他们的记分卡？

答：是的。这一点在规则3-1中有非常明确的规定。

3-2. 未击球进洞

如果比赛者在任何一个球洞没有击球进洞，并且在下一个发球区击球之前（如果是该轮的最后一个球洞，则是在他离开果岭前）没有纠正错误，他要被取消资格。

案例：比杆赛中，一名球员攻果岭的一杆停在了洞边。同组球员开玩笑说："这么近，干脆把它吹进去算了。"于是这名选手蹲下来用嘴把球吹进洞中，并承认自己吹球要算一杆，然后在下一个发球区开了球。该如何处理？

答：球员违规移动了自己的静止球，他要被罚一杆并必须把球放置回原位。因为他没有把球打进洞就从下一个洞开了球，按照规则3-2，他要被取消资格。

3-3. 对处置程序的疑义

a. 处置程序

比杆赛中，如果比赛者在一个球洞的比赛过程中对自己的权利或正确的处置程序有疑问时，他可以用两个球完成该洞，而不受罚。

发生有疑义的状况后，在采取进一步行动之前，比赛者必须向他的记分员或同组比赛者宣布他准备打两个球,以及规则允许时他将采用哪个球的杆数来计算成绩。

在提交自己的记分卡之前,比赛者必须向委员会报告该事实。如果没有报告该事实,他要被取消资格。

注释:如果在处理有疑义的状况之前比赛者采取了进一步的行动,规则 3-3 将不再适用。此时将用初始球计算成绩。如果初始球不是正在打的球,将用第一个投入使用状态的球计算成绩,即使这个球的处置程序不符合规则仍将如此。但是,该比赛者不会因打了第二个球而受罚,并且,仅仅因为打第二个球而受到的任何罚杆均不计入该比赛者的成绩。

b.决定一洞的成绩

(i)如果比赛者事先选择用来计算成绩的这个球的击打过程符合规则,则该球的成绩为比赛者在该洞的成绩。否则,如果另一个球的处置程序符合规则,将采用另一个球的杆数来计算成绩。

(ii)如果比赛者没有事先宣布用两个球完成该洞的决定,或没有宣布他希望用哪个球计算成绩,则用初始球来计算他在该洞的成绩,但前提是初始球的处置程序符合规则。如果初始球不是正在打的球之一,则用第一个投入使用状态的球计算成绩,但前提是该球的处置程序符合规则。否则,如果其他球的处置程序符合规则,则用其他球计算成绩。

注释:

1.如果比赛者按照规则 3-3 打了第二个球,应用本规则后被判定不计算成绩的那个球的杆数将不再被考虑。同时,仅仅因为打那个球所发生的罚杆也不予考虑。

2.按照规则 3-3 打的第二个球不是规则 27-2 中的暂定球。

案例:比杆赛中,一名比赛者的球落到一片维护状况很差的地方,他不知道这里不是整修地,所以向同组比赛者宣布自己要打两个球——在现有位置继续打初始球,按照整修地规则打了第二个球。此外,他还说明自己希望计算第二个球的成绩。

凑巧的是,他在这个洞两个球的成绩都是四杆。这名比赛者觉得反正哪个球的成绩都一样,所以没有必要向委员会报告此事。因此,他交完记分卡后就离开了现场。委员会该如何处理?

答:这名比赛者宣布自己要打两个球的程序基本是正确的,除了最后没有向委员会报告此事之外。不幸的是,这是一个致命的错误。按照规则 3-3a,这名球员要被取消资格。

打两个球后,无论成绩如何,球员必须向委员会报告,否则就要被取消资格。

3-4.拒绝遵守规则

如果比赛者拒绝遵守对另外一名比赛者的权利有影响的规则,他要被取消资格。

案例:比杆赛中,A 的球停在球洞旁边一个有助于 B 打球的位置,B 的球停在果岭外。A 指出自己的球有助于 B 打球,所以要按照规则 22-1(有助于打球的球)拿起自己的球。但是,B 认为 A 没有权利拿起球,于是他在 A 尚未有机会拿起球之前就打了球。该如何判决?

答:按照规则 3-4,B 因为有意拒绝 A 拿起球的权利而被取消资格。B 是否了解规则与判罚结果无关。

3-5.一般性处罚

如果没有其他规定,比杆赛中对违反某条规则的处罚为罚两杆。

△ 短推被"OK"后拿起球离开,该如何处理?

案例:比杆赛中,一名球员将球打到离球洞不到1码的地方,同组比赛者对他说:"好球,可以OK了。"然后用推杆把球敲给了他,这名比赛者捡起自己的球离开了,然后从下一个发球台开了球,该如何判?

答:比杆赛中球员在所有球洞都必须击球进洞,这名比赛者本应把自己的球放置回原位并击球进洞。因为他没有这样做,按照规则3-2,他要被取消资格。

规则4 球杆

当球员对球杆是否符合规则有疑问时,他应向R&A咨询。

球杆制造商应向R&A提交要制造的球杆样品,以便对其是否符合规则进行裁决。出于参考的目的,该样品将归R&A所有。如果制造商没有提供样品,或者虽然提供了样品,但是却在裁决结果出来之前制造或销售了这种球杆,该制造商要自行承担该球杆被裁定为不符合规则的风险。

4-1.球杆的形状和制作

a.总则

球员的球杆必须符合本规则以及附属规则Ⅱ中的规定、说明与解释。

注释:委员会可以在比赛条件(规则33-1)中规定:按照型号和杆面倾角进行识别,球员携带的任何1号木杆必须是R&A最新公布的《符合标准的1号木杆杆头一览表》中指定的杆头。

b.磨损和改变

符合规则的新球杆经正常使用被磨损后仍被视为是符合规则的。球杆的任何部分被故意改变后均被视为是新的,其被改变后的状态必须符合规则。

案例:如何才能知道我的1号木杆是否在《符合标准的1号木杆杆头一览表》中呢?

答:在R&A的官方网站上查询就可以了。网址如下:

http://www.randa.org/rules/equipment/confdrivers

4-2.改变打球性能和附加物

a.改变打球性能

在规定一轮中,不得通过调节或任何其他手段故意改变球杆的打球性能。

b.附加物

不得出于影响球运动的目的在杆面上施加附加物。

▲ 携带但未使用违反规则4-1或4-2的球杆击球的处罚:

比洞赛——在发生违规的球洞的比赛结束时调整该场比赛的状态,对发生违规的各洞均处以扣除一洞的处罚;每轮最多扣除两洞。

比杆赛——对发生违规的各洞均罚两杆;每轮最多罚四杆(在违规的前两个洞各罚两杆)。

比洞赛或比杆赛——如果在两个球洞的比赛之间发现违规,则视为在下一个球洞发现该次违规并据此实施处罚。

波基和标准杆比赛——见规则 32-1a 的注释 1。

定分式比赛——见规则 32-1b 的注释 1。

▲ 发现违规后,球员必须立即向比洞赛中的对手或比杆赛中的记分员或同组比赛者声明,自己将不使用携带的违反规则 4-1 或 4-2 的球杆。否则,他要被取消资格。

▲ 使用违反规则 4-1 或 4-2 的球杆击球的处罚:取消资格。

4-3. 损坏的球杆;修理和更换

a. 在正常打球过程中损坏

在规定一轮中,如果球员的球杆在正常打球过程中被损坏,他可以按照下列方式之一处理:

(i)在该规定一轮的剩余部分中,继续使用这支损坏的球杆。

(ii)在没有不正当延误比赛的前提下对这支球杆进行修理或请人修理。

(iii)仅限于球杆不适于使用的情况,作为附加的选择,可以用任何球杆更换损坏的球杆。但球杆的更换不得对比赛造成不适当延误(规则 6-7),也不得借用正在该球场打球的任何其他人员为其打球而选择的球杆,亦不得组装规定一轮中由该球员携带或为该球员携带的部件。

▲ 违反规则 4-3a 的处罚:见规则 4-4a、4-4b 和规则 4-4c 的罚则。

注释:球杆不适于使用指的是球杆遭到了实质性的损坏,如杆身凹陷、明显弯曲或折断;杆头松动、脱落或明显变形;或者握柄松动等。如果仅仅是着地角或杆面倾角被改变或杆头上有划伤,这支球杆不算做不适于使用的球杆。

b. 在非正常打球过程中损坏

在规定一轮中,如果球员的球杆在非正常打球过程中被损坏,并导致该球杆不符合规则或打球性能被改变,则不得在该轮中继续使用这支球杆或更换这支球杆。

▲ 违反规则 4-3b 的处罚:取消资格。

c. 一轮比赛之前损坏

球员可以使用在一轮比赛开始之前损坏的球杆,但前提是该球杆在其损坏的状态下仍然符合规则的要求。

球员可以在一轮比赛中修理该轮比赛之前损坏的球杆,但不得改变这支球杆的打球性能,也不得对比赛造成不当延误。

▲ 违反规则 4-3c 的处罚:取消资格(不适当延误——见规则 6-7)。

案例:比赛中,一名球员用他的球杆作为拐杖爬坡,结果杆身折断。他可以更换另一支球杆吗?

答:把球杆作为拐杖在高尔夫球比赛中被认为是合理的行为,在此情况下折断的球杆被视为“在正常打球过程中损坏”,因此球员可以更换球杆。

4-4.十四支球杆的限度

a.球杆的选择和补充

球员在开始规定一轮时的球杆数目不得多于14支，他使用的球杆仅限于为该轮比赛而选择的球杆。但是，如果他开始一轮比赛时的球杆数目少于14支，他可以在总数不超过14支的前提下进行补充任何数量的球杆。

补充球杆不得造成比赛的不适当延误(规则6-7)，球员不得补充或借用正在该球场打球的任何其他人员为其打球而选择的球杆，亦不得组装规定一轮比赛中由该球员携带或为该球员携带的部件。

b.伙伴共用球杆

伙伴可以共用球杆，但他们所携带的球杆总数不得超过14支。

▲ 无论携带的超量球杆是多少，违反规则4-4a或4-4b的处罚均为：

比洞赛——在发现违规的球洞的比赛结束时调整该场比赛的状态，对发生违规的各洞均处以扣除一个洞的处罚；每轮最多扣除两个球洞。

比杆赛——对发生违规的各洞均罚两杆；每轮最多罚四杆(在违规的前两洞各罚两杆)。

比洞赛或比杆赛——如果在两个球洞的比赛之间发现违规，则视为在刚完成的球洞的比赛中发现该次违规，违反规则4-4a或4-4b的处罚不施加于下一个球洞。

波基和标准杆比赛——见规则32-1a的注释1。

定分式比赛——见规则32-1b的注释1。

c.超量球杆的不使用说明

一旦发现携带或使用的球杆违反了规则4-3a(iii)或规则4-4，球员必须立即向其比洞赛的对手、比杆赛的记分员或同组比赛者发表不使用声明。这名球员在该规定一轮的剩余部分将不得继续使用上述球杆。

▲ 违反规则4-4的处罚：取消资格。

案例：一名球员携带15支球杆开始一轮的比赛，在同组比赛者从第二洞开球后他才发现这一点，不过此时他自己还没有在这个洞开球。因为同组比赛者已经开了球，这名球员是否在第二洞也要受到处罚？

答：由于该球员自己还没有开始第二洞的比赛，所以他只在第一洞被罚两杆即可。

★ 案例解析

案例：正常打球过程指的是什么？

答：正常打球过程指的是球员在打球过程中所有的合理行为。击球、练习挥杆或练习击球当然属于正常打球过程，除此之外，把球杆拿出或放回球包，用球杆找球或取球(扔球杆除外)，在等候打球、架球或从球洞中拿出球时把身体依靠在球杆上，球杆意外掉落等也都包含在正常打球过程之中。

不属于"正常打球过程"的行为包括因为愤怒，取球或是其他原因而扔球杆，用球杆敲打球包，故意用球杆击打地面或树木(除击球、练习挥杆和练习击球外)。

△ 无意中使用了同组球员的球杆该如何处理？

案例：一轮比杆赛中，球员A和B同组打球，凑巧的是，两人使用的球包和球杆都是一个品牌的一种型号，比赛过程中，B无意中把自己的7铁放在了A的球包，而A也在无意中使用了这支7铁打了一杆。A要受处罚吗？

答：是的，规则4-4a指出："在开始规定一轮的比赛时，球员的球杆不得多于14支。他使用的球杆仅限于为该轮比赛而选择的球杆"，B的那只7铁显然不是A为这轮比赛而选择的球杆，所以A违反了以上第二句话，无论他开始比赛时携带的球杆数量够不够14支，他都要因为使用他人为比赛选择的球杆而受到处罚。发现违规后，A必须立即宣布不再使用这支球杆，此外，他还要在事发球洞被罚两杆，而B可以在该轮比赛的剩余部分取回这支球杆继续使用。

△ 其他球员误将自己的球杆放在比赛者的球包内，造成比赛开始时这名比赛者的球杆超量，该如何处理？

案例：比杆赛中，A和B同组打球，他们提前2分钟抵达1号洞发球区，然后在发球区上试挥热身，到了他们这一组的出发时间后，A准备开球，而B却把自己的1号木误放在了A的球包内，结果导致A有了15支球杆。A开球后很快发现了B的球杆放在了自己的球包内，他是否要因为开始一轮比赛时携带超过14支球杆而受到处罚？

答：不，尽管A用超过14支球杆开始比赛，但是出于下列原因，规则认为他并没有选择B的球杆用于比赛。

①这支多余的球杆是由B在1号洞的发球区放进他的球包的。

②这支多余的球杆是在出发时间后才加进去的。

③这支球杆早已被B选择在比赛中使用。

因此A不受处罚，但前提是他没有用B的球杆击球，这支球杆可以归还B并供其使用。

如果是下列情况之一，判决就不同，A将按照规则4-4a受到处罚：

①这支多余的球杆是其他组球员的。

②这支球杆在A这一组到达发球区之前就已经放在A的球包内了。

③这支球杆在A这一组出发时间之前就已经在A的球包里了。

案例：比赛开始前发现球杆超量，能否事先宣布不使用并继续携带这些超量球杆？

答：无论是这名球员将超量的球杆放在球包里还是球车上，他都不得在开始比赛时携带超量球杆。

宣布不使用超量球杆是开始一轮比赛后发现违规时的处置方式。球员不得在比赛开始前事先宣布自己不使用某支球杆。

● **要点提示**

比杆赛中，除非因严重违规而被取消资格，否则影响自己球的运动而违反规则1-2的球员必须从球被停止的地方打这个球；如果球被变向，必须从球静止后的地方打这个球。如果同组比赛者或其他局外者故意影响了球员的球的运动，规则1-4适用于该球员（参见规则19-1的注释）。

习题六

简答题

1. 一名球员的球静止在球道长草区靠近球车道的地方，他可以从不可移动妨碍物接受补救。按照规则24-2b接受补救时，可以在球道短草区抛球吗？

2. A上杆时，站在他附近的B不小心掉了一个易拉罐。易拉罐掉到地上发出很大的声响，使A大吃一惊，结果导致他的挥杆根本没有打中球。出于公正，A是否可以重新击球？

3. 球员宣布初始球遗失后，在对另一个球击打前，在5分钟内找到了初始球，是否可以放弃初始球，而对另一个球进行击打？

4. 球员的球停止在了长草上，他站位时把球杆放置在球后的长草上时球移动了，如何裁决？

5. 球员可否在一轮比赛中除去、增加或更换铅条？

6. 球员的球在球道长草区，不小心被其他球员踩进地面，如何裁定？

习题六答案

简答题答案

1. 可以，球道短草区与高草区在规则中没有区别；都是球洞区通道。

2. 不可以。意外的干扰在球场上经常发生，球员必须接受这个结果。

3. 这种情况下球员必须用初始球继续比赛，因为球员不能宣布球为遗失（参加遗失球定义），初始球在规定的时间被找到仍然处于使用状态。

4. 球员把球杆放置在球前后的长草上构成了球杆接触地面。即已经完成了击球准备，根据规则18-2b，罚一杆，球放回原位。

5. 无论是除去、增加或更换铅条都会改变球杆的打球性能，因此规则4-2禁止球员在规定一轮比赛中有这样的行为。

6. 球员没有处罚，必须将球放置回原位。

第八单元　规则 5 至规则 6

规则 5　球

5-1. 总则

球员使用的球必须符合附属规则Ⅲ的要求。

注释：委员会可以在比赛条件(规则 33-1)中规定：球员使用的球必须是 R&A 最新公布的《符合标准的高尔夫球一览表》中指定的球。

何为"一球条件"?

答：所谓的"一球条件"，就是指定一轮比赛中，球员必须使用同一品牌和型号的球。例如，如果你在开始比赛时使用的是 Titlist Pro V1，那么在这一轮比赛中，你就必须自始至终使用 Titlist Pro V1。你既不能使用 Taylor made 牌子的球，也不能使用 Titlist Pro V1x。

5-2. 附加物

球员使用的球上不得有为改变其打球性能而施加的附加物。

▲ 违反规则 5-1 或 5-2 的处罚：取消资格。

5-3. 不适于使用之球

不适于使用之球指的是球上有可见的切痕、裂缝或变形。如果一个球只是粘有泥土或其他物质、表面有划痕或擦痕、涂漆损坏或褪色，不是不适于使用之球。

如果球员有理由认为他的球在正比赛球洞的打球过程中变得不适于使用，他可以拿起这个球以确认，不受处罚。

拿起、辨认球是否不适于使用之球的操作步骤：

①拿起这个球之前，必须向对手或记分员或同组比赛者宣布并标定此球的位置。

②他可以拿起球检查，但是在此过程中他要为自己的对手、记分员或同组比赛者提供检查这个球以及观察他拿起这个球和放置其回原位的机会。

③不得对其进行擦拭。

▲ 如果没有遵守上述全部或部分程序，或者他没有理由认为该球在正比赛球洞的打球过

程中变得不适于使用的情况下将球拿起，他要被罚一杆。

如果确定该球在正比赛球洞的打球过程中变得不适于使用，该球员可以替换另一个球，并将替换球放置在初始球原来所在的位置。否则，必须将初始球放置回原位。如果球员在规则不允许的情况下替换了球，并击打了这个错误替换的球，他要因违反规则 5-3 而受到一般性处罚，但不再按照本规则或规则 15-2 对其追加处罚。

如果因为击球而使球裂成碎片，该次击球要被取消，该球员必须在尽量接近原来打初始球的地点打一个球，不受处罚（规则 20-5）。

▲ 违反规则 5-3 的处罚：比洞赛——该洞负；比杆赛——罚两杆。

▲ 如果球员因违反规则 5-3 而受到一般性处罚，则不再按照本规则对其追加处罚。

注释：

1. 如果对手、记分员或同组比赛者对球是否不适于使用有不同意见，他必须在该球员打另一球之前提出。

2. 如果放置或放置回原位的球的初始球位被改变，见规则 20-3b。擦拭从果岭上或按照其他规则拿起的球——见规则 21。

△ 使用不在《符合标准的高尔夫球一览表》中的球作为暂定球也要受到处罚吗？

案例：比赛条件中规定球员必须使用《符合标准的高尔夫球一览表》中指定品牌的球。一名球员认为自己的球可能遗失或出界，于是打了一个暂定球。他随后找到了自己的初始球，此后他发现用作暂定球的那个球不在《符合标准的高尔夫球一览表》中，该如何判？

答：由于这个暂定球没有成为过使用中球，因此球员不用受罚。

如果球员的初始球遗失或出界而导致暂定球成为他的使用中球，这名球员就要被取消资格。

案例：球员是否可以借用其他球员的球？

答：可以。

案例：什么样的球才算"不适于使用中球"？

答：规则 5-3 的第一段话对此有明显的规定。只有球上有可见的切痕、裂痕或变形，这个球才算不适于使用之球。表面只有擦痕或褪色等情况不能归于此类。

规则 6　球员

6-1. 规则

球员和其球童有责任知晓规则。在规定一轮比赛中，对于其球童的任何违规行为，球员均要受到相应的处罚。

案例：委员会在比赛条件中规定球员在规定一轮比赛期间必须步行。一名球员的球童在没有得到委员会许可的情况下乘坐了高尔夫球车，球员是否要因为球童违反该条件而受到处罚？

答：是的。规定一轮比赛期间，球员要为其球童任何违规的行为负责并接受相应的处罚（规则 6-1）。

6-2. 差点

a. 比洞赛

开始有差点的比洞赛前，球员之间应相互确认各自的差点。如果一名球员宣布了较其有权拥有的差点更高的差点后开始比赛，并且这一行为影响到了他给予或接受的杆数，他要被取消资格；否则，他必须用其宣布的差点完成比赛。

b. 比杆赛

在任何一轮有差点的比赛中，比赛者必须保证在将记分卡提交给委员会之前把自己的差点填写在记分卡上，如果他在提交记分卡之前没有填写差点(规则 6-6b)，或填写的差点高于其真实的差点，并且该行为影响到了他接受的差点杆数，他要被取消有差点比赛的资格；否则，他的成绩有效。

注释：知晓在哪些球洞要给予或接受差点杆数是球员的责任。

6-3. 出发时间和编组

a. 出发时间

球员必须按照委员会规定的时间开始比赛。

▲ 违反规则 6-3a 的处罚：如果球员在其出发时间之后 5 分钟内到达出发地点并做好打球准备，对其未准时开始比赛的处罚为比洞赛第一洞负或比杆赛第一洞罚两杆。除此之外，违反本规则的处罚为取消资格。

波基和标准杆比赛——见规则 32-1a 的注释 2。

定分式比赛——见规则 32-1b 的注释 2。

例外：如果委员会判定有特殊情况致使球员未能准时出发，该球员不受处罚。

b. 编组

比杆赛中，比赛者在规定一轮比赛中必须自始至终在委员会安排的编组中打球，但委员会许可或批准改变编组的情况除外。

▲ 违反规则 6-3b 的处罚：取消资格。

(最佳球赛和四球赛——见规则 30-3a 和规则 31-2)

注释：即使没有正当理由按照规则 33-7 免除取消资格的处罚，委员会也可在比赛条件(规则 33-1)中规定：如果球员在其出发时间之后 5 分钟内到达出发地点并做好打球准备，对其未及时开始比赛的处罚为比洞赛第一洞负或者比杆赛第一洞罚两杆，而非取消资格。

习题七

简答题

1. 一次比杆赛中，一名球员很早就从居住地驾车赶往赛场，但是不巧在路上碰到交通事故导致堵车，他紧赶慢赶还是比规定的出发时间晚了 3 分钟才赶到 1 号洞发球区并做好准备。该如何处理？

2. 比杆赛中如何应用差点？

3. 正式比赛中，如果球员没有在自己的球上做辨认标记，他要受罚吗？

4. 球员在一轮比赛中可以更换球童吗？如果可以，是否每个球童都可以向该球员提供助言？

习题七答案

简答题答案

1. 按照规则 6-3a，他要被罚两杆。虽然规则同时指出，委员会判定有特殊情况致使球员未能准时出发的，该球员不受处罚，但是路遇塞车不是本规则所指的特殊情况，球员应该预料到可能会发生的交通堵塞并确保自己能够及时抵达赛场。

2. 在带差点的比杆赛中，球员需要在记分卡上如实填写自己的真实的差点。但在记录成绩时，他无需考虑差点的应用，而只需把自己的真实杆数填在相应的球洞即可。委员会收到记分卡后，会用球员的成绩减去差点，从而得出该球员的净杆成绩。比如，球员 A 的差点是 8，而这次比赛他实际上打了 85 杆，那么 A 在这次比赛的净杆成绩就是 85－8 ＝77，因为净杆成绩是考虑了球员差点以后得出来的，相当于给球员的成绩提供了某种“补贴”措施，所以通常把本例中的 8 称为“差点补贴”。

3. 不会。规则 6-5 指出每个球员都应该在自己的球上做辨认的标记。“应该”的意思是规则推荐球员这样做，但这不是强制性的，也就是说球员不这样做也不会遭到处罚。

4. 一轮比赛中球员可以有两个球童，但在同一时间他只能有一个。也就是说，他可以在一轮比赛中更换球童，都可以接受其助言。

6-4. 球童

球员可以得到球童的协助，但他在任何时间内只能有一名球童。

▲ 违反规则 6-4 的处罚：

比洞赛——在发现违规的球洞的比赛结束时调整该场比赛的状态，对发生违规的各洞均处以扣除一洞的处罚；每轮最多扣除两个球洞。

比杆赛——对发生违规的各洞均罚两杆；每轮最多罚四杆(在违规的前两洞各罚两杆)。

比洞赛或比杆赛——如果在两个球洞的比赛之间发现违规，则视为在下一个球洞发现该次违规并实施处罚。

违反规则后，因使用一个以上球童而违反本规则的球员，必须保证在该规定一轮比赛剩余的任何时间内不再使用一个以上的球童。否则，他要被取消资格。

注释：委员会可以在比赛条件(规则 33-1)禁止球员使用球童或限制对球童的选择。

6-5. 球

使用正确的球是球员的责任。每个球员都应当在自己的球上做辨认标记。

6-6. 比杆赛的记分

a. 记录成绩

每洞结束后，记分员都应和比赛者核对成绩并记录下来。一轮比赛结束后，记分员必须在记分卡上签名并将它交给比赛者。如果有一名以上记分员记录成绩，他们每个人都必须在各自负责的部分签名。

b.签名和提交记分卡

一轮比赛结束后，比赛者应核对自己各洞的成绩，并与委员会一起澄清所有疑点。他必须确认记分员已在记分卡上签名，然后他自己也在记分卡上签名并尽快将它提交给委员会。

违反规则 6-6b 的处罚：取消资格。

c.更改记分卡

比赛者将记分卡提交给委员会之后，不得对记分卡进行任何更改。

d.球洞成绩错误

比赛者对其记分卡上记录的各洞成绩的正确性负有责任。如果他提交的任何一个球洞的杆数低于实际杆数，他要被取消资格。如果他提交的任何一个球洞的杆数高于实际杆数，被提交的成绩有效。

注释：

1.各洞杆数的相加以及应用记分卡上记录的差点是委员会的责任——见规则 33-5。

2.四球比杆赛的情况，同时见规则 31-3 和规则 31-7a。

6-7.不当延误，缓慢打球

球员不得对比赛造成不正当延误，且必须遵守委员会可能制定的任何打球速度的规定。在一个球洞比赛结束后至下一发球区之前的这段时间，球员不得有不正当延误。

案例：如球员在短距离击球时，为查看旗杆位置或球洞的状态而走向果岭所花费的时间视为不正当延误。

▲ 违反规则 6-7 的处罚：比洞赛——该洞负；比杆赛——罚两杆。

波基和标准杆比赛——见规则 32-1a 的注释 2。

定分式比赛——见规则 32-1b 的注释 2。

之后再犯——取消资格。

注释：

1.如果球员不当延误了两个球洞之间的比赛进程，他实际上是延误了下一个球洞的比赛。因此，除波基、标准杆和定分式比赛外(规则 32)，对其处罚将施加于下一个球洞。

2.出于防止缓慢打球的目的，委员会可以在比赛条件中(规则 33-1)制定有关打球速度的规定，其中包括完成规定一轮、一洞或一次击球所允许的最长时间。

▲ 比洞赛中，委员会可以在该条件中将违反本规则的处罚改为：

第一次违规——该洞负；

第二次违规——该洞负；

第三次违规——取消资格。

▲ 比杆赛中，委员会可以在该条件中将违反本规则的处罚改为：

第一次违规——罚一杆；

第二次违规——罚两杆；

第三次违规——取消资格。

6-8.中止比赛;恢复比赛

a.允许中止比赛的场合

球员不得中止比赛,但下列情况除外:

(i)委员会暂停了比赛。

(ii)他相信有雷电危险。

(iii)他正在就某一疑点或争议寻求委员会的裁决(规则 2-5 和 34-3)。

(iv)他有诸如急病等其他正当理由。

恶劣天气本身不是中止比赛的正当理由。

如果球员没有得到委员会特别许可就中止了比赛,他必须在条件允许时尽快向委员会报告。如果他这样做了,并且委员会认为其理由充分,该球员不受处罚。否则,他要被取消资格。

比洞赛的例外:经协商同意后中止了比洞赛的球员不会被取消资格,除非他这样做延误了整场比赛。

注释:离开球场本身并不构成中止比赛。

b.委员会暂停比赛时的程序

委员会暂停比赛后,如果比洞赛的球员或比杆赛中同组的球员正处在两洞的比赛之间,在委员会指示恢复比赛之前,他们不得恢复比赛。如果他们已经开始了一洞的比赛,他们可以立即中止比赛,也可以在不延误比赛的前提下继续该球洞的比赛。如果他们选择继续该球洞的比赛,他们可以在完成该洞之前中止比赛。任何情况下,完成该洞后必须中止比赛。

当委员会指示恢复比赛后,球员必须恢复比赛。

▲ 违反规则 6-8b 的处罚:取消资格。

注释:委员会可以在比赛条件中(规则 33-1)规定:在有潜在危险的场合下,委员会暂停比赛后球员必须立即中止比赛。否则,他要被取消资格,但发生规则 33-7 规定的可以免除该处罚的情况外。

c.中止比赛后拿起球

当球员按照规则 6-8a 中止一个球洞的比赛时,仅在委员会暂停了比赛或有充分理由拿起球的场合,他才可以不受处罚地拿起他的球。拿起这个球之前,球员必须标定它的位置。如果球员中止了比赛,并在没有得到委员会许可的情况下拿起球,在向委员会报告(规则 6-8a)时他必须报告他拿起球的事实。

如果该球员没有充分的理由就拿起球,而拿起球之前没有标定位置,或者没有向委员会报告拿起球的事实,他要被罚一杆。

d.恢复比赛的程序

必须在中止比赛的地方恢复比赛,即使在第二天恢复比赛也同样如此。无论在比赛恢复之前还是比赛恢复之时,球员都必须遵照以下程序进行处理:

(i)在有权按照规则 6-8c 拿起球的情况下,如果球员拿起了球,他必须把初始球或一个替换球放置在原来拿起初始球的地方,否则,他必须把初始球放置回原位。

(ii)在按照规则 6-8c 拿起球的情况下,如果球员没有拿起球,他可以拿起这个球,擦拭并把它放置回原位,或者在原来拿起初始球的地点替换一个球。拿起这个球之前,必须标定球。

(iii)如果在比赛中止的过程中球员的球或球标被移动(包括被风或水移动),他必须在初始球或球标被移动的地点放置一个球或球标。

注释:如果无法确定要放置球或球标的地点,必须对其进行估计并把这个球或球标放置在估计的地点。规则 20-3c 的条款在这里不适用。

▲ 违反规则 6-8d 的处罚:比洞赛——该洞负;比杆赛——罚两杆。

▲如果球员因为违反规则 6-8d 而受到一般性的处罚,将不再按照规则 6-8c 对其追加处罚。

★ 案例解析

案例 1. 比杆赛中,一组球员打完前 9 洞后走入会所休息了 30 分钟。之后他们继续完成了后9 洞。这组球员应按照规则 6-7(不当延误:缓慢打球)还是规则 6-8(中止比赛)受到处罚?

答:虽然规则规定“离开球场本身并不构成中止比赛”,并且规则中没有对不当延误和中止比赛之间的界线进行界定,但这组球员的行为已经远远超出了不当延误的范畴。因此,他们应按照自行中止比赛而取消资格。

△ 球员虽然迟到,但该组因为延误而没有准时开始比赛,球员还要受到处罚吗?

案例 2. 委员会规定一组球员的出发时间是 9:00,但是其中一名球员在 9:06 才赶到指定的发球台,不过,因为当时球场上堵得很厉害,所以这一组实际上在他赶到后还未能准时开始比赛,这名球员还要受到处罚吗?

答:不用,由于这一组不能在委员会原先指定的时间出发,并且该球员在这组球员可以出发之前赶到了现场,所以他没有违反规则 6-3a。

△ 记分员故意在比赛者不知情的情况下证实了错误的成绩,该如何处理?

案例 3. 比杆赛中,一名比赛者提交的记分卡上没有包含一个洞自己所受的罚杆。这名比赛者并没有意识到自己受到了处罚,而他的记分员(同组比赛者)虽然知道了这名球员受到了处罚,但却仍然在这张记分卡上签了字。比赛结果正式公布前有人发现了这个问题,委员会该如何处理?

答:按照规则 6-6d,无论比赛者是否有意漏填罚杆,他都要被取消资格。同时,由于这名记分员故意证实错误的成绩,委员会还应按照规则 33-7 取消他的比赛资格。

△ 比赛者在第一轮比赛的记分卡上没有签名,错误在最后一轮比赛时被发现,比赛者还要受罚吗?

案例 4. 一次 72 洞的比杆赛,在刚刚要公布比赛结果之前,有人发现了一名比赛者没有在其第一轮比赛的记分卡上签名。但是除此之外,其余三轮比赛的记分卡都是正确的,该比赛者要被取消资格吗?

答:是的,只要比赛还没有结束这名比赛者就要因为违反规则 6-6b 而被取消资格。

△ 比赛者可以自行更改记分卡上的错误码?

案例 5. 一名记分员在比赛者的记分卡上签了名,将其交给比赛者然后离开了该区域,但是比赛者在自己的记分卡上发现第 14 洞的成绩有误,记分员将其写成了 5,实际上应该是 4,该比赛者没有与委员会协商就更改了记分卡,签字后将其交给委员会,后来委员会听说了此事,询问了这名比赛者和他的记分员,并确认该比赛者在第 14 洞的成绩确实是 4,该比赛者是否违反规则 6-6b?

答:是的。这名比赛者在未经记分员同意的情况下更改了记分卡,这相当于推翻了记分员对其成绩的确认，所以，他实际上提交的是一张没有记分员签名的记分卡。但是，如果比赛者在提交记分卡之前将此事报告给委员会，他就不会受到处罚。

习题八

简答题

1. 一名球员击球后球撞到了球车道并碎裂成几片，他该如何处理？

2. 一次比杆赛中，一名球员比规定时间晚了3分钟才赶到一号洞发球区并做好打球准备，怎么处罚？

3. 出发时间精确到分还是秒？

4. 一次比洞赛，A和B在9:00点开始他们的比赛，但是A迟到了1分钟。B迟到了4分钟。怎么处理？

5. 正式比赛中，如果球员没有在自己的球上做标记。他要受到处罚吗？

6. 记分卡上漏填了一个洞的成绩要被取消资格吗？

7. 一名球员到达果岭后发现自己的推杆落在了发球区，于是他回去取，如果这样做延误了比赛。要受到处罚吗？

8. 一名球员用10分钟来寻找遗失球，是否要受到处罚？

9. 提交记分卡时，记分员把自己的名字签在了比赛者应该签的地方，同时比赛者把自己的名字签在了记分员应该签的地方。这张记分卡可以被接受吗？

10. 什么样的球属于不适于使用之球？

11. 写出向同组比赛者宣布自己的球是不适于使用之球的程序。

12. 解释出发时间的5分钟限度。

习题八答案

简答题答案

1. 这种情况属于因为击球而使球裂成碎片，球员必须按照规则5-3取消这次击球，然后在尽量接近打初始球的地点再打一个球，不受处罚。

2. 根据规则6-3，他要受到两杆处罚。

3. 精确到秒。

4. 两名球员都应该受到该洞负处罚，出于公正，该洞打平。

5. 不用，规则只是建议球员这样做。

6. 取消资格。

7. 受处罚，罚两杆或该洞负。

8. 受处罚，罚两杆或该洞负。

9. 这样微不足道的错误应该得到宽恕。只要记分卡上有他们二人的签字，委员会就应该接受这张卡片。

10. 如果一个球有可见的切痕、裂缝或变形，则该球为不适于使用之球。如果一个球只是粘有泥土或其他物质、表面有划痕或擦痕、涂漆损坏或褪色，则该球不能视为不适于使用之球。

11. 在拿起这个球之前，该球员必须向其比洞赛中的对手或比杆赛中的记分员或同组比赛者宣布自己的意图并标定此球的位置。之后，他可以拿起这个球进行检查，但是在此过程中他要为自己的对手、记分员或同组比赛者提供检查这个球以及观察他要拿起和放置这个球回原位的机会。在按照规则 5-3 拿起这个球时不得对其进行擦拭。

12. 如果球员在其出发时间之后 5 分钟内，到达出发地点并做好打球准备，对其未及时开始比赛的处罚为比洞赛第一洞负或者比杆赛第一洞罚两杆，而非取消资格。

第九单元　规则 7 至规则 10

规则 7　练习

7-1.一轮比赛之前或两轮比赛之间的练习

a.比洞赛

在比洞赛的任何一天，球员均可以在一轮比赛开始之前在球场上练习。

b.比杆赛

在比杆赛的任何一天，在开始一轮比赛之前或延长赛之前，比赛者不得在比赛球场上练习或者以滚动球、擦抹或拨扫表面的方式测试球场内任何果岭的表面。

在连续数天进行两轮或多轮的比杆赛时，比赛者不得在各轮比赛之间在仍要进行比赛的任何球场上练习或者以滚动球、擦抹或拨扫的方式测试该球场上任何果岭的表面。

例外：开始一轮比赛或附加赛之前，球员可以在第一洞发球区或任何练习区域及其附近练习推击或短切。

违反规则 7-1b 的处罚：取消资格。

注释：委员会可以在比赛条件中（规则 33-1）禁止在比洞赛的任何一天在比赛球场上练习，或者允许在比杆赛的任何一天或各轮比赛之间在整个或部分比赛球场进行练习（规则 33-2c）。

7-2.一轮比赛期间

球员不得在一个球洞的比赛过程中练习击球。

球员不得在两个球洞的比赛之间练习击球，但是他可以在以下区域或其附近进行练习推击或短切。

a. 刚打完球洞的果岭。

b. 任何练习果岭。

c. 该轮比赛中要打的下一个球洞的发球区。但是，练习击球不得在障碍区内进行，也不得不正当延误(规则 6-7)。

一个球洞的比赛结果已被决定后，继续进行该洞比赛的击球不算做练习击球。

例外：委员会暂停比赛后，球员在恢复比赛之前可以：

(a)进行本规则规定的练习；

(b)在比赛球场以外的任何区域练习；

(c)按照委员会允许的其他方式进行练习。

违反规则 7-2 的处罚：比洞赛——该洞负；比杆赛——罚两杆。

如果违规发生在两个球洞的比赛之间，处罚施加于下一个球洞。

注释：

1.试挥不是练习击球，只要不违反规则，球员可以在任何地方试挥。

2.委员会可以在比赛条件中(规则 33-1)禁止下列行为：

(a)在刚打完球洞的果岭上或其附近练习；

(b)在刚打完球洞的果岭上滚动球。

知识点

序号	比赛形式	时 间	可以练习	不可以
1	比洞赛	一轮开始前或两轮之间在比赛场地	√	
2	比杆赛	一轮开始前或两轮之间在比赛场地		√

习题九

简答题

1.一名球员站在球道中间等待前一组球员离开果岭。在此期间他觉得无聊，于是往地上扔了一个球，并用切杆在附近打了几下。规则对这种打发时间的行为该如何判决？

2.比杆赛中，一名比赛者的球童在比赛者开球前在球场的果岭表面练习或测试。该比赛者是否应根据规则 7-1b 被取消资格？

△ 一轮比杆赛开始之前球童可否在球场的果岭上练习或测试？

3.比杆赛中，一名比赛者的球童在比赛者开球前在球场的果岭表面练习或测试，该比赛者是否根据规则 7-1b 被取消资格？

△ 一轮比杆赛结束后，在球场果岭上练习推击要受到处罚吗？

4.一次 4 天 72 洞的比杆赛，A 在完成第一天比赛后，觉得自己仍没有适应果岭的速度，于是等所有人完成比赛后跑到 18 洞的果岭上练了一会儿推杆。有人将此事举报给委员会，委员会该如何处理？

△ 一轮结束后在 18 洞果岭上练习是否要被取消资格？

5.一次 72 洞的比杆赛连续进行 4 天，一名比赛者在第一轮的 18 号洞刚刚推球进洞后，紧接着在该洞的果岭上练习推击，该比赛者是否要因为两轮之间在球场上练习而被规则 7-1b 取消资格？

习题九答案

简答题答案

1. 这名球员违反了规则7-2，因此要受到比洞赛负、比杆赛被罚两杆的处罚。

2. 按照规则6-1的规定，比赛者只在规定一轮比赛过程中对其球童的行为负责。换句话说，他并不为比赛开始前球童的行为负责。因此，规则不会因为球童赛前在球场上练习或测试行为而处罚比赛者本人。

3. 按照规则6-1的规定，比赛者只在规定一轮的比赛过程中对其球童的行为负责，换句话说，他并不为比赛开始前球童的行为负责，因此规则不会因为球童赛前在球场上的练习或测试行为而触发比赛者本人。

4. 按照规则7-1b在连续数天进行多轮比赛的比杆赛时，比赛者不得在各轮之间在仍要进行比赛的球场上练习。违反这条规则的处罚是取消比赛资格。因此A要因为在两轮比赛之间在赛场上练习而被取消资格。

5. 从理论上讲，当这名比赛者在18洞推球进洞后，他就结束了这一轮的比赛，接下来的练习击球严格地讲的确发生在两轮比赛之间而非一轮比赛期间，但是规则7-2特别指出，球员可以在两个球洞的比赛之间在该打完之洞的果岭上或附近练习推击或短切，但是，如果这名比赛者在18号洞击球进洞后离开了球场，但之后又返回并在18号洞果岭上练习推击，他就违反禁止两轮比赛之间在比赛球场上练习的规定，取消资格。

规则8　助言；指示打球线

8-1. 助言

规定一轮中，球员不得：

a. 向正在球场上比赛的任何人提供助言，但其伙伴除外；

b. 向任何人征询助言，但其伙伴或他(们)的球童除外。

◆ 案例：A的第二杆攻上了果岭，B也一样。A然后问B第二杆使用的是什么球杆。A违反规则8-1吗?

答：不。这种情况下B的回答并不会影响A的打球决断、球杆选择或击球方法，所以谈不上助言。

8-2. 指示打球线

a. 果岭以外

在果岭以外，球员可以让任何人为其指示打球线，但是在击球时他不得让任何人站在打球线上或其附近，或者打球线在球洞后方的延长线上。在击球前必须移走任何由该球员放置的或他被告知放置的指示打球线的标记。

例外：被照管或举起的旗杆——见规则 17-1。

b. 果岭上

球上果岭后，该球员、他的伙伴或他（们）的球童可以在其击球之前（但不得在击球过程中）指示推击线，但是在此过程中不得触及果岭。不得在任何地方放置标记来指示推击线。

▲ 违反规则的处罚：比洞赛——该洞负；比杆赛——罚两杆。

注释： 委员会可以在团体赛的比赛条件（规则 33-1）中，允许每个队指定一人，作为助言员，对该队成员提供助言（包括指示推击线）。委员会可以就这名助言者的指定方式和被允许的行为制定条件。在提供助言之前该助言者必须向委员会确认其身份。

提示：一般在比赛中组委会为助言者制作“助言胸牌”。

★ 案例解析

案例 1. 一名球员把一支球杆放在地上与打球线平行的位置以协助自己校准双脚的站位，他这样做可以吗？

答：可以。规则 8-2a（指示打球线）允许球员放置一些标记来指示打球线，但在击球前他必须将其移开。否则，他将违反规则 8-2a。

△ 观察其他球员的球包以确定使用的球杆算作征询助言吗？

案例 2. 比赛过程中 A 向 B 的球包里看，以确定 B 上一杆使用的是哪支杆，这算作是征询助言吗？

答：不，通过观察得到的信息不是助言，但是如果 A 使用肢体行为来获取这些信息，例如，掀开 B 球包上的毛巾来确认他刚才使用的球杆，他就违反了助言的规定。

△ 球员可否放置标记物来为自己提供击球的参考距离？

案例 3. 一名球员在果岭边短切，他估计了自己切球的落点和滚动的距离后，在希望的落点处旁边（不在打球线上）放了一支球座来提醒自己切杆的幅度，在击球过程中他没有拔掉这支球座，该如何判决？

答：虽然他这样做并非为了指示打球线，但规则 8-2a 的目的是禁止球员使用工具或标记物来协助自己击球，因此出于公正（规则 1-4）这名球员要受到一般性处罚。比洞赛该洞负，比杆赛罚两杆。

△ 推球前在果岭上放置球座指示推击线可以吗？

案例 4. 一名球员的球停在果岭上，他面临一个长推，他的球童在其推击线上放了一支球座，告诉他往这个方向瞄准即可，然后球童在球员推球前移走了这支球座，这名球员是否违反了指示推击线的规则？

答：是的，规则 8-2b 规定，当球上了果岭后，不得在任何地方放置标记物来为球员指示推击线，这一点和球在果岭外有明显区别，当球在果岭外时，规则允许球员让其他人为其指示打球线，或者在打球线上放置一些标记物，球员只要在击球前移走这些标记物，就不会违反规则。

规则 9　关于已打杆数的信息

9-1. 总则

球员的已打杆数包括其罚杆。

9-2. 比洞赛

a. 已打杆数的信息

对手有权在一个球洞的比赛过程中向球员确认他已打的杆数，以及在完成一个球洞的比赛后，向他确认在刚完成的球洞的杆数。

b. 错误信息

球员不得向其对手提供错误信息。如果球员提供了错误信息，则他在该洞负。

下列情况下球员被视为提供了错误信息：

(i)受到处罚后没有在条件允许时及时通知其对手，但下列情况除外：(a)他显然正在按照某条涉及处罚的规则处置，并且其对手观察到了他的行为；(b)他在对手进行下一次击球之前纠正了这一错误。

(ii)在一洞的比赛过程中提供了错误的已打杆数信息，并且在其对手进行下一次击球前没有纠正错误。

(iii)提供了错误的完成一洞杆数的信息，并且影响了对手对该洞比赛结果的理解，除非他在任一球员从下一个发球区击球之前，或事情发生在本场比赛的最后一洞时，在所有球员离开果岭之前纠正了错误。

即使球员因为不知道自己犯规而没有加上罚杆，他也构成提供了错误信息。知晓规则是球员的责任。

9-3. 比杆赛

受到处罚的比赛者应当在条件允许时尽快通知自己的记分员。

★ 案例解析

案例 1. 一场比洞赛中，B 询问 A 在正打球的这个洞或刚完成的洞的杆数，但是 A 拒绝提供这方面的信息。该如何判决？

答：因为不按照规则 9-2a 的要求行动，A 受到一般性处罚，也就是该洞负。如果一个洞的比赛正在进行，A 在这个洞负；如果一个洞的比赛已经结束，A 在下一个洞负。

△ 提供错误信息导致对手认可了球员的下一次击球，球员要受到处罚吗？

案例 2. 一场比洞赛中，A 的球距球洞只有几英寸，B 问 A："这个球进洞是几杆？"A 回答说："6 杆。"此时 B 已经打了 5 杆，他认可了 A 的下一次击球，但是 B 在推球之前 A 纠正说自己的成绩应该是 5，该如何判？

答:按照规则 9-2,A 因为提供错误信息在该洞负。接受错误信息后,如果球员拿起了他的球,标定位置的球标,认可了对手的下一次击球或采取了其他类似的行动,那么就必须按照规则 9-2 实施处罚,此时再纠正错误已经来不及了。

规则 10 打球顺序

10-1. 比洞赛

a. 开始一个球洞的比赛时

在第一洞发球区,哪一方有优先击球权由编组表中的顺序决定。如果没有编组表,应以抽签的方式决定优先击球权。

一个洞获胜的一方在下一个发球区享有优先击球权。如果双方打平,在前一发球区上有优先击球权的一方继续优先击球。

b. 在一个球洞的比赛过程中

当双方球员开始了一洞的比赛后,应当先打距离球洞更远的球。如果这些球至球洞的距离相等,或者无法确定他们相对球洞的位置,则应以抽签的方式决定先打哪一个球。

例外:规则 30-3b(最佳球和四球比洞赛)。

注释:如果已知不在现有位置打初始球,并且球员被要求在尽量接近上一次打初始球的地点打一个球(规则 20-5),以上一次击球的地点来确定打球的顺序。如果可以在上一次击球地点以外的地方打一个球时,则以初始球静止的位置决定打球的顺序。

c. 打球顺序错误

如果球员在应由对手打球时打了球,他不受处罚,但其对手可以立即要求他取消这次击球,并以正确的顺序在尽量接近上一次打初始球的地点打一个球(规则 20-5)。

案例:在 A 和 B 的一场比洞赛中,A 用错误的顺序在发球区上开了球。B 要求 A 放弃这个球并用正确的顺序打球。但是,B 接下来这一杆打得非常好,于是他告诉 A 不用再打另一个球了。A 此时该怎么办?

答:这种情况下,A 可以选择继续用初始球,他也可以放弃初始球,并用正确的顺序打另一个球。无论怎样,该洞的结果都有效。

10-2. 比杆赛

a. 开始一个球洞的比赛时

在第一洞发球区,哪一方有优先击球权由编组表中的顺序决定。如果没有编组表,应以抽签的方式决定优先击球权。

在一洞杆数最低的比赛者在下一发球区享有优先击球权。杆数第二低的比赛者第二个打球,依此类推。如果有两个或两个以上的比赛者在一洞的杆数相同,他们应按照上一个发球区的顺序在下一个发球区打球。

例外:规则 32-1(有差点的波基、标准杆和定分式比赛)。

b.在一个球洞的比赛过程中

当比赛者开始了一个球洞的比赛后,他们应当先打距离球洞最远的球。如果有两个或多个球至球洞的距离相等,或者无法确定这些球相对球洞的位置,应以抽签的方式决定先打哪一个球。

提示:"距离球洞"不是"距离果岭"的远近决定打球顺序。

例外:规则 22(有助于或妨碍打球的球)和规则 31-4(四球比杆赛)。

注释:如果知道不在现有位置打初始球,并且比赛者被要求在尽量接近上一次打初始球的地点打一个球(规则 20-5),以上一次击球的地点来确定打球顺序。如果可以在上一次击球地点以外的地方打一个球,则以初始球静止的位置决定打球的顺序。

c.打球顺序错误

如果比赛者用错误的顺序打了球,他不受处罚,要在球的现有位置打球。但是,如果委员会判定比赛者之间协商以错误的打球顺序来为他们中的某人牟利,他们要被取消资格。

(另一个从果岭上击出的球正在运动时击球——见规则 16-1f)

(四人两球比杆赛中的打球顺序错误——见规则 29-3)

案例:比杆赛中,一名比赛者在发球区用错误的顺序打了球。他以为按照规则自己必须纠正错误并重新打球,所以放弃了初始球并用正确的顺序打了另一个球。该如何判决呢?

答:比杆赛中无须纠正打球顺序方面的错误(规则 10-2c)。当这名比赛者从发球区打了另一个球后,他是在上一次打初始球的地点进行了另一次击球,按照规则 27-1,规则视为他按照一杆加距离的处罚进行了处理,所以他的初始球遗失,另一个球进入使用状态。这样的处罚方式与初始球遗失或出界是一样的,接下来这名比赛者应该用第 2 个球打第 4 杆。

10-3.从发球区打的暂定球或另一个球

如果球员从发球区打暂定球或另一个球,他必须在其对手或同组比赛者完成第一次击球之后进行。如果有一名以上的球员选择打暂定球,或被要求从发球区打另一个球,他们必须保持原有的打球顺序。如果球员以错误的顺序打了暂定球或另一个球,适用规则 10-1c 或 10-2c。

● 要点提示

如果已知不在现有位置打初始球,并且球员被要求在尽量接近上一次打初始球的地点打一个球(规则 20-5),以上一次击球的地点来确定打球的顺序。如果可以在上一次击球地点以外的地方打一个球时,则以初始球静止的位置决定打球的顺序。

★ 案例解析

案例 1.发球区上如果需要打暂定球或者第二个球,应如何确定打球顺序?

答:如果一名球员在发球区上需要打暂定球,或者因为球出界等原因需要从发球区上再打一个球,那么他必须等同组其他人都完成了发球区上的第一次击球后再这样做。如果有几个人需要从发球区再打一个球,那么他们打第二个球的顺序与打第一个球的顺序是一样的。

举例来说,A、B、C 和 D 四人一组在发球区依次开球。结果:

A 的球进入了右侧树林可能遗失,他决定打一个暂定球;

B 的球落在球道上;

C的球直接出界，他必须从发球区上再打一个球；

D的球进入了前方的水障碍区，他选择在发球区再打一个球补救。

以上情况下，虽然原因各不相同，但A、C、D三个人都需要从发球区打另一个球。此时，他们打另一个球的顺序也应按照他们第一次击球时的顺序进行。也就是说所有的人都打完第一杆后，接下来应该先由A打暂定球，然后再由C打第二个球，最后是D按照水障碍区的规则打第二个球。

△ 球在整修地内如何确定打球顺序？

案例2. A和B从发球区开的球都落在了整修地内，虽然A的球距离球洞远一些，但是他们俩都决定在这里抛球补救，此时的打球顺序是按照两个球在补救前的位置决定还是按照抛球补救后的位置决定？

答：这种情况下打球顺序要由补救前的位置决定，与抛球补救后的位置无关，所以A应在B之前打球。

△ 球道上打暂定球也要等对手击球后再进行吗？

案例3. 一场A和B的比洞赛中，A把自己的球打向一片森林，因为这个球可能在水障碍区外遗失，所以他向B宣布自己打算打一个暂定球，A是应该立即打这个暂定球，还是像发球区打暂定球一样，等到B打球后再打？

答：在发球区以外的地方，球员打暂定球时必须立即执行，所以A要在B下一杆击球之前打暂定球。如果A允许B在自己宣布打暂定球的意图之前打球，A就放弃了自己按规则10-1c取消B击球的权利，但是这并不妨碍他打暂定球。

习题十

简答题

1. 一轮比杆赛开始前球童可否在球场的果岭上练习或测试？

2. 一名球员站在球道中间等待前一组球员离开果岭，在此期间他觉得无聊，于是切了一个球，如何处理？

3. 一名球员在长草中挥杆，结果居然打中了藏在里面的一个球，他是否要因为违规练习而受到处罚？

4. 在打第7洞的时候，A询问B在第2洞使用的是什么球杆，而第2洞是一个与第7洞距离相近的三杆洞，A这样做是在征询助言吗？

5. 一名球员把一支球杆放在地上与打球线平行的位置以协助自己的站位，他可以这样做吗？

6. 写出测试球洞区表面的方式有哪些。

7. 写出什么情况下球员被视为提供了错误的信息。

8. 写出比洞赛与比杆赛在打球顺序错误时分别怎样处置。

习题十答案

简答题答案

1. 规则6-1只规定一轮比赛中对其球童的行为负责。因此规则不会因为球童在比赛前的练习而处罚比赛者本人。

2.这名球员违反了规则7-2,因此要受到比洞赛该洞负,比杆赛两杆的处罚。

3.只有有意地打球才算一次击球,从这个角度讲,只有带有练习意思的击球才能算一次练习击球,球员并没有意图去击打草里的球,所以这里不存在练习击球或者打错球的问题。

4.有关之前完成的球洞信息不算助言,所以A不受处罚。

5.可以,但在击球前必须将其移开,否则,将违反规则8-2a。

6.以滚动球、对表面进行擦抹或拨扫的方式测试球场内任何球洞区的表面。

7.①受到处罚后没有尽快地通知其对手。②在一个球洞的比赛过程中提供了有关已打杆数的错误信息,并且在其对手进行下一次击球之前没有纠正这一错误。③提供了完成一个球洞杆数的错误信息,并且这一信息影响了对手对该洞比赛结果的理解,除非他在任何一名球员从下一个发球区击球之前,或在本场比赛的最后一个球洞所有球员离开球洞区之前纠正了这一错误。即使球员因为不知道自己犯规而没有加上罚杆,也构成提供了错误信息,知晓规则是球员的责任。

8.比洞赛:如果一名球员在应由对手打球的时候打了球,他不用受罚,但其对手可以立即要求该球员取消这次击球,并以正确的顺序在尽量接近上一次打初始球的地点打一个球。

比杆赛:如果一名比赛者未按正确的顺序打球,他不用受罚,要在球的现有位置打球。但是,如果委员会判定比赛者之间协商以错误的打球顺序来为他们中的某人牟利,他们要被取消资格。

第十单元　规则 11 至规则 12

规则 11　发球区

11-1. 架球

当球员在发球区把一个球投入使用状态时，他必须在发球区内的地面上打这个球，或者在发球区内的地面内或地面上的一个符合规则的球座（附属规则Ⅳ）上打这个球。

出于应用本规则的目的，发球区的地面包括其不平整状态（无论该状态是否由球员制造）和沙子或其他自然物体（无论这些物体是否由球员放置而成）。

如果球员击打了架在不符合规则的球座上的球或使用其他本规则不允许的方式架起的球，他要被取消资格。

球员可以站在发球区外打发球区内的球。

案例：球员能否在发球区内堆上一小堆沙子，然后把球架在沙子上开球？

答：可以。规则 11-1 规定，球员可以在发球区内的地面上打球。这条规则的第二段话明确说明，发球区的地面包括其不平整状态、沙子和其他一些自然物体（无论这些物体是否有球员放置而成）。所以，把球架在沙子上，等同于把球放在地面上。

11-2. 发球区标志

球员在正比赛球洞的发球区对任何球进行第一次击球之前，该洞的发球区标志被认为是固定的。这种情况下，如果球员出于避免对其站位、预期挥杆区域或打球线造成妨碍的目的而移动或允许他人移动发球区标志，他要因违反规则 13-2 而受到相应处罚。

● **要点提示**

开球之前发球区标志是固定物，不可以移动。球变成使用中球后发球区标志变成可移动妨碍物，可以移动。

案例：如果球员出于某种原因（无意或有意）移动了发球区上的标志物，该如何处罚呢？

答：我们在理解发球区标志时，必须弄清楚两点。第一，规则 11-2 明确指出球员在发球区对任何球进行第一次击球前，这个洞的发球区标志被认为是固定的。因此球员不得因为受到它们的妨碍而将其移走。第二，发球区标志是人工物体，因此当球员完成第一次击球后，他就是妨碍物。但是，考虑到发球区标志开始是固定的，并且移动它们后可能会对比赛产生严重的影响，所以任何情况下，发球区标志被移动后都应放置回原位。下面是不同情况下球员移动发球区标志物的处理办法：

①如果球员因为觉得发球区标志妨碍了他的球位、站位或者预期挥杆区域而在第一次击球前移动了这个发球区标志，他将因为移动固定物体改善击球环境而在比洞赛中该洞负、比杆赛中被罚两杆(规则 13-2)。

②如果球员觉得发球区标志的摆放不合理而在发球区击球前或击球后移动一个发球区标志，对他的处罚就要严厉得多。因为他的行为可能会对比赛产生严重的影响，委员会应按照规则 33-7 取消资格。当然，如果他在打球前认识到了错误并及时把发球区标志放回原位，委员会可以考虑把处罚修改为比洞赛中该洞负或比杆赛中罚两杆。

③如果球员无意中移动了发球区标志，如他在从发球区上方走过时不小心踢到了标志物，他无须受罚，但应把这个发球区标志放回原位。

④如果球员从发球区击球前或击球后，没有什么理由(如只是出于好奇)拿起了一个发球区标志，他无须受罚，但应把这个发球区标志放回原位。

11-3. 球从球座上掉落

如果尚未进入使用状态的球从球座上掉落，或在球员准备击球被碰落，可以重新把球架在球座上，不受处罚。但是，如果球员在上述情况下击打了球(无论这个球是否在移动)，该次击球有效，不受处罚。

案例：球员在发球区上准备击球时，杆头不小心把球从球座上碰下。这个球员要受到处罚吗？

答：球员在发球区上击球前，架在球座上的球还没有进入使用状态。如果此时球从球座上掉下，球员不受处罚，他可以把球重新架在球座上。

11-4. 从发球区外打球

a. 比洞赛

开始一洞的比赛时，如果球员从发球区外打了球，他不受处罚，但是对手可以立即要求他取消这次击球，并重新从发球区内打球。

b. 比杆赛

开始一洞的比赛时，如果比赛者从发球区外打了球，他要被罚两杆，然后必须从发球区内打一个球。

如果该比赛者没有纠正自己的错误就从下一个发球区打了球，或者在该轮比赛的最后一洞时，没有先宣布自己纠正错误的意图就离开了果岭，它要被取消资格。

比赛者在发球区外的那一次击球，以及纠正这个错误之前在该洞随后的任何击球，均不计入他的成绩。

案例：一轮比杆赛中，一名比赛者从发球区外开了球，之后他又在球道上打了两杆，此后才得知自己的错误，于是他返回发球区纠正错误。现在他应该在发球区上打第几杆？

答：第 3 杆。当他从发球区外开球后，他要在这个洞被罚两杆。但是他在发球区外打的这一杆，以及之后继续打这个球的杆数，均不计入他在这个洞的成绩。

11-5. 从错误的发球区打球

适用规则 11-4 的条款。

★ 案例解析

△ 发球区上击球没有打中球，再次准备击球时不小心把球碰下球座该如何处理？

案例 1. 球员在发球区内架球并挥杆击打这个球，但是却落空了，球杆根本没有碰到球，这名球员准备再次击球，但是在此过程中不小心把球从球座上碰落，他要受到处罚吗？

答：是的，虽然第一次击球挥空了，但是按照击球的定义，他仍然打了一杆，这名球员在发球区上击球后，这个球就进入了使用状态，此后，如果球员导致球移动，他要按照规则 18-2a 被罚一杆，并且必须把这个球放置回原位，否则他要被罚两杆。

△ 比洞赛中，球员从发球区外打球后对手要求他取消这次击球，此后正确的打球顺序是怎样的？

案例 2. 比洞赛中，有优先权的球员从发球区外打了球，他的对手按照规则 11-4a 立即要求他取消这次击球，下面应该由谁发球？

答：对手取消球员从发球区外打的这一杆相当于这个球员还没有从发球区开球，因此，下面还应该由这个球员首先从发球区发球。

规则 12 寻找和辨认球

12-1. 看到球，寻找球

球员没有击球时一定要看到球的权利。

在球场的任何地方寻找自己的球时，球员可以触及或弯曲长草、灯芯草、灌木、荆豆、石南花及其他类似物，但上述行为只能做到发现或辨认这个球所必需的程度，而且不得改善球位、预期站位、挥杆区域或打球线。除本规则(a)至(d)规定的情况外，如果这个球被移动，适用规则 18-2a。

除了被规则允许的其他寻找和辨认的方法外，球员还可以按照规则 12-2 用下列方式寻找和辨认球。

a. 寻找和辨认被沙子覆盖的球

在球场的任何地方，球员如果认为自己的球被沙子覆盖以至于他无法发现或辨认它，他可以不受处罚地触及或移动这些沙子以便发现或辨认这个球。如果发现了球并辨认出这是自己的球，球员必须把这些沙子放回去，尽量恢复原来的球位。寻找或辨认球时，如果在触及或移动沙子的过程中移动了这个球，球员不受罚，但必须把这个球放置回原位并恢复原有球位。

★ 按照本规则恢复球位时，球员可以露出这个球的一小部分。

b. 寻找或辨认障碍区内被散置障碍物覆盖的球

在障碍区内，球员如果认为自己的球被散置障碍物覆盖以至于他无法发现或辨认它，他可以不受处罚地触及或移动这些散置障碍物以便发现或辨认这个球。如果发现了球并辨认出这是自己的球,球员必须把这些散置障碍物放回原位。寻找或辨认球时,如果在触及或移动散置障碍物的过程中移动了球,适用规则 18-2a。如果把散置障碍物放回原位的过程中移动了球,球员不受处罚,但必须把这个球放置回原位。

如果这个球完全被散置障碍物覆盖,球员必须重新覆盖但是可以露出这个球的一小部分。

c.寻找水障碍区水中的球

如果认为球位于水障碍区的水中,球员可以不受处罚地用球杆或其他物体触探。如果水中的球在触探过程中被意外移动,球员不受处罚,但必须把这个球放置回原位,除非他选择按照规则 26-1 处理。如果被移动的球不在水中或这个球在触探过程之外被球员意外移动,适用规则 18-2a。

d.寻找妨碍物或异常球场状况内的球

如果位于妨碍物之内或之上的球,或位于异常球场状况之内的球在寻找过程中被意外移动,球员不受处罚,但必须把这个球放置回原位,除非他选择按规则 24-1b、24-2b 或 25-1b 作为适用的规则处理。如果球员把这个球放置回原位,他仍然可以在适用的情况下按照以上规则之一处理。

▲ 违反规则 12-1 的处罚:比洞赛——该洞负;比杆赛——罚两杆。

案例:规则 13-4 禁止球员用手或球杆触及障碍区的地面。但是,如果球完全被埋在沙子里,球员可以用球杆来寻找球吗?

答:可以。规则 12-1 规定,在球场的任何地方,球员认为自己的球被沙子覆盖以至于他无法发现或辨认它,他可以不受处罚地触及或移动这些沙子以便发现或辨认这个球。这个规定显然与规则 13-4 禁止球员用手或球杆触及地面的规定相矛盾。但是,规则 12-1 是专门针对寻找球的,这种情况下,规则 12-1 优先于规则 13-4。

12-2.拿起球辨认

打正确的球是球员的责任。每个球员都应在自己的球上做标记。

如果球员认为一个静止的球是他自己的球但无法确认,他可以拿起这个球辨认,不受处罚。除规则 12-1 允许的行为外,球员还有拿起球辨认的权利。

拿起这个球之前,该球员必须向其比洞赛中的对手、比杆赛中的记分员或同组比赛者宣布自己的意图并标定这个球的位置。之后他可以拿起这个球进行辨认,但是要为他的对手、记分员或同组比赛者提供观察他拿起和放置这个球回原位的机会。按照规则 12-2 拿起球时,不得将它擦拭至超出辨认所必需的程度。

如果这个球是该球员的,但是他没有遵守以上全部或部分程序,或者他没有充分理由就拿起自己的球辨认,他要被罚一杆。如果被拿起的球是该球员的,他必须把它放置回原位。如果他没有这样做,他要因违反规则 12-2 受到一般性处罚,但不会再根据本规则追加处罚。

注释:如果要被放置回原位的球的初始球位被改变,见规则 20-3b。

▲ 违反规则 12-2 的处罚:比洞赛——该洞负;比杆赛——罚两杆。

▲ 如果球员因违反规则 12-2 受到一般处罚,则不再按照本规则追加其他处罚。

规则 12-1:看到球;寻找球。

沙坑内寻找球时改变了球位该怎么办?

案例:球员的球被完全埋在沙坑的沙子内。他在用沙耙寻找球时不小心把它从沙子里“刨”了出来。这个球的球位完全被破坏掉了,此时球员该怎么办?

答:在球场的任何地方,球员寻找被沙子覆盖的球时不小心移动了球都不受处罚,但前提是球的移动是在触及或移动沙子的过程中发生的。如果因为其他无关的行为移动了球,球员要被罚一杆并必须把这个球放置回原位。

本案例中,球员必须把“刨”出来的球放置回原位并重新恢复其原来的球位。但是,他可以露出球的一小部分以便自己在击球时可以看到球。

规则 12-2:辨认球

辨认球时不拿起球而只是在地上将其旋转以看到辨认标识可以吗?

案例:球员在长草中发现了一个球。他先向对手、记分员或同组比赛者宣布了自己辨认球的意图,然后蹲下来用手把球转到另一面,最后他确认这就是自己的球,在此过程中球一直未离开地面。他这样做可以吗?

答:按照规则 12-2 和 20-1,球员处于辨认的目的拿起球或触及球时,必须首先标定它的位置。本案例中,球员没有标定球的位置就用手故意触及了自己的使用中球,这样做违反了规则 18-2a,处罚是被罚一杆。但是,如果他在旋转此球之前已经标定了它的位置并且在旋转动作没有导致球被擦拭至超出辨认所必需的程度,他就不会受到处罚。

★ 案例解析

△ 球员在水中找球时不小心踢到了长草中的球怎么办?

一名球员以为自己的球落在了水障碍区的水中,于是他沿着河岸用球杆在水中触探自己的球,结果却不小心踢到了它,原来他的球并没有下水,而是落在了这个水障碍区的长草中,这名球员要被罚吗?

答:如果球员认为自己的球在水障碍区的水中,他可以用球杆或其他物体在水中触探以寻找这个球,在此过程中,如果移动了水中的球,球员不受罚,他只要把这个球放回原位即可,当然,如果找到球后,球员决定按照水障碍区的规则补救,他就无须把这个球放置回原位。但是,如果球员在触探球过程之外意外移动了他的球,或者被移动的球压根就不在水里,他要因为静止球被移动罚一杆,并必须把这个球放置回原位。

寻找和辨认球的知识点

序号	球位	触碰球	球移动是否罚杆	恢复原状
1	沙子覆盖	√	否	√
2	水障碍区的水中	√	否	√
3	妨碍物或异常球场状况内	√	否	√
4	在球场的任何地方	√	是	√

习题十一

一、判断题

1. 球员可以在发球区架球或用沙子堆成堆在上面打球。(   )

2.球员击打了不符合规则的球座上的球，罚两杆。(　　)

3.任何时候球员移动了发球区标志都要受到处罚。(　　)

4.在沙坑里寻找完全被沙子覆盖的球时，可以用球杆接触到沙子。(　　)

5.球员在击球时有看到球的权利。(　　)

6.球员必须在自己的球上做标记。(　　)

二、选择题

1.球员在发球区内架球并挥杆击打了这个球，但是挥空了，再次击球时，不小心把球碰了下来，正确的裁决是(　　)

A.受到一杆处罚，把球放回原位　　B.不受处罚，现有位置打球

C.可以重新架球，不受处罚。

2.比洞赛中，球员在发球区外打了球，正确的裁决是(　　)

A.对手可以立即取消这次击球　　B.该洞负

C.罚一杆

3.比杆赛球员在发球区外打了球，正确的裁决是(　　)

A.纠正错误，罚两杆　　B.不受处罚

C.纠正错误，罚一杆

4.两名球员在3号洞把球攻上果岭后，为了节省时间商定先打接近的7号洞，在7号洞发完球后，回到3号洞推球入洞，正确的裁决是(　　)

A.不受处罚　　B.DQ

C.受到两杆处罚

5.A在上杆时，被天空飞来的鸟吓了一跳，使其击球时打左了，正确的裁决是(　　)

A.现有位置打球　　B.取消这次击球，重新击球

C.可以根据球员选择现有位置打或者重新击球

6.寻找障碍区内被散置障碍物覆盖的球时，无意移动了球，正确的裁决是(　　)

A.可以移走散置障碍物，球动罚一杆，把球放回原位

B.可以移动散置障碍物，球动不受处罚，把球放回原位

C.不可以移动散置障碍物

三、简答题

1.写出比洞赛与比杆赛在发球区外打球该如何处置。

2.写出要辨认球的程序。

习题十一答案

一、判断题答案

1.√　2.×　3.×　4.√　5.×　6.×

二、选择题答案

1.A　2.A　3.A　4.B　5.A　6.A

三、简答题答案

1.比洞赛：在开始一个球洞的比赛时，如果球员从发球区外打了球，他不受处罚，但是其对

手可以立即要求该球员取消这次击球，并重新从发球区内打球。比杆赛：在开始一个球洞的比赛时，如果比赛者从发球区外打了球，他要被罚两杆，然后必须从发球区内打一个球。如果该比赛者没有纠正自己的错误就在下一发球区进行了击球，或者在该轮比赛的最后一个球洞没有宣布自己纠正错误的意图就离开了球洞区，它要被取消资格。

2. 在拿起这个球之前，该球员必须向其比洞赛中的对手、比杆赛中的记分员或同组比赛者宣布自己的意图，并标定这个球的位置。之后他可以拿起这个球进行辨认，但是要为他的对手、记分员或同组比赛者提供观察他拿起和放置这个球回原位的机会。当按照规则 12-2 拿起这个球时，不得将它擦拭至超出辨认所必需的程度。

第十一单元　规则 13

规则 13　在球的现有位置打球

13-1. 总则

除规则中另有规定外，必须在球的现有位置打球。

（静止球被移动——见规则 18）

案例：规则 13-1 规定，球员必须在球的现有位置打球。这句话的含义是什么？

答：高尔夫球规则有两句最重要也最经典的话：在球的现有位置打球；在球场的现有状态下打球。这两句话其实是想准确地告诉所有人，球员在打球过程中必须接受他遇到的各种情况，而不能为了自己的便利改变它们。高尔夫球运动最大的特点之一，就是考验球员在复杂、困难的状况下击打各种球的能力。很显然，如果允许球员改善或消除，而不是克服他所面临的困难，高尔夫运动将不再具有任何魅力。

13-2. 改善球位、预期站位或挥杆区域、打球线

球员不得改善或允许改善下列区域：

①他的球的场所或球位；

②他的预期站位或挥杆区域；

③他的打球线或该线在球洞后方延伸适当的距离；

④他将要抛或放置一个球的区域。

其行为包括：

①用球杆在地上按压；

②移动、弯曲或折断任何生长物或固定物（包括不可移动妨碍物和标定界外的物体）；

③在地面制造或消除不平整状态；

④移走或向下按压沙子、松散的泥土、已被放回原处被铲起的草皮或已放置好的其他断裂草皮；

⑤移除露水、霜或水。

但是，上述行为发生在下列场合不受处罚：

①准备击球时把球杆轻放在地上；

②正当采取站位；

③击球或为击球而使球杆向后方运动并且完成了该次击球；

④在发球区内制造或消除表面的不平整状态，或从发球区移除露水、霜或水；

⑤在果岭上移走沙子、松散的泥土，或修理损伤(规则 16-1)。

例外：球位于障碍区内——见规则 13-4。

案例：一名球员的球陷入了球道上自己的球痕中。他按照规则 25-2 拿起这个球，但是在抛球之前，他修复了那个球痕。规则允许这样做吗？

答：不允许。这个球员在他将要抛球的区域消除了地面的不平整状态，因此，违反了规则 13-2，他要在比洞赛中该洞负、比杆赛中罚两杆。

13-3. 制造站位

球员在站位时有权稳固地放置双脚，但他不得制造站位。

案例：一名球员把球打到了树上，他不能打到这个球。于是他让人把机动高尔夫球车开过来，站在上面挥杆打了这个球。他这样做违反规则吗？

答：是的，这种行为构成了制造站位，违反了规则 13-3。

13-4. 球在障碍区内；被禁止的行为

除非规则中另有规定外，球员在击打障碍区内(沙坑、水障碍区)的球，或从障碍区内拿起但可以抛或放置在该障碍区内的球之前，不得有下列行为：

a. 测试该障碍区或任何类似障碍区的状况；

b. 用手或球杆触及该障碍区内的地面或该水障碍区内的水；

c. 触及或移动位于该障碍区内或触及该障碍区的散置障碍物。

例外：

1. 如果没有构成测试该障碍区的状况或改善球位，球员的下列行为不受处罚：

(a)由于摔倒或防止摔倒、移走妨碍物、测量、按照任何一条规则标定球的位置、取回球、拿起球、放置球或放置球回原位时，触及了任何障碍区内的地面、散置障碍物或者水障碍区内的水；

(b)将他的球杆放在障碍区内。

2. 任何时候，只要纯粹出于保护球场的目的，并且没有任何针对其下一次击球违反规则 13-2 的行为，球员都可以平整障碍区内的沙或泥土。在障碍区内击球后，如果球落在障碍区外，球员可以不受限制地平整这个障碍区内的沙子或泥土。

3. 如果球员从一个障碍区内击球，并且这个球静止在了另外一个障碍区内，规则 13-4a 不适用于随后在击球所在障碍区内采取的任何行为。

注释：任何时候，包括准备击球或为击球而使球杆向后方运动时，球员均可以用球杆或其他方式触及任何妨碍物、任何被委员会宣布为球场不可分割部分的建筑物、任何草、灌木、树木或其他生长物。

▲ 违反规则的处罚：比洞赛——该洞负；比杆赛——罚两杆。

(寻找球——见规则 12-1)、(水障碍区内的球补救——见规则 26)

● **要点提示**

下列行为不算是测试障碍区的状况：

①为站位(包括试挥)把脚踩进障碍区的任何地方或类似障碍区里。

②把球杆或沙耙等放在障碍区内。

③把身体倚靠在沙耙等物体上(球杆除外)而这个物体又触及了障碍区内的地面或水障碍区中的水中。

④用毛巾等物体触及障碍区(球杆除外)。

⑤按照某条规则处理时用球座标定位置。

★ **案例解析**

案例 1. 一个球刚好停在沙坑外的边缘上，但是球员需要站在沙坑里才能打这个球。规则 13-4b 禁止球员在击球前用手或球杆触及障碍区的地面或水障碍区的水，这种情况下球员可否把球杆放在这个沙坑内的沙子上或在上杆时碰到沙子？

答：可以。规则 13-4 指的是球停在障碍区内的情况。本案例中球员的球并没有在沙坑内，所以规则 13-4 并不适用。

△ 球位受到其他人制造的球痕的影响该怎么办？

案例 2. 球场通道上，一名球员的球正好停在别人打球造成的球痕旁边，并且这个球痕影响到了他的挥杆。他可以修理这个球痕或抛球补救吗？

答：这个问题取决于那个球痕是何时出现的，如果球痕在球员的球静止之前就已经存在，他必须接受这个结果，他不能修理这个球痕，也不能因此而采取无处罚的补救措施。如果球痕是在球员的球静止之后才出现的，那么规则视为其他人的击球造成了球员的球位或打球线遭到破坏，出于公正(规则 1-4)，这个球员可以修理这个球痕，如果无法修理或修理不好，他也可以补救，球员有权享有自己视为击球给予他的球位是"规则"的原则之一。

△ 确认一根草是否为散置障碍物时可否移动它？

案例 3. 一名球员的球停在长草内，里面有一根枯黄的草叶正好在球的后方，这名球员现在需要知道这根草叶是散置的还是仍然跟根部相连，如果是散置的他就可以将其挪走，否则他就必须在现有位置打球，于是他轻轻移动这根草叶以确认他是否为散置障碍物，结果发现它仍然与根部相连，这名球员要因为移动生长物而受到处罚吗？

答：规则 13-2 禁止球员移动任何生长物，正常情况下，当球员移动的任何生长物并改善了其击球环境后，即使随后他把这个生长物放回原位也不能幸免规则 13-2 的处罚。此方面唯一的例外是，出丁确定一个自然物体是否为散置障碍物的特定目的时，球员可以移动该物体，但是，如果发现该物体不是散置障碍物的话，他必须在下一次击球之前将其放回原位。并且，在此过程中这个自然物体没有因为球员的动作而与其根部分离，否则，这名球员将受到 13-2 的处罚。

△ 沙坑的斜坡上站位时可以把一侧的沙子踩平吗？

案例 4. 一名球员的球停在了沙坑内的一个斜坡上，为了能让自己的站位舒服一些，这名球员用脚向下踩踏沙坑一侧，以便使自己的双脚站在同样的高度，规则允许这样的行为吗？

答：不允许，这样的行为构成了制造站位，违反规则 13-3。比洞赛——该洞负；比杆赛——罚两杆。

△ 沙坑内把球打出界，球员抛球前能否测试沙坑内的状况或者平整脚印？

案例 5. 一名球员在沙坑内击球，但他把球打出了界，按照规则 27-1，他必须在这个沙坑内再打一个球，这名球员抛球前先平整了刚才打球造成的脚印，然后又试挥了几次碰到了沙子，他是否要受到处罚？

答：他不用受罚，规则 13-4 指的是球员的球在障碍区内，或者从障碍区拿起后，可以在该障碍区内抛或放置此球的场合，本案例中，球员的球是从沙坑内打出去的，而非拿起来的。

另外，规则 13-4 的例外 2 允许球员把球打出障碍区后不受限制地平整该障碍区内的沙子或泥土，这个权利优先于任何其他规则的冲突条款，包括规则 13-2，所以，这名球员的行为并没有违反规则。

习题十二

一、选择题

1. 下列不能找最近补救点进行无罚杆补救的选项是(　　)

A. 不可移动妨碍物　　B. 错误的果岭

C. 异常球场状况　　D. 不可打之球

2. 下列将要受到处罚的选项是(　　)

A. 在发球区移除露水

B. 正当采取站位时弯曲了生长物

C. 在地上按压球杆

3. 移走挥杆区域内的不可移动妨碍物，将受到的处罚是(　　)

A. 无处罚　　B. 罚两杆

C. 罚一杆

4. 比杆赛中，球员的球停在了沙坑内的斜坡上，采取站位时，球员向下踩踏一些沙子来使双脚站在同样的高度，他受到的处罚是(　　)

A. 罚两杆　　B. 无处罚，球员在站位时有权利稳固双脚

C. DQ

5. 比杆赛中，球员的球位于沙坑内，试挥杆时球杆碰到了沙，之后击球时，没有把球打出沙坑，再次试挥，球杆又碰到了沙，处罚是(　　)

A. 罚两杆　　B. 罚四杆

C. 无处罚

二、简答题

1. 写出改善球位、预期站位、挥杆区域或打球线的行为包括哪些。

2. 写出球位于障碍区内被禁止的行为有哪些。

习题十二答案

一、选择题答案

1. D　2. C　3. B　4. A　5. B

二、简答题答案

1. 在地上按压球杆;移动、弯曲或折断任何生长物或固定物(包括不可移动妨碍物和标定界外的物体);在地面制造或消除不平整状态;移走或向下按压沙子、松散的泥土、已被放回原处被削起的草皮或放置好的其他断裂草皮;或移除露水、霜或水。

2. 测试该障碍区或任何类似障碍区的状况;用手或球杆触及该障碍区的地面或该水障碍区内的水;触及或移动位于该障碍区内或触及该障碍区的散置障碍物。

第十二单元　规则 14 至规则 15

规则 14　击球

14-1. 正确地击球

必须用球杆的杆头正确击球，不得采用推带、拨扫或舀的动作。

案例：一名球员的球停在树下，他挥杆击球，但下杆时杆头被树枝缠住因而没能完成这次挥杆，他这样算打了一杆吗？

答：因为他已经开始下杆，而且其挥杆动作并非自发停止，所以即使因为树枝的原因而没能完成这次挥杆，他也仍然算打了一杆。

14-2. 协助

进行击球时，球员不得：

a. 接受物理协助或对自然因素的防护。

球员不得在击球时接受肢体协助或对自然因素的防护。

b. 不允许其球童、伙伴或伙伴的球童站立在其打球线（或推击线）在球后方的延长线上或其附近。

违反规则 14-1 或 14-2 的处罚：比洞赛——该洞负；比杆赛——罚两杆。

案例：球员在果岭上推球时正好需要面对阳光，光照在脸上让他感觉很不舒服，于是他安排球童站在他身前以挡住阳光。他这样做违规吗？

答：是的，这样做违反了规则 14-2a。

14-3. 人工装置、异常装备和装备的异常使用

R&A 保留随时变更与“人工装置、异常装备和装备的异常使用”相关规则的权利，并有权制定或变更对规则进行的解释。

球员对使用某种物品是否违反规则 14-3 有疑问时，应向 R&A 咨询。

制造商应向 R&A 提交要制造的物品样本，以便对在规定一轮中使用该物品是否将导致违反规则 14-3 做出裁决。出于参考的目的，该样品将成为 R&A 的所有物。如果制造商没有

提交样品，但是却在裁决结果出来之前制造或销售了这样的物品，该制造商要自行承担使用该物品违反规则所带来的风险。

除非规则中另有规定，在规定一轮中，球员不得使用任何有下列作用的人工装置或异常装备，或用异常的方式使用任何装备：

a. 可能有助于他进行击球或比赛。

b. 测定距离或可能影响他比赛的因素。

c. 可能有助于他握杆，但下列情况除外：

(i)可以戴普通手套。

(ii)可以使用松脂、粉末及干燥剂或保湿剂。

(iii)可以在握柄上缠绕毛巾或手帕。

例外：

1. 如果(a)该装备或装置设计用来缓解伤病疼痛或有这方面的效果。(b)球员有合理的理由使用该装备进行治疗。并且(c)委员会认为对该装备或装置的使用不会对其他球员造成不利的影响，则这名球员没有违反本规则。

2. 如果球员用传统的、可接受的方式使用装备，则不构成对本规则的违反。

▲ 违反规则 14-3 的处罚：取消比赛资格。

注释：委员会可以制定当地规则，允许球员使用仅仅用来测量距离的装置。

案例：一名球员在果岭上推球时喜欢把手套夹在自己腋下。他声称这样可以让自己的双臂在推球时更加稳定。这样做违反规则吗？

答：是的。这样的行为在规则中称为“用异常的方式使用装备”，违反了规则 14-3，处罚是取消比赛资格。

14-4. 连击球

如果在一次击球过程中球员的球杆撞击该球一次以上，该球员必须计算这次击球并加上一杆罚杆，共计两杆。

案例：球员在长草中的一次挥杆过程中球杆连续碰了球 3 次，该如何计算他的杆数和罚杆呢？

答：如果球员连击球，不管他连击了几次，只需要计算一次击球再加上一杆的罚杆就可以了。

14-5. 打运动中的球

球员不得在他的球正在运动时击球。

但是下列情况例外：

①球从球座上掉落——规则 11-3。

②连击球——规则 14-4。

③在水中运动的球——规则 14-6。

如果在球员开始击球后或为击球而使球杆向后方运动时，球才开始移动，该球员不会因为打运动中的球而受到本规则的处罚，但是并不免除他违反下列规则而受到的处罚：

①静止的球被球员移动——规则 18-2a。

②完成击球准备后静止的球被移动——规则 18-2b。

(球被球员、伙伴或球童故意变向或停止——见规则 1-2)

案例:一名球员上杆时,他的球在地上发生了移动。但是这名球员已经来不及把挥杆动作停下来了,他继续挥杆击打了这个球。这种情况该如何处理?

答:规则 14-5 指出,如果球员开始击球后或开始上杆后球开始移动,该球员不会因为打运动的球而受到处罚。

但是,球员可能会因为违反其他的规则而受到处罚。例如,如果这个球的移动是因为该球员引起的,或者球是在球员完成了击球准备后才开始移动的,这个球员要按照规则 18-2a 或 18-2b 被罚一杆。

14-6. 在水中运动的球

当球正在水障碍区内的水中运动时,球员可以进行击球,不用受罚,但他不得为等待风或水流改善球位而延误击球。如果球员选择应用规则 26,可以将正在水中运动的球拿起。

▲ 违反规则 14-5 或 14-6 的处罚:比洞赛——该洞负;比杆赛——罚两杆。

● **要点提示**

自然因素是指阳光、雨、风、雪和其他一些天气条件。

★ **案例解析**

△ 天冷比赛时球员可否使用暖手袋?

案例 1. 在寒冷天气下比赛,球员是否可以使用暖手袋?这样可以保护手不至于被冻僵,同时还可以在必要的时候用来暖球,使球不易破裂。

答:天气寒冷时用暖手袋暖手是可以的,这样使用装备在传统意义上是可以接受的,但是,在比赛过程中使用暖手袋来暖球则会违反规则 14-3。

△ 上杆时球发生移动,球员来不及停止挥杆,结果击中了球该怎么办?

案例 2. 一名球员上杆时,他的球在地上发生移动,但是这名球员已经来不及把挥杆动作停下来,他继续挥杆击打了这个球,这种情况该如何处理?

答:根据规则 14-5,如果球员开始击球后或开始上杆后球才开始移动,该球员不会因为打运动中球而受到处罚。但是,球员可能会因为违反其他的规则而受到处罚,例如,如果这个球的运动是因为该球员引起的,或者球是在球员完成了击球准备后才开始移动的。这个球员要按照规则 18-2a 或 18-2b 被罚一杆。

△ 可否击打正在摇晃的球?

案例 3. 一名球员的球停在果岭上,因为大风的原因,这个球在那里摇晃,此时球员可以击打这个球吗?

答:可以。摇晃的球并没有移动,因此击打摇晃的球不会受到处罚,球员必须继续打球,不得延误比赛。

规则 15 替换球;错球

15-1. 总则

球员必须用从发球区打出的球击球进洞,除非该球遗失、出界或球员(无论规则是否允许)

用另一个球进行了替换(规则 15-2)。如果球员打错了球,见规则 15-3。

案例:一名球员在发球区的开球进了长草。他找了一会儿但是没有找到,于是回到了发球区又打了一个球。但随后他在 5 分钟时限内意外地看到了自己的初始球。他现在还可以打这个初始球吗?

答:不可以。当球员在发球区内打了一个球后,他是在按照规则 27-1 处理,这个时候规则允许他用另一个球替换。一旦他击打了这个替换球,他的初始球即告遗失,这个替换球成为新的使用中球。

一个遗失的球属于错球,所以,如果这名球员还要打自己的初始球,他就被视为打错球。

15-2. 替换球

如果球员按照某条规则进行处置,而该规则允许球员在完成一个球洞的比赛过程中打、抛或放置另一个球,则球员可以替换一个球。该替换球自动成为使用中球。

如果球员在规则不允许的情况下仍以另一个球替换,这个替换球不是错球,它成为使用中球。如果球员没有按照规则 20-6 纠正这一错误,并且对错误的替换球进行了击球,他要按照相应的规则受到比洞赛中该洞负、比杆赛中罚两杆的处罚。比杆赛中,该球员必须用这个替换球完成该洞的比赛。

例外:如果球员因从错误的地方打球而受到处罚,将不会再因违规替换球而对其进行追加处罚(从错误的地方打球——见规则 20-7)。

案例:球员在一个球洞的比赛过程中可以更换比赛用的球吗?

答:除非在特殊的情况下有某条适用的规则允许球员替换球,如接受水障碍区的补救、宣布不可打之球等,否则球员在一洞的比赛过程中不得更换其比赛用的球。这样做的球员将要因为违规替换球而比洞赛该洞负、比杆赛罚两杆。

但是,规则并不禁止球员在两个球洞的比赛之间更换自己的球。

15-3. 错球

a. 比洞赛

如果球员对一个错球进行了击球,则他在该洞负。

如果这个错球属于另一个球员,该球的所有者必须在第一次打这个错球的地点放置一个球。

如果在一个球洞的比赛过程中球员和对手相互打了对方的球,那么最先对错球进行击球的球员在该洞负;如无法确定谁先打了错球,则必须用交换后的球完成该洞。

例外:如果球员击打了正在水障碍区的水中运动的错球,他不用受罚。对水障碍区的水中运动的错球进行的任何击球均不计入该球员的成绩。该球员必须用打正确的球或按规则处置来纠正自己的错误。

b. 比杆赛

如果比赛者对一个错球进行了击球,他要被罚两杆。

该比赛者必须用打正确的球或按照规则处置来纠正自己的错误。如果他在下一发球区进行击球之前没有纠正错误,或者在该轮比赛的最后一洞离开球洞之前未宣布其纠正错误的意图,他要被取消资格。

比赛者击打错球的杆数不计入其成绩。如果这个错球属于另一个比赛者,该球员必须在第一次打这个错球的地点放置一个球。

例外:如果比赛者击打了正在水障碍区的水中运动的一个错球,他不用受罚。任何击打水障碍区的水中运动的错球的杆数均不计入该比赛者的成绩(要放置或放置回原位的球的球位被改变——见规则 20-3b)。

● **要点提示**

如果球员连续打了两个错球,这名球员每打一个错球罚两杆,一共罚四杆,而不是单一罚两杆。

★ **案例解析**

案例 1.比杆赛中,一名比赛者把一个错球打到果岭上。他发现了自己的错误,于是返回到打错球的地方并发现了另一球。他把这个球也打到了果岭上,但此后才发现自己又打了一个错球。处罚应该是两杆还是四杆?

答:罚四杆。这名比赛者发现自己打了错球,这个发现打破了两次击球之间的关系。因此,随后打另一个错球就是无关的行为。因为无关的行为多次违反一条规则要实施多重处罚(规则 1-4),所以,这名球员每打一个错球要被罚两杆,共被罚四杆。

△ 球员在果岭上拿起球并将其放在一边,然后在此球的现有位置打球该怎么判罚?

案例 2.球员在果岭上标定了自己球的位置,然后将其拿起并随手放在一边,但是过了一会儿,他忘记了自己还没有把球放回原位,而是在现有位置将球推进洞中,该如何判罚?

答:当球员拿起他的使用中球后,这个球就脱离了使用状态,只有在球员抛或放置此球后,他才能回到使用状态,本案例中,球员既没有抛也没有放置这个球使其再次进入使用状态,所以,从规则角度来讲,这个球仍是一个不是使用状态的球,击打一个不是使用状态的球属于打错球。比洞赛中,这名球员在该洞负,比杆赛中他被罚两杆,并必须在下一个发球区击球之前纠正错误,否则他要被取消资格。

案例 3.击打界外的球该如何处罚?

答:球出界后便不再处于使用状态,因此是一个错球,如果球员击打了界外的球,他要在比洞赛中该洞负,比杆赛中罚两杆,并且必须按照规则 27-1 处理,在接受一杆加距离的处罚后,回到上一杆的地点再打一个球。

△ 果岭上球童没有接住球员扔过来的球,结果球掉进深水里,该如何处理?

案例 4.比杆赛中,一名球员走到果岭上,标定了球的位置后将其拿起并扔给球童擦拭,但是他的球童没能接住这个球,结果球掉进了果岭旁边的很深的湖水中,球员显然没有办法捞出这个球,他该如何处理?

答:规则 16-1b 允许球员拿起果岭上的球擦拭,但是并没有允许他替换为另一个球,所以,虽然他现在可以换一球完成这个球洞,但是要因为错误地替换球而被罚两杆。

习题十三

简答题

1.规则 14-2a 说明,击球时球员不得接受肢体协助或自然因素的防护。其中,自然因素指的是什么?

2.球员在长草中的一次挥杆过程中球杆连续4次碰到了球。如何计算他的杆数和罚杆呢?

3.球员击球时,不能接受的协助有哪些?

4.举例说明什么是装备的异常使用。

5.写出错球包括哪几种。

6.在比洞赛与比杆赛中球员击打了一个错球分别怎样处置?

习题十三答案

简答题答案

1.自然因素指的是阳光、雨、风、雪和其他一些天气条件。

2.如果球员连击球,不管他连击了几次,只需要计算一次击球再加一杆罚杆就可以了。

3.接受物理协助或对自然因素的防护,或不允许其球童、伙伴或伙伴的球童站立在其打球线(或推击线)在球后方的延长线上或其附近。

4.可能有助于球员进行击球或比赛;有目的地测定距离或可能影响该球员比赛的条件;可能有助于球员握杆。

5.其他球员的球、废弃的球。

6.比洞赛:如果球员对一个错球进行了击球,则他在该洞负。如果这个错球属于另一个球员,该球的所有者必须在第一次打这个错球的地点放置一个球。如果在一个球洞的比赛过程中球员和对手相互打了对方的球,那么最先对错球进行击球的球员在该洞负;如无法确定谁先打了错球,则必须用交换后的球完成该洞。

比杆赛:如果比赛者对一个错球进行了击球,他要被罚两杆。

该比赛者必须用打正确的球或按照规则处置来纠正自己的错误。如果他在下一个发球区进行击球之前没有纠正其错误,或者在该轮比赛的最后一个球洞离开球洞之前未宣布其纠正错误的意图,他要被取消资格。比赛者对错球进行的击球不计入其成绩。如果这个错球属于另一个比赛者,该球的所有者必须在第一次打这个错球的地点放置一个球。

第十三单元　规则 16

规则 16　果岭

16-1. 总则

a. 触及推击线

球员不得触及其推击线，但下列情况除外：

(i)可以移走散置障碍物，但他不得向下按压任何物体；

(ii)击球准备时，可以将球杆放在球的前面，但他不得向下按压任何物体；

(iii)测量时——规则 18-6；

(iv)拿起或放置球回原位时——规则 16-1b；

(v)向下按压球标时；

(vi)在果岭上修旧的球洞埋迹或球痕时——规则 16-1c；

(vii)移走可移动妨碍物时——规则 24-1。

(果岭上指示推击线——见规则 8-2b)。

b. 拿起球和擦拭球

可以拿起位于果岭上的球，可以擦拭球。拿起该球之前，必须标定球，并且，必须把该球放置回原位(规则 20-1)。

例外：当一个球正在运动时，不得拿起可能影响到它运动的球。

c. 修理旧洞埋迹、球痕和其他损伤

无论球是否在果岭上，球员都可以修理旧的球洞埋迹或因球的冲击对果岭造成的损伤。如果在修理过程中球或球标被意外移动，必须把这个球放置回原位。如果这个球或球标的移动由修理旧洞埋迹或球的冲击对果岭造成的损伤的特定行动直接引起，不用受罚。否则，规则18 适用。

如果对果岭上其他损伤的修理，可能有助于该球员随后在这个球洞的比赛，则不得进行修理。

d. 测试果岭表面

在规定一轮中，球员不得以滚动球、对表面进行擦抹或拨扫的方式来测试任何一个果岭的表面。

例外：在两个球洞的比赛之间，球员可以测试任何练习果岭和刚打完之洞的果岭表面，但是委员会禁止该行为时除外(规则 7-2 的注释 2)。

e. 跨立或踏立在推击线上

在果岭上，球员不得以跨立或用任何一只脚触及其推击线或该线在球后方的延长线的站位方式进行击球。

例外：无意中踩或跨立在自己的推击线上(或推击线的后方延长线上)，或这样站位是为了避免踩到同组球员的推击线上，则不受罚。

f. 另一球正在运动时击球

当另一个从果岭上击出的球正在运动中时，其他球员不得进行击球。但如果他是在按照正确的顺序打球，则不用受罚。

(另一个球正在运动时拿起有助于或妨碍打球的球——见规则 22)

▲ 违反规则 16-1 的处罚：比洞赛——该洞负；比杆赛——罚两杆。

(球童或伙伴的位置——见规则 14-2)

(错误的果岭——见规则 25-3)。

案例：推球前，一名球员用手摸了摸球洞的内侧。这样做是否触及了推击线？

答：是的，除了极个别的情况下球员在果岭上向球洞相反方向击球外，推击线包括球洞。如果球员触摸球洞内侧，他将因为触及推击线而违反规则 16-1a。当然，如果这个球洞遭到实质性损坏，球员在规则允许或得到裁判员许可的情况下修理球洞时碰到球洞内侧是可以的。

16-2. 球悬停在洞边

当球的任何一部分悬停在球洞边缘时，允许球员在没有不适当延误的前提下有充分的时间到达球洞的位置，然后再加上 10 秒钟以确认这个球是否处于静止状态。10 秒后如果该球没有落入球洞内，这个球将被视为处于静止状态。此后如果该球落入洞中，则视为该球员用上一杆击球进洞，但是必须在他该洞的成绩中加上一杆罚杆；否则，不用按照本规则受到处罚(不适当延误——见规则 6-7)。

● **要点提示**

①“10 秒规则”：十进则喜，后进罚一。即 10 秒钟内进洞球员大喜，10 秒钟后再进洞则罚一杆。

②触摸球洞内侧视为触及推击线。

③球员把手放在果岭上测试湿度，用球杆敲打果岭等行为并不构成测试。

④球员的无意行为如捡起同组其他比赛者的球并滚向对方，用球杆把其他球员的球敲回去，都不适合按照测试果岭表面来处理。

★ **案例解析**

△ 为了避免被同组球员的球撞到而拿起自己的球违规吗？

案例 1. A 和 B 同组打球，A 的球上了果岭，B 则准备在果岭外切球，B 切球后直奔 A 球静止的地方滚去，于是A赶紧跑过去标定了位置后把自己的球拿起，A这样做对吗？

答：不对，"当另一个球正在运动时，不得拿起可能影响到它运动的球"，本案例中，A拿起球的行为显然可能影响到B球的运动，所以A要在比洞赛中该洞负，比杆赛中被罚两杆。

△ 同组球员的球正在运动时拿起已经放置回原位的球违规吗？

案例2. A和B同组打球，两人的球都上果岭，B的球距球洞更远，A标定了位置后拿起自己的球擦拭，当B推出的球正在运动时，A把自己的球放置回原位，但是A很快意识到B的球可能撞到自己的球，于是再次标定自己球的位置后将其拿起，以确保两球不会相撞，该如何判罚？

答：A不会受罚，A放置球回原位和随后拿起球的行为被视为其当初按照规则16-1b拿起球的权利的延伸，因为这个球当初已经按照16-1b被拿起，所以禁止当另一个球正在运动时拿起球的规定不适用于此。

△ 什么样的行为才构成"测试果岭表面"？

案例3. 球员不得用"滚动球，对表面进行擦抹或拨扫的方式"，来测试一个果岭的表面，所以，球员把手掌放在果岭上测试湿度，用球杆敲打果岭等行为并不构成测试，另外，球员是否处于测试果岭的目的属于事实问题，对此进行判断时必须考虑球员的行为的方式和显见的目的。

习题十四

一、选择题

1. 球员在发球区击球，击球过程中球杆连续2次碰到了球杆的杆头，他再打是第几杆（　　）。

A. 3杆　　B. 4杆　　C. 2杆

2. 比赛过程中，球员听音乐将受到的处罚是（　　）。

A. DQ　　B. 罚两杆　　C. 无处罚

3. 下列将会受到处罚的选项是（　　）。

A. 球员移走了推击线上的树叶，但他没有下压任何物体

B. 球员在推击线上修理了球痕

C. 球员在推击线上移走可移动妨碍物时

D. 球员在推击线上修理鞋痕时

4. 比杆赛中，球员擦掉了位于其推击线上的沙子和霜，处罚是（　　）。

A. 罚两杆　　B. DQ

C. 无处罚，但是出于礼仪，不建议这么做

二、判断题

1. 当球在果岭上时，可以拿起球擦拭球，必要时还可以替换球。（　　）

2. 果岭上擦拭完球之后放回原位，之后球员还可以标定位置拿起这个球。（　　）

3. 把手放在果岭上属于测试果岭表面比杆赛要受到两杆处罚。（　　）

4. 除个别情况外，推击线包括球洞。（　　）

5. 球员的球悬在洞边，他可以等待10秒来确定球是否静止。（　　）

6. 球员可以用球杆杆头的背面击球。（　　）

7.球员可以自己一边打球一边打雨伞。（ ）
8.球员不得在他的球运动时击球。（ ）
9.球员不可以击打在果岭上摇晃的球。（ ）
10.球员接受任何补救时都可以替换一个球。（ ）
11.除非规则另有规定外，球员任何时候都可以在球的现有位置打球。（ ）
12.球员的球停在沙坑外，上杆时球杆可以碰到沙子。（ ）

习题十四答案

一、选择题答案

1.A 2.A 3.D 4.A

二、判断题答案

1.× 2.√ 3.× 4.√ 5.√ 6.√ 7.√ 8.√ 9.× 10.× 11.√ 12.√

第十四单元　规则 17

规则 17　旗杆

17-1. 照管、移走或举起旗杆

在球场上任何地方击球之前，球员均可以请别人照管、移走旗杆，或为了指示球洞位置而将旗杆举起。

如果在球员击球之前没有照管、移走或举起旗杆，那么在击球过程中或该球员的球正在运动时，如果照管、移走或举起旗杆可能影响该球的运动，则不得进行上述行为。

注释：

1. 如果旗杆位于球洞内且在击球时有任何人站在它附近，则这个人被视为正在照管该旗杆。

2. 击球之前，如果球员知道有任何人照管、移走或举起旗杆，而他并未提出反对，则视为该球员认可此行为。

3. 如果在击球时有任何人照管或举起旗杆，在该球静止之前他将一直被视为正在照管旗杆。

案例：规则 8-2 禁止球员在击球时安排任何人站在打球线上在球洞后方的延长线上。这是否意味着照管旗杆的人不可以站在球洞的正后方？

答：照管旗杆的时候，球员可以允许其他人站在球洞的正后方，这样做不违反规则 8-2。从实际情况考虑，很多时候为了避免站在其他球员的推击线上，旗杆照管者可能不得不站在球洞的后方。因此，规则并不禁止照管旗杆者这样做。

17-2. 未经认可照管旗杆

如果比洞赛中的对手或其球童，或比杆赛中的同组比赛者或其球童在没有球员认可或事先知晓的情况下，在球员击球时或该球正在运动中时照管、移走或举起旗杆，并且该行动可能影响这个球的运动，该对手或同组比赛者要受到相应的处罚。

▲ 违反规则 17-1 或 17-2 的处罚：比洞赛——该洞负；比杆赛——罚两杆。

比杆赛中，如果发生了违反规则 17-2 的行为，并且比赛者的球之后碰到了旗杆、照管或持

握旗杆的人或由此人携带的任何物品，该比赛者不受处罚，要在球的现有位置打球。如果这次击球是在果岭上，则取消该次击球，必须将球放置回原位重打。

案例：一名球员在果岭旁击球，此时旗杆插在洞中。在他的球正运动时，他的对手或同组比赛者在未得到他的认可的情况下移走了旗杆，该如何判决？

答：执行规则 17-2 时，关键要看未经允许认可的照管行为是否可能影响到球的运动。如果可能，对手或同组比赛者就违反了规则 17-2。即使他们马上停止了照管旗杆的行为，也不能逃脱规则 17-2 的处罚。在判断移走旗杆是否会影响到这个球的运动时，需要参考移走旗杆时的具体情况。

如果对手或同组比赛者当球正在运动时未经许可移走、照管或举起旗杆，但行为发生时可以合理地判断出球不会到达球洞，或者已经越过球洞但不会因为果岭的坡度、风等因素返回，相关球员就不会违反规则 17-2。

本案例中，旗杆在可能知道击球结果之前已被移走。此外，因为击球球员的本意是使球尽量接近球洞，所以在移动旗杆的那一刻，可以合理地判断移走旗杆可能会影响到这个球的运动。因此，对手或同组比赛者要因为违反规则 17-2 受到处罚，比洞赛中该洞负，比杆赛中罚两杆。

17-3. 球撞到旗杆或照管者

球员的球不得撞到：

a. 被照管、移走或举起的旗杆；

b. 照管或举起旗杆的人及其携带的任何物品；

c. 在果岭上击球时，插在球洞中未被照管的旗杆。

例外：未经球员认可照管、移走或举起旗杆时——见规则 17-2。

▲ 违反规则 17-3 的处罚：比洞赛——该洞负；比杆赛——罚两杆，并且必须在球的现有位置打球。

案例：比杆赛中 A 和 B 同组打球。两人的球都上了果岭后，B 同意为 A 照管旗杆。但是 A 推球后 B 却没有把旗杆移走，结果 A 的球撞到了旗杆。该如何判决？

答：如果 B 是出于让 A 受到处罚的目的而故意不移走旗杆，他要因严重违反规则 1-2 被取消资格。出于公正（规则 1-4），A 重新击球，不受处罚。

如果 B 没有把旗杆移走是为了防止 A 的球滚到旗杆后方，而非想让 A 受到处罚，B 要根据规则 1-2（对球的运动施加影响）被罚两杆。比杆赛中，如果球员撞到了旗杆并且 A 因此而明显获利或明显吃亏，委员会将考虑 B 严重违反规则 1-2，比杆赛中，如果 A 的球撞到旗杆，出于公正（规则 1-4），A 重新击球，不受处罚——参见规则 1-2 的注释 2。

如果 B 没有移走旗杆的行为是无意的，如旗杆被卡在了洞中，或者 B 由于分心而没有注意到 A 的推球，因为 B 是代表 A 行动，所以按照规则 17-3，A 要被罚两杆，并且必须在球的现有位置继续打球，B 不受处罚。

17-4. 球倚靠旗杆静止

当球员的球倚靠插在球洞中的旗杆静止且尚未进洞时，该球员或另一位他认可的人可以移动或移走旗杆。若球落入球洞中，则视为该球员上一次击球进洞；否则，如果球移动，必须将它放置在球洞边缘，不用受罚。

● **要点提示**

1. 只要站在近到足以触及旗杆的地方，这个人就被视为站在球洞附近“照管旗杆的人”。

2. 果岭上短推时球员可以一只手握着旗杆，另一只手拿着推杆把球打进洞(如果球在进洞时撞到旗杆，球员违反规则 17-3a)。

★ **案例解析**

案例 1. 一名球员的球靠在旗杆静止，球一半在球洞内一半在球洞外。球员误以为此球进洞，于是将它拿起。该如何判决？

答：一个球只有全部位于球洞边缘的水平面才被认为进洞，因此，这个球并没有进洞。这个球员因为在果岭上没有标定位置就拿起球被罚一杆(规则 20-1)。他必须把这个球放置回倚靠旗杆的位置，然后在移动旗杆看其是否进洞。

比杆赛中，如果他没有纠正错误就从下一发球区开了球，他要因为违反规则 3-2(未击球进洞)而被取消资格。

△ 球撞到放在地上的旗杆一定会受罚吗？

案例 2. 规则 17-3 禁止球员的球撞到被照管、移走或举起的旗杆，实际比赛中经常因各种原因而发生球撞到地上的旗杆的情况，请问此时球员一定会受到处罚吗？

答：规则 17-3 的目的是，旗杆只是指示球洞的标记物，而非用来协助球员的打球工具，因此一旦球员请人照管、移走或举起旗杆，或者球上了果岭，他就不得利用旗杆来为自己牟利，例如：

(1)同组球员将旗杆移走并放在球洞后的地面上，球员推球过于用力，结果球撞到了旗杆，球员比洞赛中该洞负，比杆赛中罚两杆。

(2)果岭上的旗杆被风吹倒后躺在地上，球员第二杆攻果岭球撞到了旗杆。旗杆躺在地上并非由球员请人照管或移走造成的，所以球员无须对此负责。

(3)前组球员还在果岭上，球员觉得自己不可能把球打上果岭，于是在 5 杆洞打了他的第二杆，但是球却滚上了果岭并撞到了被前组球员拔出后放在地上的旗杆，规则 17-3a 仅适用于球员认可或事先知晓与同组的其他人移走了旗杆的情况，而现在球撞到的是前组球员拔出来的旗杆，所以他也不用为此受到处罚。

△ 比洞赛中球依靠旗杆静止，对手认可了这次击球并将球移走该怎么办？

案例 3. 一场比洞赛中由 A 对阵 B，A 从果岭外的切球依靠旗杆静止，B 认可了 A 的下一次击球并移走了 A 的球，A 现在还可以把自己的球放置回原位并按照规则 17-4 行动吗？

答：可以，当 A 的球倚靠旗杆静止后，规则 17-4 生效，A 有权移动或移走旗杆来观察他的球是否能掉进洞中，在 A 这样处理前 B 无权把此球移走或认可下一次击球，由于移走了 A 的球，B 违反规则 18-3b，他要被罚一杆，之后 A 应该把他的球放置回倚靠旗杆静止的位置，然后应用规则 17-4。

习题十五

一、判断题

1. 在任何时候，球员都可以让人照管、移走或为了指示球洞位置举起旗杆。(　　)

2. 照管旗杆时，可以站在球洞的后方。(　　)

3. 球员可以一只手握着旗杆，一只手推球。(　　)

4. 球运动的时候移走被照管的旗杆将要受到两杆处罚。(　　)

二、选择题

1. 球员的球不可以撞到的物体选项是(　　)。

A. 被照管、移走或举起的旗杆

B. 照管或举起旗杆的人及携带的任何物品

C. (在果岭上击球时)插在球洞中未被照管的旗杆

D. 以上都是

2. 在果岭上击球时，球员的球撞到插在球洞中未被照管的旗杆时，将受到的处罚是(　　)。

A. 取消这次击球

B. 罚一杆，现有位置打球

C. 罚两杆，现有位置打球

D. 不受处罚，现有位置打球

习题十五答案

一、判断题答案

1. √　2. √　3. √　4. ×

二、选择题答案

1. D　2. C

第十五单元　规则 18 至规则 19

规则 18　静止的球被移动

18-1. 被局外者移动

如果一个静止的球被局外者移动，不用受罚，但必须将该球放置回原位。

注释：一个球是否被局外者移动属于事实问题。为了应用本规则，必须知道或肯定是局外者移动了该球。否则，球员必须在球的现有位置打球，在没有找到球的情况下必须按照规则27-1处置。

（球员静止的球被另一个球移动——见规则 18-5）。

案例：一名球员的球停在球道上，正当他准备击球前，一阵大风刮来一顶帽子，帽子撞上了地上的球并导致它移动，该如何处理？

答：虽然风不是局外者，但如果一个被风吹动的物体移动了球，则该物体属于局外者。本案例中，是帽子而非风导致球发生移动，因此，该球员必须把球放置回原位，不受处罚。

18-2. 被球员、伙伴、球童或装备移动

a. 总则

除规则允许外，当球员的球处于使用状态时，如果发生下列情况，该球员要被罚一杆。

(i)球员、其伙伴或他（们）的球童

▲ 拿起或移动这个球。

▲ 故意触及这个球（准备击球时使用球杆触及球除外）。

▲ 导致这个球移动。

(ii)球员或伙伴的装备导致这个球移动

如果这个球被移动，必须将它放置回原位，但球的移动发生在该球员开始击球后或为击球已经使球杆向后运动，且完成了这次击球时除外。

▲ 下列情况下如果球员无意中导致球移动，不用受罚：

①寻找被沙子覆盖的球时、寻找妨碍物或异常球场状况中的球时或寻找相信处于水障碍区的水中的球时——见规则 12-1。

②修理旧洞埋迹或球痕时——见规则 16-1c。

③测量时——见规则 18-6。

④按照某条规则拿起球时——见规则 20-1。

⑤按照某条规则放置球或放置球回原位时——见规则 20-3a。

⑥移走果岭上的散置障碍物时——见规则 24-1。

⑦移走可移动妨碍物时——见规则 24-1。

案例:球员因为自己的一次击球非常不满意,气愤之下他单臂挥动球杆把球敲到了一边去,该如何判决?

答:击球是指球员有意击打并且使球杆向前的运动。这种情况下,球员其实无意击打这个球,因此这不是一次击球,而是球员移动了自己的使用中球。他必须接受一杆的处罚后把这个球放置回原位(规则 18-2a)。

b.完成击球准备后球移动

如果球员的使用中球在他完成击球准备后移动(由击球引起时除外),则视为该球员移动了这个球,他要被罚一杆。

除非这个球的移动发生在该球员开始击球后或为击球已经使球杆向后方运动且完成了该次击球时,否则必须把这个球放置回原位。

案例:球员的球悬在洞边,他完成了击球准备后此球掉进洞中。该如何判决?

答:规则 18-2b 专指球员的球在其完成击球准备后发生移动的情况,因此,本案例中规则 18-2b 优先于规则 16-2,这个球员被罚一杆,并必须把这个球放置回原位。如果他不把此球放置回原位并在下一个发球区开了球,比杆赛中他要按照规则 3-2 被取消资格。

18-3.比洞赛中被对手、球童或装备移动

a.在寻找球的过程中

在寻找球员的球的过程中,如果对手、其球童或其装备移动、碰到了这个球或导致球移动,不用受罚。如果这个球移动,必须将它放置回原位。

b.在寻找球以外时

除寻找球员的球外,如果对手、其球童或其装备移动、故意碰到了球员的球或导致它移动,除非规则另有规定,否则这名对手要被罚一杆。如果该球移动,必须将它放置回原位。

(打错球——见规则 15-3)

(球在测量时被移动——见规则 18-6)

18-4.比杆赛中被同组比赛者、球童或装备移动

如果同组比赛者、其球童或其装备移动、碰到了球员的球或导致它移动,不用受罚。如果该球移动,必须将它放置回原位。

(打错球——见规则 15-3)。

案例:比杆赛中,同组比赛者(或其球童)在长草中意外踩到了比赛者的球。同组比赛者要受到处罚吗?

答:比杆赛中,同组比赛者和比赛者之间互为局外者,如果同组比赛者或其球童、装备等移

动了比赛者的球，不受处罚，不过这个球必须被放置回原位。

18-5.被另一个球移动

如果一个静止的使用中球被另一个击球后运动的球移动，必须把这个被移动了的球放置回原位。

案例：一名球员从发球台打出去的暂定球撞到并移动了他的初始球，该如何判决？

答：这是一个静止的使用中球（初始球）被另一个击球后运动的球（暂定球）移动的情况，球员不受处罚，但是他必须把初始球放置回原位（规则 18-5）。

18-6.测量时球移动

在为执行或确定应用某条规则而进行测量时，如果球或球标被移动，必须将其放置回原位。如果这个球或球标的移动由测量的特定行动直接引起，不用受罚。否则，适用规则 18-2a、18-3b 或 18-4 的条款。

▲ 违反本规则的处罚：比洞赛——该洞负；比杆赛——罚两杆。

如果球员被要求把球放置回原位而他没有这样做，或者他在不允许替换球的情况下按照规则 18 替换了一个球，并击打了该球，该球员将因违反规则 18 而受到一般性处罚，但不会再按照本规则对其进行追加处罚。

注释：

1.如按照本规则要被放置回原位的球不能立即取回，可以用另一个球替换。

2.如果要放置或放置回原位的球的初始球位被改变，见规则 20-3b。

3.如果无法确定要放置球的地点，见规则 20-3c。

● 要点提示

①按照规则，如果球员在下列情况下无意中导致他的球移动，不受处罚；

②寻找被沙子覆盖的球，发现或辨认球的过程中将障碍区内被移动的散置障碍物放置回原位，触探水障碍区的水中的球，或者在妨碍物或异常球场状况内寻找球时——见规则 12-1；

③修理旧洞埋迹或球痕时——见规则 16-1c；

④测量时——见规则 18-6；

⑤按照某条规则拿起球时——见规则 20-1；

⑥按照某条规则放置球或放置球回原位时——见规则 20-3a；

⑦移走果岭上的散置障碍物时——见规则 23-1；

⑧移走可移动妨碍物时——见规则 24-1。

★ 案例解析

△ 球员不知道自己的球被局外者移动，而没有把球放回原位该怎么办？

案例 1.比杆赛，一名球员的球被局外者移动，但是该球员和他的球童都不知道球被移动过，因此，这名球员没有把球放回原位，而是在现有位置打了球，打完球后才知道自己的球被移动过，他现在该怎么办？

答：一个球员的球是否被局外者移动属于事实问题，如果球员既不知道也不能肯定自己的球被局外者移动，他必须在现有位置打球，或者在没有找到球的情况下按照遗失球处理。这名球员既不知道也不肯定自己的球被局外者移动，因此他继续在现有位置打球。

△ 发球区挥杆打空后重新架球,该如何计算杆数?

案例2.一名球员从发球区发球但是挥空了,他拿起球在发球区内重新换个地方架好球,然后把球打了出去,他现在打的是第几杆?

答:虽然他在发球区内的挥杆没有击中球,但是按照击球的定义,这名球员已经打了一杆,并且他的球已经进入了使用状态,由于换了一个地方重新架球,这名球员移动了他的使用中球,按照规则18-2,受到一杆处罚,并必须把这个球放回原位,否则将被罚两杆,如果这样的话,这名球员从发球区打出去的是他的第4杆,不过且慢,规则27-1a指出,除非规则中另有规定,否则,如果球员在上一次打初始球的地点,对一个球进行了击球则认为他按照一杆加距离的程序进行了处置,本案例中这名球员重新在发球区内架球并进行击球的行为其实相当于他接受了一杆加距离的处罚后打球,一杆加距离的程序在这优先于规则18-2a,因此正确的判决结果是该球员在发球区打出去的是第3杆。

△ 球员在整修地内击球后放弃了这个球,然后按照整修地的规则补救,该如何判罚?

案例3.球员的球落在整修地内。这名球员并没有意识到自己在这一片区域可以无处罚地抛球,所以他在现有位置打了这个球。此后,他了解到自己本来是可以在这里抛球的,于是放弃了刚才从整修地内打的初始球,然后按照整修地的规则抛了另一个球并打了球。该如何判决呢?

答:如果球员在抛替换球的时候知道了初始球的位置,他违反了两条规则15-2(替换球)和20-7(从错误的地方打球)比洞赛中他在该洞负,比杆赛中被罚两杆,但是不会因为他错误的替换球而再施加额外的处罚。

如果球员在抛替换球的时候不知道初始球的位置,他当时必须按照遗失球的规则处理(规则27-1),而这个时候,是允许替换球的,只不过他没有把这个替换球抛在正确的地点,也就是上一杆击球的地方,所以他从错误的地方打球,比洞赛中他在该洞负,比杆赛中他要因为遗失球而被罚一杆,因为从错误的地方打球再被罚两杆,一共罚三杆,如果违规严重,他必须按照规则20-7c纠正错误,否则将被取消资格。

△ 比赛者打球之后才知道自己的球被另一个球移动了该如何处理?

案例4.比杆赛中A和B先后在第二杆把球打向果岭,但是由于果岭形状方面的原因,他们无法看到自己的球停在哪里。两名比赛者都从距离球洞12英尺左右的地方用两次推击完成该洞,在他们走向下一个洞的过程中,有人证实A的球当时停在距离球洞只有1英尺的地方,但是B运动中的球撞到了A的球并移动了它,该如何处理?

答:当B的球撞上了并移动了A的球后,正确的处置方法应该是B在现有位置打球,但是A要把他的球放置回原位,但是,A在击球前既不知道也不能肯定自己的球被B的球移动了,所以他在现有位置打球的处理方式是正确的,他不受处罚,两人的球进洞均有效。

案例5.一名球员的球陷入球道地面,他按照规则25-2抛球时,这个球顺着坡度滚了很长的距离。球员不清楚这个球是否已经滚出了两支球杆的范围,那样的话他必须重抛球。于是,他用球包中的1号木杆来丈量球的滚动距离。但是在此过程中他的手不小心碰到并移动了这个球。球员要受到处罚吗?

答:根据规则18-6,当球员为应用某条规则而测量时,如果测量的行动直接引起了球的移动,球员不受处罚,但是必须把这个球放置回原位。因此,只要这名球员移动球的行为是由测量本身的特定动作引起的,他就不会受到处罚。如果此球已经滚动超出两支球杆的范围,他必须重抛这个球。如果此球的滚动没有超出两支球杆的范围，必须把球放置回原位。

规则 19 运动中的球被变向或停止

19-1. 被局外者变向或停止

如果球员的运动中球意外地被任何局外者变向或停止，则为球被局外者变向或停止，不用受罚，且必须在这个球的现有位置打球。但以下情况除外：

a. 球员在果岭以外的地点进行击球之后，如果其运动中的球静止在任何正在移动的或有生命的局外者之中或之上，必须在尽量接近该球静止在局外者之中或之上的位置正下方的地点，在球场通道或障碍区内抛这个球，或在果岭上放置这个球，但不得更靠近球洞。

b. 球员在果岭上击球后，如果其运动中的球被任何正在移动的或有生命的局外者（蠕虫、昆虫或其类似物除外）变向或停止，或静止在该局外者之中或之上，则该次击球要被取消。必须把这个球放置回原位并重新击球。

如果不能立即取回这个球，可以用另一个球进行替换。

例外：球撞到照管或举起旗杆的人或其携带的任何物品——见规则 17-3b。

注释：如果裁判员或委员会判定球员的球被局外者故意变向或停止，按照下列方式处理：

球员在果岭以外的地点击球后球被局外者故意变向或停止，必须估计原本要静止的地点：

(i)在球场通道或障碍区内，则必须在尽量接近该点抛这个球；

(ii)如该点在界外，必须按照规则 27-1 处理；

(iii)如该点在果岭上，必须放置在该点上。

球员在果岭上击球后球被局外者变向或停止，取消这次击球。必须把这个球放置回原位重新打球。

如果局外者是同组比赛者或其球童，规则 1-2 适用于这名同组比赛者（球员的球被另一个球变向或停止——见规则 19-5）。

案例：球员在果岭上推出的球正在运动时，一名观众故意用脚将其停住或使其变向，该如何处理？

答：按照规则 19-1 的注释，如果球员在果岭上击球后，其运动中的球被局外者故意变向或停止，要取消这次击球，并且必须把这个球放置回原位重打。

这种情况不能按照规则 19-1 的普通条款来处理。因为规则 19-1 指的是运动中的球意外被变向或停止的情况，而本案例中球员的球是被故意变向或停止的。

19-2. 被球员、伙伴、球童或装备变向或停止

如果球员的球意外地被自己、其伙伴或他（们）的球童或装备变向或停止，该球员被罚一杆。必须在这个球的现有位置打球。但如果该球静止在这名球员、其伙伴或他（们）的球童的衣物或装备之中或之上，则必须在尽量接近该球静止在该物品之中或之上的位置正下方的地点，在球场通道或障碍区内抛这个球，但不得更靠近球洞。

例外：

球撞到照管或举起旗杆的人或其携带的任何物品——见规则 17-3b。

已抛之球——见规则 20-2a。

（球被球员、伙伴或球童故意变向或停止——见规则 1-2）。

案例：比杆赛中，同组比赛者正在拖拉比赛者的球车，结果比赛者的球车撞倒了这辆球车，该如何判决？

答：由于比赛者并没有和任何球员共用该车，所以即使同组比赛者正在拖拉这辆球车，他也仍属于该比赛者的装备。

如果比赛者知道同组比赛者正在拖拉他的球车，他被罚一杆并必须在此球的现有位置打球（规则 19-2）。但是如果他不知道，出于公正（规则 1-4），他不受处罚，但必须在此球的现有位置打球。

19-3. 比洞赛中被对手、球童或装备变向或停止

如果球员的球意外地被对手、其球童或装备变向或停止，不用受罚。该球员可以在任何一方进行另一次击球之前取消这次击球，并在尽量接近上一次打初始球的地点打一个球（规则 20-5），不受处罚；或者他可以在这个球的现有位置打球。但是，如果该球员选择不取消这次击球，且此球静止在对手或其球童的衣物或装备之中或之上，就必须在尽量接近此球静止在该物品之中或之上的位置正下方的地点抛这个球，在果岭上放置这个球，但不得更靠近球洞。

例外：球撞到照管或举起旗杆的人或其携带的任何物品——见规则 17-3b（球被对手或球童故意变向或停止——见规则 1-2）。

案例：比洞赛中，如果球员的球意外撞倒他的对手，球被变向后停在界外。这个球员该如何处理？

答：比洞赛中，如果球员运动中的球意外被对手、其球童或装备变向或停止，双方不受处罚，球员可以取消该次击球重新打球，或者在现有位置继续打球。

本案例中，球员的球被变向到界外还是界内与判决的结果没有直接关系。球员可以取消该次击球并重新打球。

19-4. 比杆赛中被同组比赛者、球童或装备变向或停止

见规则 19-1 球因局外者变向或停止的内容。

例外：球撞到照管或举起旗杆的人或其携带的任何物品——见规则 17-3b。

19-5. 被另一个球变向或停止

a. 被静止的球

如果球员击球之后，正在运动的球被另一个静止的使用中球变向或停止，该球员必须在这个球的现有位置打球。比洞赛中，不用受罚。比杆赛中，如果球员击球之前两个球都位于果岭上，该球员要被罚两杆，否则不用受罚。

b. 被运动的球

从果岭外击球：如果球员击球之后，正在运动的球被另一个击球后正在运动的球变向或停

止，该球员应该在这个球的现有位置打球，不用受罚。

从果岭上击球：如果球员击球之后，正在运动的球被另一个击球后正在运动的球变向或停止，该球员必须取消该次击球，他必须把该球放置回原位重打，不受处罚。

注释：本规则并不推翻规则 10-1 或规则 16-1f 的规定。

▲ 违反规则的处罚：比洞赛——该洞负；比杆赛——罚两杆。

● **要点提示**

如果球员的运动中球被局外者故意变向或停止，按照下列方式处理：

(a)在除果岭外的任何其他地方击球后球被局外者故意变向或停止，必须估计该球原本要静止的地点：

(i)如果该点在球场通道或障碍区，必须在尽量接近该点的地方抛这个球；

(ii)如果该点在界外，球员必须按照规则 27-1 处理；

(iii)如果该点在果岭上，必须把这个球放置在这个点上。

(b)在果岭上击球后球被局外者故意变向或停止，取消该次击球，必须把这个球放置回原位重打。

如果该局外者是同组比赛者或其球童，规则 1 2 适用于该同组比赛者。

(球员的球被另一个球变向或停止——参见规则 19-5)。

运动中的球被变向或停止要点提示

序号	内容	比赛形式	解答	处置方法
1	被局外者变向或停止	所有赛制	规则 19-1	球员不受处罚，必须在球的现状态下打球。除非：a. 在球洞区以外的地点进行击球之后，运动中的球停留在任何运动中的或有生命的局外者之中或上面，则球员必须在尽量接近球静止在局外者之中或上面时所在位置处，在球洞区通道或障碍区内抛球，在球洞区上放置球。 B. 在球洞区上击球后，运动中的球因蠕虫或昆虫以外的任何运动中的或有生命的局外者变向或停止，或停留在其中或上面，则该次击球要被取消，球必须被重新放置回原处并重新击球。如果球不能立即收回时，可以用另外的球替换
2	被球员、伙伴、球童或装备变向或停止	所有赛制	规则 19-2	球员被罚一杆，必须在球的现有状态打球。除非球停在他们的衣服或装备之上或之内，在球场通道上或障碍区内抛球或果岭上置球在尽可能靠近球停留处的正下方的地点，但不更靠近球洞。 例外：1. 球击中照管或拿取旗杆的人或其所携带的物品，见规则 17-3b；2. 抛下的球，见规则 20-2a
3	被对手、球童或装备变向或停止	比洞赛	规则 19-3	球员可以取消该次击球，然后尽量在上一次击球位置打一个球而不罚杆，或者可以在球的现有状态打球。 例外，球撞到照管或拿取旗杆的人或其所携带的物品，见规则 17-3b
4	被同组比赛者、球童或装备变向或停止	比杆赛	规则 19-4	与规则 19-1 一致。 例外，球撞到照管或拿取旗杆的人或其所携带的物品，见规则 17-3b

续表

序号	内容	比赛形式			解答	处置方法
5	被另一个球变向或停止	被静止的球	所有赛制		规则 19-5a	球员必须在球现有状态打球，比洞赛中无处罚。比杆赛中不罚杆，除非在打球前两球均位于果岭上则该球员要罚两杆
		被运动的球	两个球都位于果岭上	所有赛制	规则 19-1b	两球员都不罚杆，除非违反规则 16-1f，则罚两杆
			一个球位于果岭上一个球位于球道上	所有赛制	规则 1-2	位于果岭上的球的球员比洞赛该洞负，比杆赛罚两杆，回球的原位打球，而球道上的球的球员不罚杆，必须在球的现状态下打球
			两个球都位于球道上	所有赛制	规则 19-5b	两位球员都不罚杆，但必须在球的现状态下打球

习题十六

简答题

1. 球撞到自己的球童该如何处理？

2. 对手或同组比赛者的推球撞到了其他球员放在一边的球，该如何处理？

例如：A 和 B 是比洞赛的对手，比杆赛的同组比赛者，两人的球都上了果岭，B 拿起自己的球擦拭后，将其放在果岭的其他地方，随后 A 推球结果撞到了 B 的球并被变向，该如何判决？

3. 什么情况球员导致球移动不用受罚？

4. 比洞赛与比杆赛中球员的球被对手或同组比赛者移动该怎样处置？

习题十六答案

简答题答案

1. 这属于运动中的球被球员自己一方变向或停止，这名球员要被罚一杆，并在现有位置打球，需要注意的是，此时球童的位置与判决没有关系，规则只关心球被意外变向后最后停止在了哪里，也就是说，如果球撞到球童后出界，球员除了按照规则 19-2 被罚一杆外，还必须接受球出界的相关处罚，另外，如果球撞到了球员手中持有的沙耙等物体，用相同的原则处理。

2. 规则 19-5a 指出，“球员击球后，如果正在运动的球被另一个静止的使用中球变向或停止，该球员……”本案例中，B 将自己的球拿起并放在一边后，这个球已经不处于使用状态，所以不能用规则 19-5a 来解决这个案例。

当一个使用中球被拿起后，在其重新投入使用状态之前，它属于球员的装备。因此，本案例属于 A 的球被 B 的装备变向或停止，适用规则 19-3 和 19-4。

比洞赛中，A 不受处罚，他可以选择现有位置打球，也可以选择取消这次击球后重新击球（规则 19-3）。

比杆赛中，A 不受处罚并且必须在现有位置打他的球(规则 19-4 和 19-1)。

以上两种比赛形式下，B 都必须把他的球放置回原来被拿起的地方(规则 20-3a)。

3. 被局外者移动、寻找被沙覆盖的球时、寻找妨碍物或异常球场状况中的球时或寻找相信处于水障碍区的水中的球时修理旧洞埋迹或球痕时进行测量时、按照某条规则拿起球时、按照某条规则放置球或放置球回原位时、移走球洞区上的散置障碍物时、移走可移动妨碍物时。

4. 比洞赛

A. 在寻找球的过程中

在寻找球员的球的过程中，如果对手、其球童或其装备移动、碰到了这个球或导致它移动，不用受罚。如果这个球移动，必须将它放置回原位。

B. 在寻找球以外时

在寻找球员的球以外的情况下，如果对手、其球童或其装备移动、故意碰到了球员的球或导致它移动，除非规则另有规定，否则这名对手要被罚一杆。如果该球移动，必须将它放置回原位。

比杆赛：如果一个静止的球被局外者移动，不用受罚，但必须将该球放置回原位。

第十六单元　规则 20

规则 20　拿起球、抛球和放置球；从错误的地方打球

20-1. 拿起球和标定球的位置

按照规则拿起的球可以由球员、其伙伴或另一个经过球员认可的人拿起。在上述任何情况下，这名球员都要对任何违反规则的行为负责。

按照要求把球放置回原位的规则拿起球时，在拿起之前必须标定该球的位置。如果没有标定球的位置，该球员要被罚一杆，并且必须把这个球放置回原位。如果没有把这个球放置回原位，该球员要因违反本规则而受到一般性处罚，但是将不再按照规则 20-1 对其追加其他处罚。

如果在按照规则拿起球的过程中，或者在标定球的位置的过程中意外地移动了这个球或球标，必须把这个球或球标放置回原位。如果球或球标的移动由标定位置或拿起球的特定行动直接引起，不用受罚。否则，该球员将按照本规则 20-1 对其追加其他处罚。

注释：标定被拿起的球的位置时，应当在该球的正后方放置一个球标、小硬币或其他类似的物体。如果该球标妨碍了另一个球员的打球、站位或击球，应将其向一侧放置一个或数个杆头的长度。

案例：在 A 和 B 的比洞赛中，B 没有得到 A 的许可就标定了 A 在果岭上的球的位置并将其拿起。B 是否要受到处罚？

答：是的。根据规则 20-1，对手只有在得到球员的许可后方可拿起球员的球。由于 B 没有权利拿起 A 的球，他要被罚一杆（规则 18-3b）。

20-2. 抛球和重新抛球

a. 抛球者和抛球方法

按照规则抛球时，必须由球员自己抛球。他必须直立，将手臂伸直并把球举至齐肩高度，然后使球自然落下。如果有其他人或任何其他方式抛球而且未按照规则 20-6 纠正错误，该球员要被罚一杆。

抛球时，在该球碰到球场的一部分之前或之后并且在其静止之前，如果它触及任何人，或

任何球员的装备,必须重新抛这个球,不用受罚。在这种情况下,必须重新抛球的次数没有限制。

(采取行动影响球的位置或运动——见规则 1-2)

b.抛球地点

当在尽量接近某特定地点抛球时,必须把它抛在不比该点更靠近球洞的地方。如果球员不能确切知道该点的位置,必须进行估计。

抛球时,该球必须首先触及球场上适用的规则要求抛球地点。否则,规则 20-6 和 20-7 适用。

c.重新抛球

抛球后,下列情况下必须重新抛这个球,不用受罚:

(i)该球滚入并静止在障碍区中;

(ii)该球滚出并静止在障碍区外;

(iii)该球滚上并静止在果岭;

(iv)该球滚出并静止在界外;

(v)按照规则 24-2b(不可移动妨碍物)、规则 25-1(异常球场状况)、规则 25-2(错误的果岭)或当地规则(规则 33-8a)采取了补救,但已抛之球又滚到并静止在了仍然受到以上状况妨碍的位置;或者按照规则 25-2(陷入地面的球)把球拿起后,抛球时该球又滚回了它下落造成的球痕内;

(vi)该球滚到并静止在距球下落时首先接触球场的位置点两支球杆范围以外。

(vii)该球滚到并静止在较下列地点更靠近球洞的位置:

(a)该球的初始位置或估计的位置(规则 20-2b),但规则另有规定时除外,或

(b)最近补救点或最大可用补救点(规则 24-2、25-1 或 25-3),或

(c)初始球最后穿越水障碍区或侧面水障碍界线的点(规则 26-1)。

如果重新抛球后该球又滚到上述任何地点,必须在尽量接近重新抛球时该球首先触及球场部分的地点放置这个球。

注释:

1.抛球或重新抛球时,如果它在静止之后移动,必须在该球的现有位置打球,除非有任何其他规则条款适用。

2.如果不能立即取回按照本规则重新抛球或放置的球,可以用另一个球进行替换。

(抛球区的使用——见附属规则 1 中 B 部分的第 8 条)。

案例:球员用错误的方式抛球后该如何处罚?

答:用错误的方式抛球后,如果球员在击球前发现了这个错误,他可以拿起这个球重抛,不受处罚(规则 20-6)。但是,如果他没有纠正错误就打了这个球,要受到一杆的处罚(规则 20-2a)。

20-3.放置球和放置球回原位

a.放置者和放置地点

按照规则放置球时,必须由球员或他的伙伴执行。如果把球放置回原位,则必须由球员、

他的伙伴或者拿起或移动这个球的人将其放置回原来被拿起或移动的地点。如果任何其他人将该球放置或放置回原位，且该错误没有按照规则 20-6 的规定予以纠正，这名球员要被罚一杆。上述任何情况下，该球员都要对由放置球或放置球回原位而引起的任何其他违反规则的行为负责。

如果在放置球或放置球回原位的过程中意外移动了球或球标，必须把这个球或球标放置回原位。如果这个球或球标的移动由放置球或放置球回原位或移走球标的特有行动直接引起，不用受罚。否则，按照规则 18-2a 或 20-1，该球员要被罚一杆。

放置球回原位时，如果把这个球放置在拿起或移动它的地点以外的位置，并且没有按照规则 20-6 的规定予以纠正，该球员要因违反相应的规则而受到一般性处罚，比洞赛中该洞负，比杆赛中被罚两杆。

b. 要放置或重放置回原位的球的球位被改变时

(1)在障碍区以外的地方，必须把这个球放置在它的初始球位 1 支球杆范围内且与初始球位最相似、距离最近的地点。该点不更靠近球洞、也不在障碍区内。

(2)在水障碍区内，必须把这个球放置在该水障碍区内且符合上述条款(i)的地点。

(3)在沙坑内，必须尽量恢复这个球的初始球位，并且必须把它放置在该球位上。

c. 无法确定地点时

如果无法确定要放置或放置回原位的球的地点：

(1)在球场通道，必须在尽量接近该球原来所在的地点抛球，但抛球点不在障碍区内，也不在果岭上。

(2)在障碍区内，必须在该障碍区内尽量接近该球原来所在的地点抛球。

(3)在果岭上，必须在尽量接近该球原来所在的地点放置球，但放置球的地点不在障碍区内。

例外：恢复比赛时(规则 6-8b)，如果无法确定要放置球的地点，必须对其进行估计并把该球放置在这个估计的地点。

d. 球无法静止

放置球时，如果该球没有静止在被放置的地点，不用受罚，但是必须把它放置回原位。如果它仍然无法在该点静止：

(1)在障碍区以外的地方，必须把这个球放置在最近的且能够使这个球静止的地点。该点不更靠近球洞且不在障碍区内。

(2)在障碍区内，必须在该障碍区内把这个球放置在最近的且能够使这个球静止的地点。该点不更靠近球洞。

放置球时，如果它静止在放置点之后发生移动，不用受罚，但必须在该球的现有位置打球，除非有任何其他规则条款适用。

▲ 违反规则 20-1、20-2 或 20-3 的处罚：比洞赛——该洞负；比杆赛——罚两杆。

案例：一名球员按照某条规则把他的球放置回原位，在拿走标定位置的球标时，他的手不小心碰到并移动了这个球。该如何判决？

答：规则 20-3a 规定，如果球或球标的移动由放置球回原位或移走球标的特有行为直接引起，球员不受处罚，但必须把这个球或球标放置回原位。本案例中，拿走球标是把球放置回原位行为的一部分，因此，这名球员不受处罚，但他必须把移动了的球放置回原位。

20-4.抛或放置的球进入使用状态

如果球员的使用中球被拿起，他在被抛或放置后即再次进入使用状态，当一个替换球被抛或放置后，该球即成为使用中球。

（错误地替换球——见规则 15-2）

（拿起被错误地替换、抛或放置的球——见规则 20-6）

案例：一名球员在果岭上把他的球放置回原位，但是没有立即把球标拿走。随后，一阵风把球吹到了其他位置。这球员该如何处理？

答：按照规则 20-4，不管用来标定位置的物品是否被拿走，当球员把一个拿起来的球放置回原位后，这个球就再次进入了使用状态。风不是局外者，因此，当他吹动了一个使用中球后，球员必须在球的新位置打球。

20-5.在上一次击球的地点进行下一次击球

当球员选择或被要求在上一次击球的地点进行下一次击球时，他必须按照以下程序进行处置：

(1)在发球区上：必须从发球区内打要打的球。可以在该发球区内的任何地点打这个球并且可以架球。

(2)在球场通道：必须抛要打的球，并且，抛球时该球必须首先触及球场通道上的球场部分。

(3)在障碍区内：必须抛要打的球，并且，抛球时该球必须首先触及该障碍区内的球场部分。

(4)在果岭上：必须在该球洞上放置要打的球。

▲ 违反规则 20-5 的处罚：比洞赛——该洞负；比杆赛——罚两杆。

案例：一名球员在发球区架球并挥杆击打这个球，但是却挥空了。他再次击球，结果把球打出界。按照规则 27-1 处理时，他是否可以在发球区内的任何地方架球，还是必须在架初始球的地方抛一个球？

答：按照规则 20-5，当球员选择或被要求在之前某次击球的地点进行下一次击球时，如果该点是发球区，他可以在发球区的任何地点打这个球，并且可以架球。

因此，这名球员可以在发球区内的任何地方架球。

20-6.拿起被错误地替换、抛或放置的球

如果错误地替换了球，或者在错误的地点或用其他不符合规则的方式抛或放置了球但尚未打球，可以将这个球拿起，不用受罚。之后球员必须按照正确的程序进行处置。

案例：一名球员的球停在球车道上（不可移动妨碍物）。他从这里补救抛球时更换了另一个球。击球前有人告诉他，此时不允许替换球，他该如何处理？

答：的确，按照规则 24-2b 处理时，除非不能立即取回，否则球员不可以替换这个球。不过

在击球前,这个球员还有机会按照规则 20-6 纠正错误,遵照规则用初始球抛球。如果他不这样做并击打了替换球,他将因违反规则 24-2b 而受到一般性处罚。

20-7.从错误的地方打球

a.总则

如果球员在下列情况下对他的使用中球进行了击球,则构成从错误的地方打球:

(1)在规则不允许进行击球、抛球或放置球的球场部分进行击球,或

(2)当规则要求重新抛一个已抛过的球,或把一个移动了的球放置回原位,而球员没有这样做时。

注释:从发球区以外打的球或从错误的发球区打的球——见规则 11-4。

b.比洞赛

如果球员从错误的地点击球,则他在该洞负。

c.比杆赛

如果比赛者从错误的地方击球,他要按照相应的规则被罚两杆。如果没有构成严重犯规(注释 1),他必须用这个从错误的地方打的球完成该球洞,不用纠正错误。

如果该比赛者意识到他在错误的地方打了球,并相信他可能严重犯规,他必须在下一个发球区开球之前,用按照规则打的第二个球完成该球洞。如果正在打球之洞是该轮比赛的最后一个球洞,他必须在离开球洞之前宣布他将用按照规则打的第二个球完成该球洞。

如果比赛者打了第二个球,他必须在提交自己的记分卡之前向委员会报告这一事实;如果没有这样做,他要被取消资格。委员会必须决定该比赛者是否严重违反了相应的规则。如果他确实严重犯规,应计算其第二个球的成绩。并且该比赛者必须在该球的成绩上加上两杆的罚杆。如果比赛者严重犯规却没有按照上述程序纠正错误,他要被取消比赛资格。

注释:

1.如果委员会认为由于从错误的地方打球,使比赛者获得了明显的利益,则视为该比赛者严重犯规。

2.如果比赛者按照规则 20-7c 打了第二个球,但此后该球的成绩被判无效,则用该球进行的击球次数和单纯因打该球而受到的罚杆均不予计算。如果判定计算第二个球的成绩,则从错误的地方进行的击球次数和随后对初始球进行的击球次数(包括单纯因为打该球而受到的罚杆)均不予计算。

3.如果球员因为从错误的地方打球而受到处罚,将不会在因违反替换球而受到追加处罚。

● 要点提示

两抛一放:两抛一放的意思是,如果球员按照某条规则抛球时,这个球连续两次都滚到规则 20-2c 所指的需要重抛球的地方,球员就必须在第二次抛球时首先触及球场部分的地点放置这个球。

★ 案例解析

△ 标定位置时,用球杆把球标敲到其他位置该怎么办?

案例 1.球上了果岭后,球员用硬币标定了球的位置,然后拿起球,并用推杆的杆底向下敲

了敲硬币,结果在此过程中,硬币蹦到了其他地方,该怎么办?

答:球员向下敲硬币是其标定位置行为的延续,因此球标的移动直接归因于标定球的特定行为。这名球员不受处罚。但是,必须把球或球标放置回原位。如果不知道球或球标原来的位置,必须将其放置在尽量接近原位的地方。

△ 用错误的方式把球抛在错误的地方,该如何处理?

案例 2.一名球员从球车道补救时,在最近补救点两支球杆范围内抛了球,并且他抛球的高度低于肩部,该如何判罚?

答:如果他在下一次击球前纠正了错误,不受处罚。如果他没有在下一次击球前纠正错误,他要按照下列方式处罚。比洞赛中该洞负。比杆赛中被罚两杆。尽管这名球员因为错误的方式抛球违反了规则 20-2a,同时,他在错误的地方补救后又从错误的地方打球,违反了规则 25-1b,但他将只会因为在错误的地方打球而被罚两杆。

△ 抛球后球童挡住了正在滚动的球该如何处理?

案例 3.一名球员的球童故意停住了球员滚下去的球,该如何判决?

答:如果球滚到了规则 20-2c 要求重抛球的地方,并且合理地认为它不会再滚回规则 20-2c 不再适用的地方,球员不会因为球童停住球而受到处罚,但是,如果球童在球到达上述位置前就停住了球,根据规则 1-2 该球员在比洞赛中该洞负,比杆赛中罚两杆,比杆赛中他必须在球停住的地方打这个球,如果停住后拿起球,他必须把球放置回原位,但不再对此追加处罚。

△ 放置球时可以使用球上的线瞄准吗?

案例 4.球员可否在他的球上画一条线,并且在放置这个球时,用上面的线或商标来瞄准打球线或推击线?

答:规则并没有禁止球员这样做。

案例 5.果岭上球童把球员的球放在球标后瞄线,这个球是否已经进入使用状态?

答:答案取决于球童在放置球时是否有将此球投入使用状态的意图,如果这个球童放置球时,并没有意图将此球投入使用状态,这个被放置的球就没有进入使用状态,如果球员对自己不在使用状态的球击球,他就打了错球。

如果球童放置球时,具有将球投入使用状态的意图,这个球就进入使用状态,如果球员击打了这个球,他将因为从错误的地方打球,而在比洞赛中该洞负,比杆赛中罚两杆。比杆赛中将不会再因为规则 20-3a 不允许的人把球放置回原位而对球员追加处罚。

如果球童把这个球放置回了原来的地点,将假设他有意识地把这个球投入使用状态,除非有强有力的证据表明他确实不具有这个意图。

案例 6.比杆赛中,A 和 B 的球停在果岭上相近的位置。A 在放置球回原位时,错误地把球放在了 B 的球标前推了球,这个球停在了洞边,此时,A 发现自己从错误的地方推了球,于是立即拿起了自己的球,然后把它放置在自己的球标前,并完成了该洞的比赛。该如何判决?

答:A 把球放置到 B 的球标前并完成推击后,他从错误的地方打了球,要被罚两杆,此球已经进入使用状态(规则 20-7c)。因为这样的违规并不严重,所以它无须纠正,当 A 在球洞边上,没有标定球位就拿起自己的球并且没有将其放置回原位后,他要因为违反规则 20-1 而受到一般性处罚。因此,A 一共要被罚四杆。

习题十七

简答题

1.比洞赛中,一名球员按照某条规则抛球,球掉到地上后弹起并意外地撞到了对手身上。该如何处理?

2.比杆赛中,一名同组比赛者未经许可便拿起了比赛者在果岭上的球。该如何判决?

3.球员用错误的方式抛球后,该如何处罚?

4.一名球员从球车道补救,他抛下去的球落到地面上的硬石头后突然变向弹起,这个球员因来不及躲开撞上了空中的球,怎么处理?

5.一名球员把球打在了长草内。一名观众在帮助他找球时不小心踩到了这个球并把它压入地面。球员该如何处理?

6.总结拿起球、抛球、放置球分别哪些人可以执行。

7.写出需要重抛球的几种情况。

8.放置球时球无法停止时该怎么办?

9.放置球时无法确定地点时该怎样处置?

习题十七答案

简答题答案

1.抛下去的球被变向或停止的情况不用规则 19 来处理,因为规则 20-2a 有明确的说明。所以这个球员重新抛球就可以。

2.比杆赛中,同组比赛者与比赛者之前互为局外者,所以不受处罚。

3.用错误的方式抛球后,如果球员在击球前发现了这个错误,他可以拿起这个球重抛,不受处罚。如果他没有纠正错误就打了这个球,要受到一杆的处罚。

4.他必须重新抛球不受处罚。

5.球员的静止球被局外者移动,不受处罚,必须把球放回原位。如果他知道初始球位,就要按照规则 20-3b 处理,如果球员不知道初始球位,就必须按照 20-3c 处理。

6.按照规则拿起的球可以由球员、其伙伴或另一个经过球员认可的人拿起。按照规则抛球时,必须由球员自己抛球。按照规则放置球时,必须由球员或他的伙伴执行。

7.该球滚入并静止在障碍区中;该球滚出并静止在障碍区外;该球滚上并静止在球洞区;该球滚出并静止在界外;按照规则 24-2b(不可移动妨碍物)、规则 25-1(异常球场状况)、规则 25-2(错误的球洞区)或当地规则(规则 33-8a)采取了补救,但已抛之球又滚到并静止在了仍然受到以上状况妨碍的位置;或者按照规则 25-2(陷入地面的球)把球拿起后,抛球时该球又滚回了它下落造成的球痕内;该球滚到并静止在距球员先触及球场部分的位置两支球杆范围以外;该球滚到并静止在较下列地点更靠近球洞的位置:该球的初始位置或估计的位置,但规则里面另有规定时除外,或最近补救点或最大可用补救点;或初始球最后穿越水障碍区或侧面水障碍界线的点。如果重新抛球后该球又滚到上述任何地点,必须在尽量接近重新抛球时该球首先触及球场部分的地点放置这个球。

8.放置球时,如果该球没有静止在被放置的地点,不用受罚,但是必须把它放置回原位。

如果它仍然无法在该点静止：在障碍区以外的地方，必须把这个球放置在最近的且能够使这个球静止的地点。该点不更靠近球洞且不在障碍区内；在障碍区内，必须在该障碍区内把这个球放置在最近的且能够使这个球静止的地点。该点不更靠近球洞。放置球时，如果它静止在放置点之后发生移动，不用受罚，但必须在该球的现有位置打球，除非有其他规则条款适用。

9.(i)在球洞区通道，必须在尽量接近该球原来所在的地点抛球，但抛球点不在障碍区内，也不在球洞区上。(ii)在障碍区内，必须在该障碍区内尽量接近该球原来所在的地点抛球。(iii)在球洞区上，必须在尽量接近该球原来所在的地点放置球，但放置球的地点不在障碍区内。

第十七单元　规则 21 至规则 23

规则 21　擦拭球

按照规则 16-1b 拿起位于果岭上的球时可以对其进行擦拭，在其他地方也可以擦拭拿起的球，但下列情况除外：

a. 决定该球是否为不适于使用之球时(规则 5-3)；

b. 辨认球时(规则 12-2)，在该场合仅可以将球擦拭至辨认所必需的程度；或

c. 因为该球有助于或妨碍打球时(规则 22)。

除本规则规定的场合外，如果球员在某个球洞的比赛过程中擦拭他的球，他要被罚一杆。如果拿起了球，必须将其放置回原位。

如果该球员被要求把球放置回原位，但是他却没有这样做，他要因为违反相应的规则而受到一般性处罚，将不再按照规则 21 对其追加处罚。

例外：如果球员因为没有遵守规则 5-3、12-2 或 22 而受到处罚，将不再按照规则 21 对其追加处罚。

★ 案例解析

△ 辨认球前没有宣布意图。不标定位置，并且擦拭了球，超出了辨认所需要的程度该如何处理？

案例 1. 比杆赛中，一名球员想拿起一个球辨认，但是他既没有向同组比赛者宣布自己的意图，也没有标定球的位置就拿起这个球，另外，他擦拭球还超出了辨认球所需要的程度，违反以上三条规则每一条都要罚一杆，该球员一共被罚几杆？

答：一旦根据规则 12-2 对球员施加了处罚，就不会按照规则 20-1 或 21 对他进行追加处罚，所以一共只被罚一杆。

△ 违规拿起球并对其擦拭要被罚几杆？

案例 2. 球员的球静止在果岭环，他误以为自己的球上了果岭，于是为球做了标记并将球拿起擦拭。显然，这名球员要因为违规拿起自己的球而被罚一杆。他是否还应该因为擦拭球而在被罚一杆？

答：规则 21 指出，除了根据规则 5-3、12-2 或 22 拿起球的场合，球员拿起球都可以擦拭球，也就是说，即使球员违规拿起球，他也有权利擦拭这个球，因此这名球员不会因为擦拭球而被罚一杆。

规则 22 有助于或妨碍打球的球

22-1. 有助于打球的球

除了球正在运动外，如球员认为一个球可能有助于任何其他球员打球，他可以：

a. 如果是他的球，拿起这个球；或

b. 请人拿起任何其他的球。

按照本规则拿起的球必须被放置回原位(规则 20-3)。除非该球位于果岭上，否则不得对其进行擦拭(规则 21)。

比杆赛中，被要求拿起自己的球的球员，可以先行击球而不用拿起这个球。

比杆赛中，如果委员会确定比赛者之间协商不拿起某个可能有助于任何比赛者的球，他们要被取消资格。

22-2. 妨碍打球的球

除了球正在运动外，如果球员认为另一个球可能妨碍他的打球，他可以请人将该球拿起。

按照本规则拿起的球必须被放置回原位(规则 20-3)。除非该球位于果岭上，否则不得对其进行擦拭(规则 21)。

比杆赛中，被要求拿起自己的球的球员可以先行击球而不用拿起这个球。

注释：除在球洞区上外，球员不可以仅因为他认为自己的球可能妨碍另一个球员打球而将它拿起。如果球员在没有被要求的情况下拿起自己的球，他要因违反规则 18-2a 被罚一杆，但不再按照规则 22 对其追加处罚。

▲ 违反规则的处罚：比洞赛——该洞负；比杆赛——罚两杆。

● **要点提示**

除在果岭上外，球员不可以仅因为他认为自己的球可能妨碍另一个球员打球而将它拿起。如果球员在没有被要求的情况下拿起自己的球，他要因违反规则 18-2a 被罚一杆，但将不再按照规则 22 对其追加处罚。

★ **案例解析**

△ 如果球员经常说很远以外的球对他打球造成妨碍该怎么办？

案例 1. A 的球停在果岭上，B 的球距果岭还有 100Y，B 称 A 的球可能会妨碍他打球，因此要求 A 按照规则 22-2 拿起他的球，这样的情况在一轮比赛中发生好几次，裁判员应该怎么办？

答:规则 22 的本意是,一个球有助于或妨碍另一个球的合理情况,但是,如果球员滥用这条规则,委员会可以按照不当延误比赛(规则 6-7),对 B 进行处罚。

△ 比赛者可否要求同组比赛者不拿起有助于自己打球的球?

案例 2. 比杆赛中,B 的球停在果岭外,同组比赛者 A 的球停在球洞附近,B 要求 A 不拿起他的球,因为这个球可能会帮助 B 的球停住。这样的要求符合规则吗?

答:规则 22-1 规定,如果委员会确定比赛者之间协商不拿起某个可能有助于任何比赛者的球,他们要被取消资格。因此,如果 A 和 B 同意不拿起有助于 B 打球的球,他们两人都要被取消资格。

规则 23　散置障碍物

23-1. 补救

除非散置障碍物和球在同一障碍区内,或二者均触及同一障碍区,否则可以将任何散置障碍物移走,不用受罚。

当球位于球洞区以外的其他任何地方时,如果球员移走散置障碍物导致该球移动,则规则 18-2a 适用。

在果岭上,如果在球员移走散置障碍物的过程中,球或球标被意外移动,必须把这个球或球标放置回原位。如果这个球或球标的移动由移走散置障碍物直接引起,不用受罚。否则,如果球员导致这个球移动,他要按照规则 18-2a 被罚一杆。

当球正在运动时,不得移走可能影响该球运动的散置障碍物。

注释:任何球在障碍区内,该球员不得触及或移动在同一障碍区内或触及同一障碍区的任何散置障碍物——见规则 13-4c。

违反规则的处罚:比洞赛——该洞负;比杆赛——罚两杆(在障碍区内寻找球——见规则 12-1)(触及推击线——见规则 16-1a)。

● 要点提示

当球正在运动时,不得移走可能影响该球运动的散置障碍物。

★ 案例解析

△ 抛球前可以移走抛球范围内的散置障碍物吗?

案例 1. 球员抛球前可否移走抛球区域内的散置障碍物?

答:这要看球员准备在哪里抛球。如果在球场通道,他可以在抛球前移走在抛球范围内的散置障碍物,但是如果他从障碍区内拿起球后准备把它抛在这个障碍区里,他就不得移走里面的散置障碍物。

△ 可以在即将放置球的地点移开散置障碍物吗?

案例 2. 一名球员根据某条规则抛球补救,球连续两次触及地面后滚到两支球杆的范围之外。按照规则 20-2c,现在他必须在尽量接近第二次抛球时球首先触及球场部分的地点放置这个球。他放置此球前可以先移开放置点或周围的散置障碍物吗?

答:可以。

△ 因辨认而拿起球时移动了影响球位的散置障碍物该怎么办?

案例 3.在球场通道,一名球员的球停在一根散落的树枝旁边。这名球员出于辨认球的目的把球拿起,在此过程中他移动了这根树枝。这名球员把球放置回原位时,他是否必须把那个散置障碍物也放回原位?

答:是的。

△ 除去球上的石灰。

案例 4.如果石灰被用来标示地面上的观众线,球落在了这条线上而且粘到了一些石灰。球员可以除去石灰吗?

答:不可以,除非按照规则球可以被拿起并按照规则球可以被擦拭。

△ 除去附在球上的草。

案例 5.在球场通道上,允许除去附在球上的草吗?

答:不允许,规则 21 禁止这种行为。任何附在球上的物体都不是散置障碍物——参见散置障碍物的定义。

△ 在球童将球扔回给球员的行为过程中球被擦拭了吗?

案例 6.球员的球位于球场通道上或障碍区内妨碍另一球员的打球,他被要求拿起球。球员授权他的球童去拿起球。球童标定球的位置并拿起球后,将球扔回给球员,球员接住了球。除球位于果岭外,不允许擦拭因妨碍其他球而被拿起的球。扔球和接球的行为构成擦拭球了吗?

答:球是否被擦拭是有关事实的问题。描述中的行为可导致球被擦拭。对可疑情况无把握时要对有关球员做不利裁定。

△ 受到另一球的心理干扰。

案例 7.为了让 A 有权力因为妨碍的规则让 B 拿起球,只有当 B 的球位于或靠近 A 的打球线上妨碍 A 的打球时,A 才可以要求 B 拿起球?还是当 B 的球不在 A 的打球线上,但在 A 的视线范围内,构成了心理干扰,则 A 可以要求 B 拿起球?

答:按照规则 22-2,如果球在行动上或心理上妨碍到了球员 A 的打球,球员可以要求另一球员拿起球。

△ 球员申诉位于 30 码远的另一球妨碍了他的打球。

案例 8.距离果岭 3 英尺远的 B 的球和距离果岭 30 码远的 A 的球与球洞形成一条直线。A 可以因为 B 的球妨碍到他的打球而要求 B 拿起球吗?

答:可以。

△ 掘穴动物掘穴所制造的土堆里的松散泥土。

案例 9.球员的球位于球场通道上掘穴动物掘穴所制造的土堆里的松散泥土里。除按照规则 25-1 的补救处置外,球员可以取除绕在球周围脱落的松散泥土吗?

答:不可以——参看散置障碍物的定义。

△ 坚硬的泥土块。

案例 10. 球道施工车辆造成的结实泥土块是散置障碍物吗?

答:是的。松散的泥土不是散置障碍物。但由结实泥土组成,所以它是散置障碍物。

△ 铺在道路表面的散置障碍物。

案例 11. 球员将球击到铺满沙砾的道路上。虽然他可以从此妨碍物中接受补救,但是他更喜欢在路面上打球。他可以取除可能妨碍他打球的沙砾吗?

答:可以。沙砾是散置障碍物,按照规则 23-1 球员可以取除。这种权利并不会因为当地面被铺上沙砾,成为人工地面,所以是不可移动妨碍物的事实而被取消。当路面或通道铺上石头、碾碎的贝壳、木屑或其类似物时,这个原则同样适用。

△ 在果岭上取除散置障碍物的过程中,球被球员的脚意外地移动了。

案例 12. 球员在果岭上取除散置障碍物的过程中,不小心用脚移动了球。该如何裁定?

答:按照规则 18-2a 球员受到一杆的处罚,必须重新放置球。规则 23-1 规定,如果在果岭上取除散置障碍物的过程中不小心将球移动,球员不受处罚。但是,这条规则仅仅适用于球的移动直接归因于散置障碍物的取除时。在这个案例中,散置障碍物的取除不是造成球移动的原因。

△ 在果岭上完成击球准备后,球在取除散置障碍物时被移动。

案例 13. 球员在果岭上完成击球准备后,一只昆虫落到了球上。球员弯下腰并未移动双脚,想要将昆虫从球上掸开,结果将球移动了几英寸。按照规则 18-2a 要受到处罚吗?

答:不要。昆虫是散置障碍物——参看"散置障碍物"的定义和判例 23-1/5。

按照规则 23-1,如果在果岭上取除散置障碍物的过程中球被移动了,球员不受处罚。在这个案例中,规则 23-1 的效力高于规则 18-2b。

习题十八

简答题

1. 写出不能擦拭球的三种情况。

2. A 的球距离 B 的球还有几码的距离,因此对 B 打球并不构成任何的直接妨碍,但是 B 声称他看见这个球会在心理上感到别扭。B 可以要求 A 拿起这个球吗?

3. 蠕虫的遗弃物是散置障碍物,怎么样移动此遗弃物?

4. 球员的球停在了球场通道上,上面停着一只活着的昆虫,球员此时应该怎么办?

5. 松散的土块是散置障碍物吗?

习题十八答案

简答题答案

1. 决定该球是否为不适于使用之球时、辨认球时,在该场合仅可以将球擦拭至辨认所必需的程度;因为该球有助于或妨碍打球时。

2. 可以。根据规则 22-2,当一个球对一名球员的打球造成肢体上和心理上的妨碍时,该球员均可以要求拿起这个球。

3. 任何方法都可以移动散置障碍物，但是在推击线上取除散置障碍物时，球员不得下压任何物体(规则 16-1a)。

4. 活着的昆虫不算黏附在球上，因此属于散置障碍物。根据规则 23-1，球员可以用手指把它捏走或把它吹走。

5. 是的。球洞区外的松散泥土不是散置障碍物。但是土块不是松散的泥土。

第十八单元　规则 24 至规则 25

规则 24　妨碍物

24-1. 可移动妨碍物

球员可以遵照以下程序不受处罚地从可移动妨碍物进行补救：

a. 如果这个球没有位于妨碍物之中或之上，可以将这个妨碍物移走，如果这个球移动，必须将其放置回原位。如果这个球的移动由移走妨碍物直接引起，不用受罚，否则，规则 18-2a 适用。

b. 如果这个球位于妨碍物之中或之上，可以将该球拿起，然后移走这个妨碍物。必须在尽量接近该球在这个妨碍物之中或之上的位置的正下方，在球场通道或障碍区内抛这个球，或者在果岭放置这个球，但不得更靠近球洞。

可以擦拭按照本规则拿起的球。

当球正在运动时，除了任何球员的装备或被照管、移走或举起的旗杆外，不得移动可能影响该球运动的妨碍物。

（对球施加影响——见规则 1-2）

注释：如果不能立即取回按照本规则要抛或放置的球，可以用另一个球替换。

24-2. 不可移动妨碍物

a. 妨碍

当球位于不可移动妨碍物之中或之上，或该妨碍物妨碍了球员的站位或预期挥杆区域，即构成了由不可移动妨碍物造成的妨碍。如果球员的球位于果岭上，而该果岭上的不可移动妨碍物介于球员的推击线上时，也构成了妨碍。否则，介于打球线上本身并不构成规则所述的妨碍。

b. 补救

除了球位于水障碍区或侧面水障碍区以外，球员可以遵照以下程序对不可移动妨碍物的妨碍进行补救：

(i)在球场通道:如果球位于球场通道,球员必须拿起这个球,并在最近补救点一支球杆范围内且不较该点更靠近球洞的地方抛这个球,不用受罚。最近补救点不得在障碍区内或果岭上。在最近补救点一支球杆范围内抛这个球时,它必须首先触及球场部分的一个地点,该点可以避开这个不可移动妨碍物造成的妨碍,并且不在障碍区内或果岭上。

(ii)在沙坑内:如果球在沙坑内,球员必须拿起这个球,并用以下两种方式之一抛这个球:

(a)不受处罚,按照上述(i)的条款进行处置,但最近补救点必须在这个沙坑内并且必须把这个球抛在这个沙坑内;或

(b)接受一杆的罚杆,在沙坑外抛这个球,使球原来的停点直接位于球洞和抛球点之间。抛球点在该沙坑后方的距离没有限制。

(iii)在果岭上:如果球位于果岭上,球员必须拿起这个球并将其放置在障碍区以外的最近补救点,不用受罚。最近补救点可以在果岭外。

(iv)在发球区上:如果球位于发球区上,球员必须拿起这个球并按照上述(i)的条款抛这个球,不用受罚。

可以擦拭按照本规则拿起的球。

(进行了某状况的补救后,球又滚到受该状况妨碍的位置——见规则 20-2c(v))

例外:球员在下列场合不可以按照本规则进行补救:(a)因不可移动妨碍物以外的任何物体的妨碍,而使该球员的击球明显不切实际,或(b)只有采用不必要的异常站位、挥杆或打球方向时,不可移动妨碍物才会构成妨碍。

注释:

1.如果球位于水障碍区(包括侧面水障碍区)内,球员不可以对不可移动妨碍物造成的妨碍进行补救。该球员必须在球的现有位置打球,或者按照规则 26-1 进行处置。

2.如果不能立即取回按照本规则要抛或放置的球,可以用另一个球替换。

3.委员会可以制定当地规则,规定球员确定最近补救点时不得从该妨碍物的上方、中间或下方穿过。

案例:如果一个不可移动妨碍物妨碍了球员的击球,该如何补救?

答:通常这种类型的补救分为两个步骤:第一,寻找正确的最近补救点;第二,在最近补救点一支球杆范围内抛这个球(球场通道、沙坑或发球区),或者在最近补救点上放置球(果岭)。

24-3.没有找到妨碍物中的球

在向妨碍物方向击球后没有找到这个球,此时这个球是否在该妨碍物之中属于事实问题,为了应用本规则,必须已知或可以肯定球位于该妨碍物之中,否则,该球员必须按照规则 27-1 进行处置。

a.没有找到可移动妨碍物中的球

如果已知或可以肯定没有找到的初始球在可移动妨碍物中,球员可以用另一个球替换并按照本规则进行补救,不受处罚。如果他选择进行补救,他必须移走该妨碍物,在尽量接近该球最后穿过这个妨碍物最外侧边缘的点的正下方,在球场通道或障碍区内抛一个球,或者在球洞区上放置一个球,但不得更靠近球洞。

b.没有找到不可移动妨碍物中的球

如果已知或可以肯定没有找到的球在不可移动妨碍物中,球员可以用另一个球替换并按

照本规则进行补救，不受处罚。如果他选择进行补救，他必须确定球最后穿越该妨碍物最外侧边缘的点，并且出于应用本规则的目的，该球被视为位于这个点。此后，这名球员必须遵照以下程序进行处置。

(i)在球场通道：如果球最后穿过这个不可移动妨碍物最外侧边缘的点在球场通道，该球员可以用另一个球替换并按照规则 24-2b(ii)的规定进行补救，不受处罚。

(ii)在沙坑内：如果球最后穿过这个不可移动妨碍物最外侧边缘的点在沙坑内，该球员可以用另一个球替换并按照规则 24-2b(i)的规定进行补救，不受处罚。

(iii)在水障碍区(包括侧面水障碍区)内：如果球最后穿越这个不可移动妨碍物最外侧边缘的点在水障碍区内，该球员无权得到无处罚的补救。他必须按照规则 26-1 处理。

(iv)在果岭上：如果球最后穿越这个不可移动妨碍物最外侧边缘的点在果岭上，该球员可以用另一个球替换并按照规则 24-2b(iii)的规定进行补救，不受处罚。

△ 违反规则的处罚：比洞赛——该洞负；比杆赛——罚两杆。

● **要点提示**

△ 如果没有特殊标定，标定水障碍区的立桩属于妨碍物。如果球员可以不费力气地将其移走，它们就是可移动妨碍物。因此，无论球员的球在什么地方，球员都可以移走这些标定水障碍区的立桩。

但如果委员会在当地规则中宣布这些立桩是不可移动妨碍物，球员就不得将其移走。

★ **案例解析**

△ 可以移走标定水障碍区的立桩吗?

案例 1.球场上标定水障碍区的立桩的性质是什么？球员可以把它们移走吗?

答：如果没有特别规定，这些立桩属于妨碍物。如果球员可以不费力地将其移走，它们就是可移动妨碍物。因此，无论球员的球在什么地方，球员都可以移走这些标定水障碍物的立桩。但是，如果委员会在当地规则中宣布这些立桩是不可移动妨碍物，球员就不得将其移走。

△ 球员可以移走界外可移动的人工物体吗?

案例 2.一个在界外的人工物体妨碍了一名球员的站位。球员可以将其移走吗?

答：如果这个人工物体是可以移动的，球员可以按照规则 24-1 将其移走。

△ 球员可否用手按住球以防止移走妨碍物时它发生移动?

案例 3.球员准备移走一个可移动妨碍物，但是他担心在此过程中自己的球移动，所以他用一只手按住这个球，另一只手把那个妨碍物移走，他这样做可以吗?

答：不可以，这样的行为属于故意触及自己的使用中球，违反了规则 18-2a。

其实，球员这样的担心根本没必要。因为在移走可移动妨碍物的过程中，如果直接因为移走妨碍物本身导致球发生移动，球员不受处罚，他只要把球放置回原位就可以了。

△ 球停在观众毛巾上该怎么办?

案例 4.球员攻果岭稍微有些偏差，结果球停在了观众放在地上的毛巾上。该如何处理?

答：这种情况属于球处于可移动妨碍物之中或之上。正确的处理程序是，球员尽可能准确地在地上标定球的位置，然后将球拿起，把毛巾拿开。此后，球员必须在尽量接近球原来所在位置的正下方抛这个球，但是抛球点不得更靠近球洞。如果球员的球停在了障碍区的毛巾上，处理程序是一样的。但是，如果球停在了果岭上，球员就必须在正下方放置这个球，而非抛球。

△ 特殊的地理状况使球员无法实际确定最近补救点该怎么办?

案例5.最近补救点的定义指出,为了准确确定最近补救点,球员应使用假设妨碍物或状况不存在时他应使用的球杆,击球准备位置,打球方式和挥杆方向。但是,有时候因为地理方面的原因,球员可能没有办法实际确定最近补救点。比如,最近补救点可能的位置是一个陡的山坡,或者是一片荆棘,球员根本无法走到上面或里面去。这种情况下该怎么处理呢?

答:出现这种情况时,球员可以不必亲自走进去,但他必须对最近补救点进行估计,然后必须在这个估计点一支球杆的范围内且不更靠近球洞的地方抛这个球。

案例6.一名球员把球打进正在建造的一栋房子内,并且无法找到这个球该怎么办?

答:正在建造的房子属于不可移动妨碍物,如果球员知道或可以肯定自己的球在这个不可移动妨碍物内,他可以按照规则24-3(未找到不可移动妨碍物内的球)处理。处理程序如下:

①确定球最后穿越这个房子的最外侧边缘的点;

②假设自己的球就在这个确定的点上;

③按照规则24-2b找到最近补救点并在这个点一支球杆范围内抛一个球补救。

规则25 异常球场状况,陷入地面的球,错误的果岭

25-1.异常球场状况(包括临时积水、整修地、掘穴动物、爬行动物或鸟类造成的洞穴、刨出的土堆或通道)

a.妨碍

当球位于异常球场状况之中或触及该状况,或该状况妨碍了球员的站位或预期挥杆区域,即构成了由异常球场状况造成的妨碍。如果球员的球位于果岭上,而该果岭上的异常状况介于球员的推击线上时,也构成了妨碍。否则,异常球场状况介于打球线上本身并不构成本规则所述的妨碍。

注释:委员会可以制定当地规则,规定异常球场状况对球员的站位造成的妨碍本身并不视为本规则所述的妨碍。

b.补救

除了球位于水障碍区或侧面水障碍区以外,球员可以遵照以下程序对异常球场状况的妨碍进行补救:

(i)在球场通道:如果球位于球场通道,球员必须拿起球并在最近补救点1支球杆范围内,且不较该点更靠近球洞的地方抛这个球,不受处罚,最近补救点不得在障碍区或果岭上。在最近补救点1支球杆范围内抛这个球时,它必须首先触及球场部分的一个点,该点可以避开该状况造成的妨碍,并且不在障碍区内或果岭上。

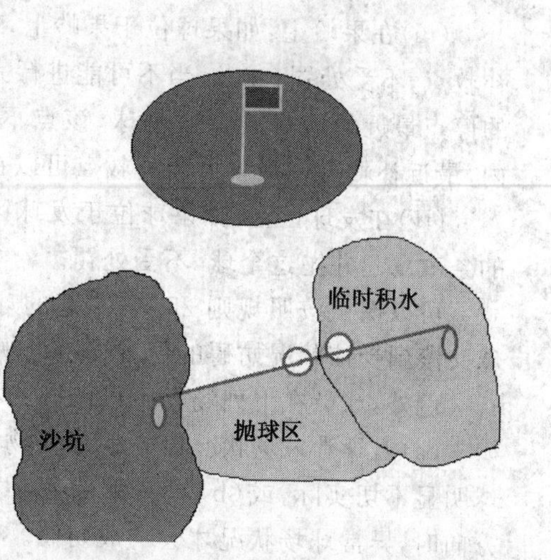

(ii)在沙坑内：如果球在沙坑内，球员必须拿起这个球，并用以下两种方式之一抛这个球：

(a)不受处罚，按照上述(i)的条款进行处置，但最近补救点必须在这个沙坑内，并且必须把这个球抛在这个沙坑内；或者，当不可能进行完全补救时，把这个球抛在尽量接近其停点但不更靠近球洞的地点。

(b)接受一杆的罚杆，在沙坑外抛这个球，使球原来的停点直接位于球洞和抛球点之间。抛球点在该沙坑后方的距离没有限制。

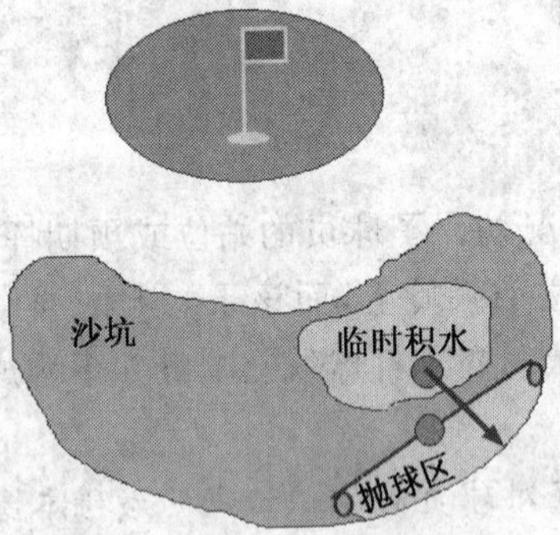

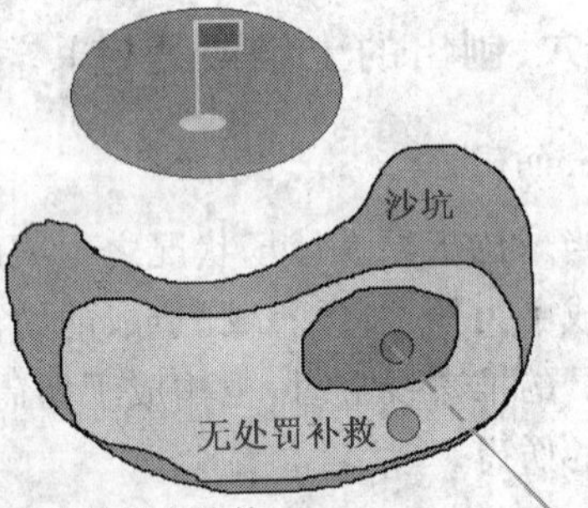

(iii)在果岭上：如果球位于果岭上，球员必须拿起这个球并将其放置在障碍区以外的最近补救点，不受处罚；或者，当不可能进行完全补救时，在对该状况提供了最大可用补救且距离球的停点最近的地点放置这个球，该点不更靠近球洞且不在障碍区内，最近补救点或最大可用补救点可以在果岭以外。

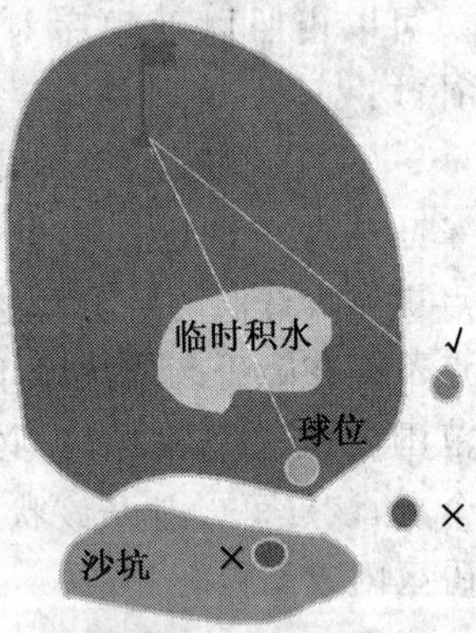

(iv)在发球区上：如果球位于发球区上，球员必须按照上述(i)的条款拿起并抛这个球，不受处罚。

可以擦拭按照规则 25-1b 拿起的球(进行了某状况的补救后，球又滚到受该状况妨碍的位置——见规则 20-2c(v)。

例外：球员在下列场合不可以按照本规则进行补救：

(a)因异常球场状况以外的任何物体的妨碍，而使该球员的击球明显不切实际，或(b)只有采用不必要的异常站位、挥杆或打球方向时，异常球场状况才会构成妨碍。

注释：

1. 如果球位于水障碍区(包括侧面水障碍区)内，球员无权从异常球场状况进行无处罚的补救。该球员必须在球的现有位置打球(除非当地规则禁止这样做)，或者按照规则 26-1 进行处置。

2. 如果不能立即取回按照本规则要抛或放置的球，可以用另一个球替换。

c. 没有找到异常球场状况中的球

在向异常球场状况方向击球后没有找到这个球，此时这个球是否在该状况中属于事实问题。为了应用本规则，必须已知或可以肯定这个球位于该状况中。否则，该球员必须按照规则 27-1 进行处置。

如果已知或可以肯定没有找到的球在异常球场状况中，球员可以按照本规则进行补救，如果他选择进行补救，他必须确定球最后穿越该异常球场状况最外侧边缘的点，并且，出于应用本规则的目的，该球被视为位于这个点，此后这名球员必须遵照以下程序进行处置：

(i)在球场通道：如果球最后穿越这个异常球场状况最外侧边缘的点在球场通道，该球员可以用另一个球替换并按照规则 25-1b(i)的规定进行补救，不受处罚。

(ii)在沙坑内：如果球最后穿越这个异常球场状况最外侧边缘的点在沙坑内，该球员可以用另一个球替换并按照规则 25-1b(ii)的规定进行补救，不受处罚。

(iii)在水障碍区(包括侧面水障碍区)内：最后穿越这个异常球场状况最外侧边缘的点在水障碍区内，该球员无权得到无处罚的补救，他必须按照规则 26-1 进行处置。

(iv)在果岭上：如果球最后穿越这个异常球场状况最外侧边缘的点在果岭上，该球员可以用另一个球替换并按照规则 25-1b(iii)的规定进行补救，不受处罚。

案例：异常球场状况补救程序指出，接受临时积水的补救时，球员不可以替换球。但是如果球员知道自己的球落入了一大片临时积水中，可是因为这片临时积水的范围过大或很深，导致球员无法从中取回自己的球或者无法辨认这是否是自己的球，该怎么办？

答：因为球员可以肯定自己的球就在这片临时积水中，所以他可以按照规则 25-1 处理。现在的问题是，如果他无法拿回临时积水中的球确认，他就很难找到最近补救点。

但是，要求球员在这种情况下必须取回自己的球辨认显得不合理。因此，球员可以按照自己的球遗失在这片临时积水中处理。

25-2. 陷入地面的球

在球场通道的任何短草区域，可以拿起并擦拭因下落时的冲击而陷入自己球痕中的球，并在尽量接近其停点且不较该点更靠近球洞的地点抛这个球，不受处罚。抛球时该球必须首先触及球场通道的球场部分。“短草区域”是指草的长度修剪的与球道上的草相同或更短的球场上的任何区域，包括穿越长草区的通道。

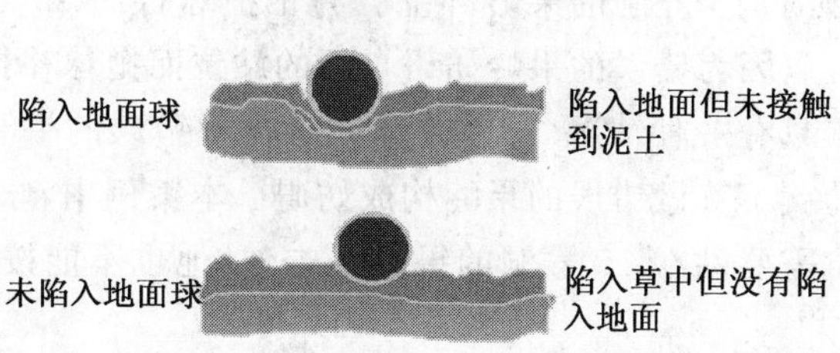

案例：大雨过后，球道变得异常松软。一名球员按照某条规则在球道上抛球，结果抛下去的时候，球砸到地面后居然陷了下去，这名球员可以按照规则25-2补救吗？

答：如果抛球后球陷入地面，视为球员击球之后球下落陷入地面，他可以按照规则25-2补救。

25-3. 错误的果岭

a. 妨碍

当球位于错误的果岭上时，即构成错误的果岭造成的妨碍。

对球员的站位或其预期挥杆区域的妨碍本身并不是本规则所述的妨碍。

b. 补救

如果球员的球位于错误的果岭上，他不得在球的现有位置打球，而必须遵照以下程序进行补救，不受处罚：

该球员必须拿起这个球，并在最近补救点1支球杆范围内且不较该点更靠近球洞的地方抛这个球。最近补救点不得在障碍区内或果岭上，当在最近补救点1支球杆范围内抛这个球时，该球必须首先触及球场部分的一个点，该点可以避开错误的果岭的妨碍且不在障碍区，也不在果岭上，可以擦拭按照本规则拿起的球。

▲ 违反规则的处罚：比洞赛——该洞负；比杆赛——罚两杆。

★ 案例解析

△ 球打在整修地内的树上该怎么办？

案例1. 委员会把一大片区域标示为整修地。这片整修地内有一棵大树，但是这棵大树的树枝伸出了整修地在地面的界线。一名球员的球正好落在了这根树枝上，他该如何处理？

答：虽然整修地的界线不向上延伸，但是整修地内的所有地面和任何草、灌木、树或其他生长物均为该整修地的一部分。因此，整修地内的树，包括其伸出整修地界线外的树枝都算作整修地。

因为球员的球位于整修地内，所以他可以按照规则25-1补救，本案例中，补救的参考是树上球的位置在地面上的投影点。

△ 什么是球最后穿越异常球场状况最外侧边缘的点？

案例2. 规则25-1c规定，如果已知或肯定没有找到的球在异常球场状况中，球员可以按照本规则补救，如果选择补救，他必须确定球最后穿越该异常球场状况最外侧边缘的点，并且，出于应用本规则的目的，该球被视为位于这个点。这段话该如何解释呢？

答：一个球从B点进入了一片临时积水后遗失，它在A点溅起了水花。规则25-1c中球最后穿越异常球场状况最外侧边缘的点，就是指的B点。球员在补救时，应假设球位于B点。

案例3. 正在打12号洞的球员把球打到了15号洞的果岭环上。为了把球打回12号洞，这名球员需要站在15号洞的果岭上。他可以因为错误的果岭妨碍自己的站位而抛球补救吗？

答：错误的果岭对球员的击球构成妨碍只有一种情况，那就是球本身位于错误的果岭上。如果他只是影响了球员的挥杆区域或站位，就不算做错误的果岭构成妨碍。本案例中，球员的球并没在15号洞的果岭上，因此，即使球员需要站在15号洞的果岭上击球，他也不能按照规则25-3抛球补救。

习题十九

简答题

1. 一个在界外的人工物体妨碍了一名球员的站位，球员可以将其移走吗？

2. 如果一个不可移动妨碍物妨碍了球员的击球，该如何补救？

3. 球员按照最近补救点的定义推荐的方式用 8 号铁确定了自己的最近补救点，抛球后滚到了一个很好的位置，球员现在可以用 3 号木击球吗？

4. 一个界外的变电箱对球员的挥杆造成妨碍，球员可以按照规则 24-2b 补救吗？

5. 整修地定义中指出草坪工人所做的坑穴属于整修地。什么样的坑穴才是草坪工人所做的坑穴？

6. 一名球员的球停在果岭上的一片临时积水里，他发现符合规则的最近补救点在果岭环上。他可以把最近补救点确定在果岭外吗？

7. 球场有一个双果岭，一半属于 13 号洞，一半属于 16 号洞。如果球员在 13 号洞的球落在了 16 号洞的那一半果岭，球员可以按照规则 25-3 补救吗？

8. 什么情况可被视为受到不可移动妨碍物的妨碍？

9. 如果没有找到可移动妨碍物中的球该怎么办？

10. 在什么情况下受到不可移动妨碍物的妨碍不能补救？

习题十九答案

简答题答案

1. 如果这个人工物体是可以移动的，球员可以按照规则 24-1 将其移走。

2. 先寻找最近补救点，在最近补救点一杆范围内抛球(球场通道)。

3. 可以，用来击球的球杆不一定非要是当初确定最近补救点的球杆。

4. 不可以。球场外的不可移动人工物体不是妨碍物，所以不可以补救。

5. 草坪工人所做的坑穴通常指为了维护球场而临时挖起的。

6. 在果岭上按照某条无处罚规则补救时，最近补救点可以在果岭以外。

7. 如果委员会没有使用立桩或线把这个果岭分开并宣布一半是 13 号洞一半是 16 号洞果岭的话。这个双果岭其实仍然是一个果岭。所以不可以按照规则 25-3 补救。

8. 当球位于不可移动妨碍物之中或之上，或该妨碍物妨碍了球员的站位或预期挥杆区域，即构成了由不可移动妨碍物造成的妨碍。如果球员的球位于球洞区上，而该球洞区上的不可移动妨碍物介于球员的推击线上时，也构成了妨碍。

9. 如果已知或可以肯定没有找到的球在可移动妨碍物中，球员可以用另一个球替换并按照本规则进行补救，不受处罚。如果他选择进行补救，他必须移走该妨碍物，在尽量接近该球最后穿过这个妨碍物最外侧边缘的点的正下方，在球洞区通道或障碍区内抛一个球，或者在球洞区上放置一个球，但不得更靠近球洞。

10. 介于打球线上本身并不构成规则所述的妨碍，不能接受补救。

第十九单元　规则 26

规则 26　水障碍区(包括侧面水障碍区)

26-1.球在水障碍区内的补救

在向水障碍区方向击球后没有找到这个球，此时这个球是否在该水障碍区内属于事实问题，为了应用本规则，必须已知或可以肯定这个球位于该水障碍区内，否则，该球员必须按照规则 27-1 进行处置。

如果球在水障碍区内，或者已知或可以肯定没有找到的球在水障碍区内(无论球是否在水中)，被罚一杆后，该球员可以：

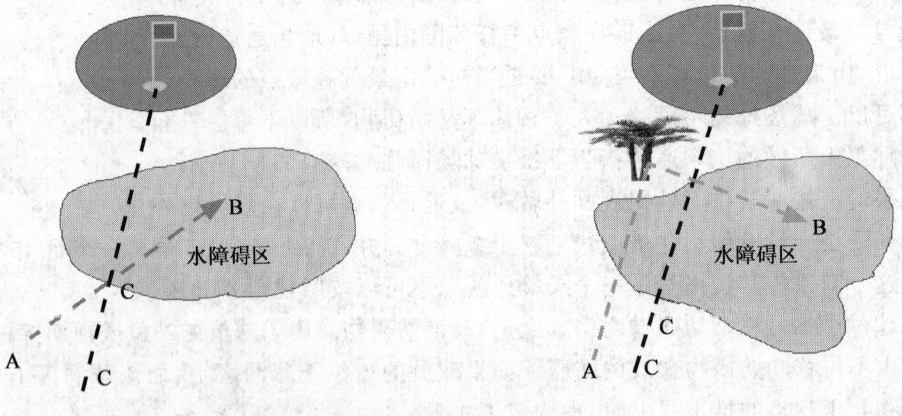

a. 在尽可能接近上一次打初始球的地点打一个球(规则 20-5)；或

b. 在该水障碍区的后方抛一个球，使初始球最后穿越该水障碍区界线的点直接位于球洞和抛球点之间，抛球点在该水障碍区后方的距离没有限制；或

c. 仅限于球最后穿越侧面水障碍区的界线时，作为附加选择，在该水障碍区外抛一个球，抛球点在下列地点两支球杆范围内且不要更靠近球洞(i)初始球最后穿越该水障碍区界线的点，或(ii)在该水障碍区另一侧界线上与球洞等距离的点。

按照本规则进行处置时，球员可以拿起并擦拭他的球，或用另一个球替换。

（当球在障碍区内时被禁止的行为——见规则 13-4）

（在水障碍区的水中运动的球——见规则 14-6）

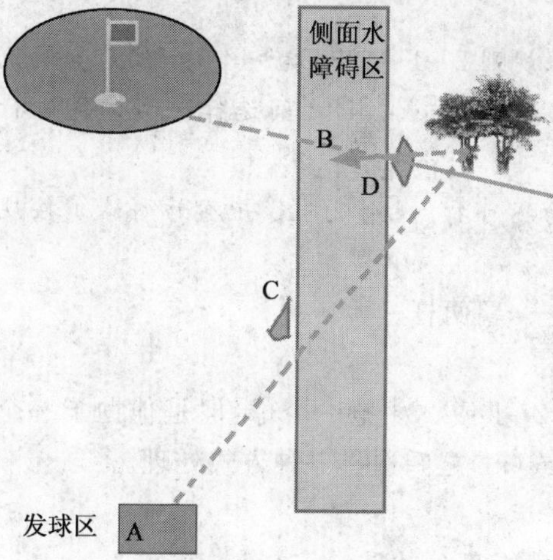

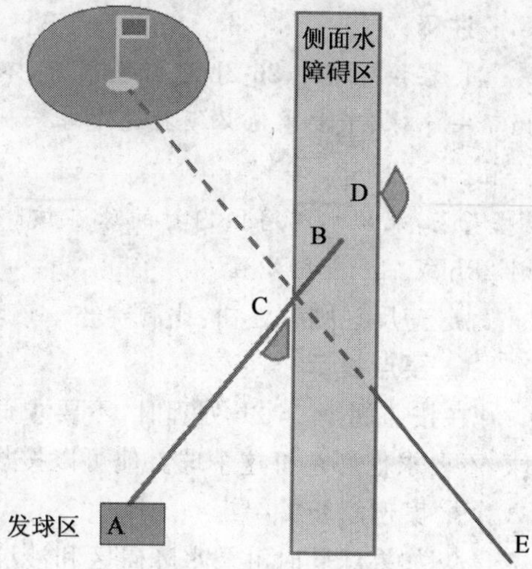

案例：一个侧面水障碍区有一片地方紧邻沙坑，球员的球正好从沙坑的上方进入这个水障碍区。如果他在最后入水点两杆范围内抛球的话，他就不得不把球抛在沙坑内。球员从水障碍区补救时，可以把球抛在另一个障碍区里吗？

答：球员在按照水障碍区的规则处理时，他可以把球抛在沙坑内或另一个水障碍区内。

26-2. 在水障碍区内打的球

a. 球静止在同一个或另一个水障碍区内时

从水障碍区内击球后，如果球静止在同一个或另一个水障碍区内，球员可以：

(i)按照规则 26-1a 进行处置。在该水障碍区内抛球后，如果球员选择不打这个球，他可以：

(a)再加上本规则的一杆罚杆，使用初始球静止在该水障碍区界线的点作为参考点，按照规则 26-1b 进行处置，如果适用的话，也可以按照规则 26-1c 进行处置；或

(b)再加上一杆罚杆，在尽量接近水障碍区外进行最后一次击球的地点打一个球（规则 20-5）；或

(ii)按照规则 26-1b 进行处置。如果适用的话，也可以按照规则 26-1c 进行处置；或者

(iii)被罚一杆后，在尽量接近水障碍区外进行最后一次击球的地点打一个球（规则 20-5）。

b. 球在障碍区外遗失、不可打或者出界

如果从水障碍区内打的球在该障碍区外遗失、被认为不可打，或者出界，在按照规则 27-1 或 28a 被罚一杆后，该球员可以：

(i)在该水障碍区内尽量接近上一次打初始球处的地点打一个球（规则 20-5）；或

(ii)按照规则 26-1b 进行处置，如果适用的话也可以按照规则 26-1c 进行处置。按照该规则的规定，再加上一杆的罚杆，并用初始球静止在该障碍区内前，最后穿越该障碍区界线的点作为参考进行处置；或

(iii)再加上一杆罚杆，在尽量接近水障碍区外进行最后一次击球的地点打一个球(规则20-5)。

注释：

1.在按照规则26-2b进行处置时，不要求球员按照规则27-1或28a抛一个球，但是如果他抛了一个球，不要求他必须打这个球。他可以在规则26-2b(ii)或(iii)之间选择一种方式进行处置。

2.如果从水障碍区内打的球在该障碍区外被认为不可打，规则26-2b并不妨碍球员按规则28b或28c进行处置。

▲ 违反规则的处罚：比洞赛——该洞负；比杆赛——罚两杆。

● **要点提示**

在按照规则26-2b处理时，不要求球员按照规则27-1或28a抛一个球，但是他抛了一个球，不要求他必须打这个球。他可以按规则26-2b(ii)或(iii)之间选择一种方式处理。

★ **案例解析**

△ 如果球同时触及水障碍区和沙坑，这个球算是哪一部分的球？

案例1.一名球员的球落在与侧面水障碍区相邻的一个沙坑内。球有一部分碰到了标定侧面水障碍区界线的红线，同时也有一部分碰到了沙子。这个球应算做位于侧面水障碍区内，还是位于沙坑内？

答：水障碍区在球场的各部分区域中具有“优先性”，也就是说，如果球触及水障碍区也触及另一种状况或区域，此球应按位于水障碍区内的球处理。

△ 委员会可以把侧面水障碍区标定为普通水障碍区吗？

案例2.比赛中，委员会可以把一片明显具有侧面水障碍区特征的湖水标定为普通水障碍区吗？

答：委员会有这样的权利，但是，通常只有在它认为有必要用这种方法维护该洞的完整性的时候才会如此标定。

△ 球员在果岭上把球推下了水该怎么办？

案例3.球员在果岭上推球，但是因为力度没有掌握好，球滚出了果岭并且落入了旁边的水障碍区之内，球员该如何处理？

答：既然球落入了水障碍区，球员当然可以按照水障碍区的规则选择最适合自己的一项处理。这种情况下，如果球员无法在现有位置打球，他最好的办法显然是选择被罚 杆后回到上一次击球的地方再打一个球。也就是说，他可以在刚才的果岭上推球的地方放置一个球完成这个洞。

△ 球的最后入水点在侧面水障碍区，但是对岸等距离的抛球点被标定为普通水障碍区该怎么办？

案例4.一名球员把球打入了侧面水障碍区。他想按照规则26-1c在这个障碍区对岸等距离的点抛球，但是发现这个水障碍区的对岸另一侧被标定成了普通水障碍区。此时，该球员可以在另一侧界线的点两支球杆范围内抛球吗？

答：这种情况下，补救的方式由球的最后入水点所在的障碍区属性决定。本案例中，球从侧面水障碍区最后入水，所以，球员可以在对岸等距离的点两支球杆范围内抛球。

习题二十

简答题

1. 球员把球打向了水障碍区方向，他知道或肯定自己的球就在该障碍区内，于是按照规则26-1b抛了一个球，但是在他打球之前，有人发现了他的初始球，此时5分钟期限还没到。这个球员怎么办？

2. 一个池塘一部分用黄桩标定为普通水障碍区，一部分用红桩标定为侧面水障碍区，一个球从黄桩进入这个池塘，但是却停在了红桩所在的地方。除了在现有位置打球外，球员还有哪些选择？

3. 球员的球停在了水障碍区内，球依靠标定水障碍区的桩静止，当地规则说明水障碍区的桩是可移动妨碍物，球员拔掉了它。地上的坑妨碍了球员的挥杆，可以根据规则25补救吗？

4. 球进入水障碍区的补救方法是什么？

习题二十答案

简答题答案

1. 球员在把替换球投入使用状态的时候，知道或肯定他的球在水障碍区内，所以他替换球的行为是正确的，此后他不得再打初始球。

如果发现初始球在水障碍区内，并且从初始球的位置可以判断出他原先按照规则26-1b处理的参考点有误而且导致替换球抛在了错误的地方，他必须按照规则20-6纠正错误。如果初始球没有影响球员的参考点，必须在现有位置打抛下去的替换球。

2. 球进入水障碍区后，补救时主要依照最后入水点。所以球员只能按照普通水障碍区规则来处理。

3. 因为球在水障碍区内，所以不可以根据规则25补救，但是球员可以按照水障碍区规则处理。

4. 被罚一杆后，该球员可以：

a. 在尽可能接近上一次打初始球的地点打一个球；b. 在该水障碍区的后方抛一个球，使初始球最后穿越该水障碍区界线的点直接位于球洞和抛球点之间，抛球点在该水障碍区后方的距离没有限制；c. 仅限于球最后穿越侧面水障碍区的界线时，作为附加选择，在该水障碍区外抛一个球，抛球点在下列地点两支球杆范围内且不要更靠近球洞(i)初始球最后穿越该水障碍区界线的点，或(ii)在该水障碍区另一侧界线上与球洞等距离的点。

第二十单元　规则 27 至规则 28

规则 27　球遗失或出界；暂定球

27-1. 遗失球或界外球

如果球遗失或界外，球员必须接受一杆的处罚，在最后接近打初始球的地方打一个球（规则 20-5）。

a. 按照一杆加距离进行处置

任何时候，球员都可以在被罚一杆后，在尽量接近上一次打初始球的地点打一个球（规则 20-5），也就是按照一杆加距离的处罚进行处置。

除非规则中另有规定，否则，如果球员在上一次打初始球的地点对一个球进行了击打，则认为他已按照一杆加距离的处罚进行了处置。

b. 球出界

如果球出界，球员必须在被罚一杆后，在尽量接近上一次打初始球的地点打一个球（规则 20-5）。

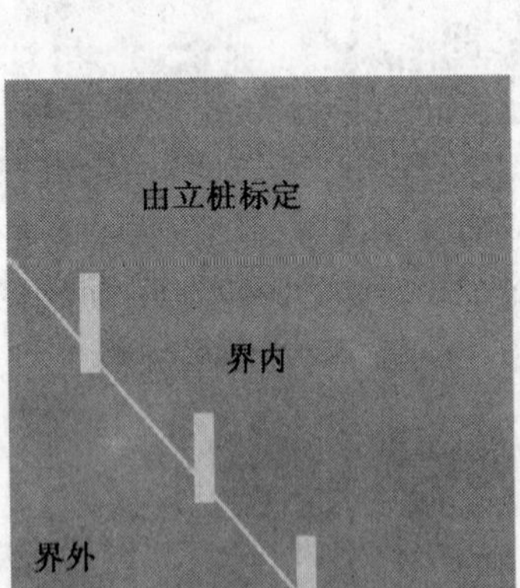

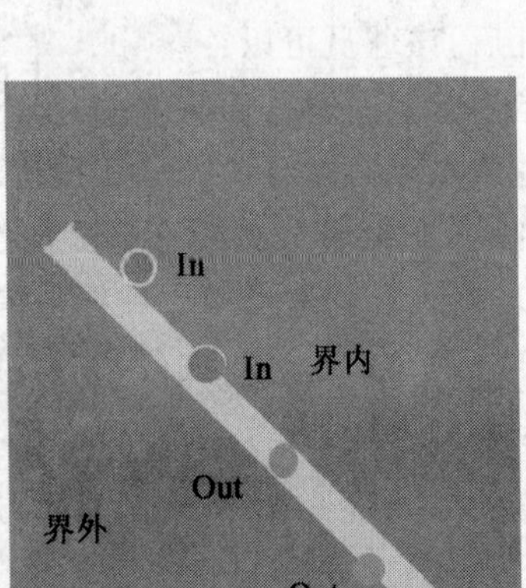

c. 5 分钟内未找到球

如果一个球因为在球员一方或他（们）的球童开始找球后，5 分钟没有找到这个球或无法辨认出是自己的球而遗失，该球员必须在被罚一杆后，在尽量接近上一次打初始球的地点打一个球(规则 20-5)。

例外:

如果已知或可以肯定没有找到的初始球位于妨碍物(规则 24-3)或异常球场状况中(规则 25-1),该球员必须按照相应的规则进行处罚。

如果已知或可以肯定没有找到的初始球被局外者移动(规则 18-1)或在水障碍区内(规则 26-1),该球员必须按照相应的规则进行处置。

▲ 违反规则 27-1 的处罚:比洞赛——该洞负;比杆赛——罚两杆。

案例:一名球员的开球飞到了长草,他找了一会儿,没有找到自己的球,于是返回发球台并架好了另一个球。正在此时有人告诉他,初始球找到了,此时 5 分钟的时限还没有过。该球员可以放弃架好的球去打初始球吗?

答:在发球区上,只有当球员击球后,他的球才进入使用状态。本案例中,由于球员还没有对架起来的球进行击球,因此这个球还没有进入使用状态。所以,他的初始球还没有遗失,他可以回去击打初始球。

27-2. 暂定球

a. 处置程序

如果球可能在水障碍区以外遗失或出界,为了节省时间,球员可以按照规则 27-1 暂时打另一个球,该球员必须通知其比洞赛中的对手,或比杆赛中的记分员或同组比赛者他要打一个"暂定球"的意向,并且必须在他或他的伙伴向前寻找初始球之前打这个暂定球。

如果他没有履行上述程序打了另一个球,则该球不是暂定球,在受到一杆加距离的处罚后(规则 27-1)该球成为使用中球,初始球遗失(发球区上的打球顺序——见规则 10-3)。

注释:如果按照规则 27-2a 打的一个暂定球可能在水障碍区外遗失或出界,该球员可以再打一个暂定球。如果打了另一个暂定球,则它与前一个暂定球的关系等同于第一个暂定球与初始球的关系。

b. 暂定球成为使用中球

在到达初始球可能的地点之前,球员可以一直打暂定球。如果他在初始球可能的地点或比该位置更靠近球洞的地点对暂定球进行了击球,则初始球遗失,受到一杆加距离的处罚后,这个暂定球成为使用中球(规则 27-1)。

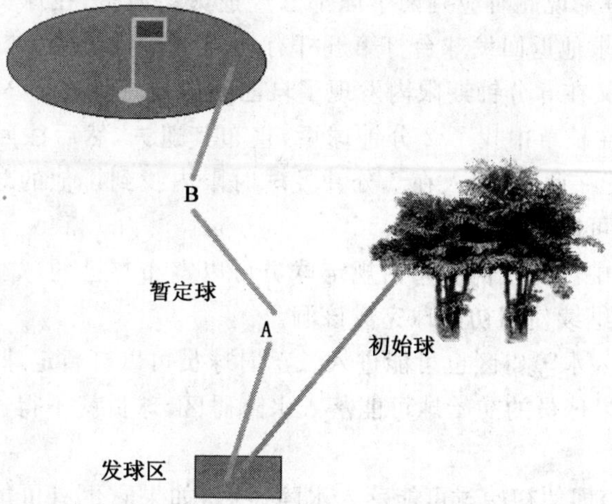

如果初始球在水障碍区以外遗失或者出界，受到一杆加距离的处罚后，这个暂定球成为使用中球(规则 27-1)。

如果已知或可以肯定初始球遗失在水障碍区内，该球员必须按照规则 26-1 进行处置。

例外：如果已知或可以肯定初始球在妨碍物中(规则 24-3)或异常球场状况中(规则 25-1c)，该球员可以按照相应的规则进行处置。

c. 放弃暂定球

如果初始球既没有遗失，也没有出界，该球员必须放弃暂定球并继续使用初始球进行比赛。如果他对该暂定球继续进行任何击球，将视为他在打一个错球，规则 15-3 的条款适用。

注释：如果球员按照规则 27-2a 打了一个暂定球，但他随后依照规则 27-2c 放弃了这个暂定球，那么对这个暂定球进行的任何击球以及单纯因打这个暂定球，而受到的处罚均不计入该球员的成绩。

● **要点提示**

如果按照规则 27-2a 打的暂定球可能在水障碍区外遗失或出界，该球员可以打一个暂定球。如果打了另一个暂定球，则它与前一个暂定球的关系等同于第一个暂定球与初始球的关系。

★ **案例解析**

△ 无法区分出暂定球和初始球该怎么办?

案例 1. 一名球员在发球台打了初始球和暂定球，他随后在 5 分钟时限内找到了这两个球。但是因为两个球的记号一样，所以他无法区分它们。这种情况下是否应该判断两个球均告遗失?

答：对此问题的回答要以具体情况而定。下面我们将分别讲述不同情况下的解决办法：

①如果在水障碍区内找到一个球，另一个球没有找到。那么必须假定找到的那个球是暂定球。

②如果发现两个球都在水障碍区内，那么可以肯定的是球员的初始球遗失在了水障碍区内，所以他必须按照规则 26-1 处理他的初始球，他的下一杆是第三杆。

③如果发现一个球在界内，另一个球出界，那必须假定界内的球是暂定球。

④如果发现两个球都在界内，该球员必须选择其中的一个球作为自己的暂定球，并放弃另一个球。可能有人会争论说此时应判两个球都已经遗失。但是，在球员找到初始球和暂定球却无法区分它们时，要求他返回发球台打第五杆有失公允。

△ 宣布球遗失后又在 5 分钟期限内发现了自己的初始球该怎么办?

案例 2. 一名球员在长草中找了 2 分钟球后，宣布其遗失，然后往回走准备在上一杆打球的地方再打一个球。正在此时，有人在 5 分钟找球时限内找到了他的球。因为这名球员已经宣布他的球遗失，他还可以打这个球吗?

答：遗失球的定义中没有任何一句话规定球员可以宣布自己的球遗失，因此，他的球仍在使用状态，该球员可以继续使用初始球完成该洞。

△ 初始球可能落入水障碍区也可能进入长草时球员可以打暂定球吗?

案例 3. 有人说如果球员的初始球可能落入水障碍区，球员就不得击打暂定球。这种说法对吗?

答：不对。事实上，即使初始球可能落入水障碍区，如果它也有可能在水障碍区外遗失或可能出界,球员仍然有权打一个暂定球。不过,如果后来的事实证明初始球的确进入了水障碍区,球员必须放弃暂定球而继续按照相应的规则处理其初始球。

△ 初始球遗失在整修地内暂定球是否自动成为使用中球?

案例 4. 一名球员的开球落入了长草内,他担心这个球遗失,所以打了一个暂定球。走到那片长草区域后,他发现这是一大片整修地。从现场的情况他可以肯定自己的初始球落入了这片整修地内。规则 27-2 指出,如果初始球在水障碍区外遗失,球员受到一杆加距离的处罚后,这个暂定球成为使用中球。本案例中初始球确实遗失在了水障碍区外,此时暂定球是否成为使用中球?

答:不。规则 27-2 的例外指出,"如果知道或肯定没有找到的初始球被局外者移动,在妨碍物内或在异常球场状况内,球员可以按照相应的规则处理"。因此,该球员可以按照规则 27-2b 放弃初始球继续使用暂定球比赛,但是他也可以按照球遗失在整修地内的规则 25-1c 处理。

规则 28 不可打之球

除非球在水障碍区内,否则球员可以在球场上的任何地方认为他的球不可打,球员是唯一能够决定他的球是否为不可打之球的人。

如果球员认为他的球不可打,接受一杆的处罚后,他必须:

a. 在尽量接近上一次打初始球的地点打一个球(规则 20-5);或

b. 在该球的停点后方抛一个球,并使球的停点直接位于球洞与抛球点之间,抛球点在球的停点后方的距离没有限制;或

c. 在该球的停点两支球杆范围内但不更靠近球洞的地方抛一个球。

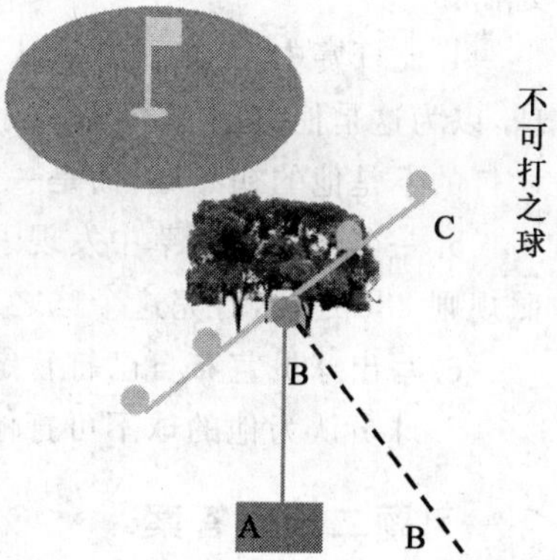

如果不可打之球位于沙坑内,球员可以按照上述 a、b 或 c 的条款进行处置,如果他选择按照 b 或 c 的条款进行处置,必须在这个沙坑内抛一个球。

按照本规则进行处置时,球员可以拿起并擦拭他的球,或者替换一个球。

▲ 违反规则的处罚:比洞赛——该洞负;比杆赛——罚两杆。

● **要点提示**

球员是唯一能够决定他的球是否为不可打之球的人。

案例:球员在宣布自己的球不可打之前,他是否必要找到这个球?

答:这个问题的答案取决于球员准备按照不可打之球的哪一个选项处理。如果他打算按照规则 28a 处理,也就是接受一杆加距离的处罚,它无须找到自己的球。但是,如果他打算按照规则 28b,在连线后方抛球或者是按照规则 28c,在两支球杆的范围内抛球的话,他就必须首先找到自己的球。因为这两条规则要求,以初始球的停点作为参考点来处理,如果没有找到初

始球，就无法确定连线或两支球杆的准确位置。

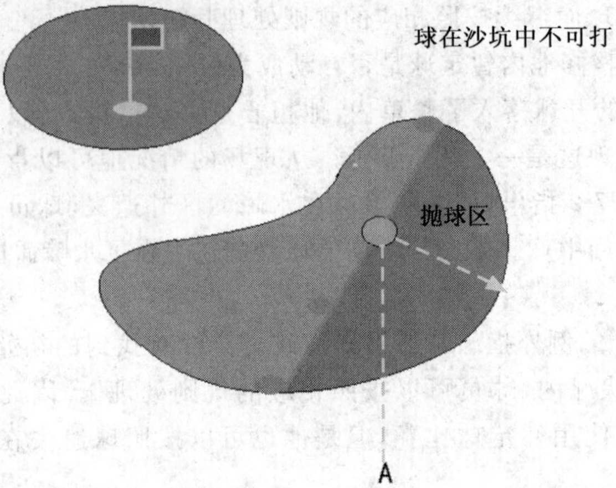

习题二十一

简答题

1. 比赛中当球员把球打偏后，经常会有一群观众自告奋勇冲上前去帮助球员找球。规则规定球员必须在5分钟内找到球，否则该球遗失。观众帮助球员找球的时间算做5分钟时限之内吗？

2. 比杆赛中，一名比赛者用3分钟找到了一个球。他打了这个球后才发现这是个错球，于是返回打错球的地方寻找自己的球。现在他还有多少分钟可以用来寻找自己的球？

3. 一名球员在长草中用了6分钟终于找到了自己的球，于是他打了这个球，他是否要受到处罚？

4. 比杆赛中，一名比赛者认为自己的开球可能遗失，于是打了一个暂定球。他找到一个球，以为这是他自己的初始球，于是击打了这个球，然后捡起了自己的暂定球。然后他发现刚才打的不是他的初始球，而是一个错球。他回去继续找初始球却没有找到，怎么处理？

5. 一名球员在长草中发现了一个球，球位很差，他误以为这是他自己的球，宣布不可打，按照规则28c处理，打完这个球之后他看见了自己的球，怎么处理？

6. 写出球员宣布自己打暂定球的程序。

7. 球员认为他的球不可打他可以选择的处置方式有哪些？

习题二十一答案

简答题答案

1. 遗失球定义指出，在球员一方或者他的球童开始找球后，5分钟内没有找到这个球或无法辨认这个球，则该球遗失。这句话对5分钟寻找球的主体进行了明确的规定。所以，观众上前去帮助球员找球不计算在5分钟内。

2. 规则一共给了他5分钟时间寻找，所以他必须在2分钟内找到自己的球否则初始球遗失。

3. 是的，5分钟时限过后，这个球就脱离了使用状态，他打了这个球，就构成了打错球。比洞赛，该洞负。比杆赛，受到两杆处罚。在下一个发球区开球之前必须纠正错误。

4.因为他没有找到初始球,所以那个暂定球就自动成为他的使用中球。该比赛者违规拿起自己的使用中球,他要受到一杆的处罚必须把球放回原位(找错球还要受到两杆处罚)。

5.比洞赛,该洞负。比杆赛,他要按照规则27-1被罚一杆,还有因为在错误的地方打球受到另外两杆的处罚。如果违规严重必须要纠正错误,否则DQ。

6.该球员必须通知其比洞赛中的对手,或比杆赛中的记分员或同组比赛者他要打一个"暂定球"的意向,并且必须在他或他的伙伴向前寻找初始球之前打这个暂定球。

7.接受一杆的处罚后,他必须:a.在尽量接近上一次打初始球的地点打一个球;b.在该球的停点后方抛一个球,并使球的停点直接位于球洞与抛球点之间,抛球点在球的停点后方的距离没有限制;c.在该球的停点两支球杆范围内但不更靠近球洞的地方抛一个球。

第二十一单元　规则 29 至规则 32

规则 29　三人两球赛和四人两球赛

29-1. 总则

在三人两球赛或四人两球赛中，伙伴球员在任何规定一轮都必须交替从发球区打球，在各球洞的比赛过程中他们必须交替打球。罚杆不影响打球顺序。

29-2. 比洞赛

如果球员在本应由他的伙伴打球时打了球，则他所在的一方在该洞负。

29-3. 比杆赛

如果伙伴球员以错误的顺序进行了一次或数次击球，这些击球次数要被取消，并且这一方被罚两杆。这一方必须在尽量接近第一次用错误的顺序打球的地点，用正确的顺序打一个球来纠正这个错误(规则 20-5)。如果这一方没有首先纠正错误就在下一个发球区进行了击球，或在该轮比赛的最后一个球洞，没有宣布其纠正错误的意图就离开了果岭，这一方要被取消资格。

案例：一次四人两球比洞赛，A 和 B 互为伙伴。B 从 7 号洞的发球台开球后，A 仍然在 6 号洞的果岭上练习推杆，他们这样做违反规则吗？

答：当 B 从 7 号洞的发球台开球后，他们这一方就已经开始了这一洞的比赛，此时任何一个人的违规练习都会使这一方受罚。因此，规则认为 A 在 6 号洞的果岭练习推杆构成了 7 号洞的比赛过程中违规练习。因为违反了规则 7-2，A 和 B 在 7 号洞负。如果比杆赛 A 和 B 一方在 7 号洞被罚两杆。

规则 30 三球比洞赛、最佳球比洞赛和四球比洞赛

30-1. 总则

在与以下特定规则没有冲突的情况下《高尔夫球规则》适用于三球比洞赛、最佳球比洞赛和四球比洞赛。

30-2. 三球比洞赛

a. 静止的球被对手移动

除规则另有规定外，如果对手、其球童或装备在寻找球以外的场合触及或移动了球员的球，规则 18-3b 适用。该对手在与这名球员的比赛中被罚一杆，但是在与另一名球员的比赛中他不用受罚。

b. 球被对手意外地变向或停止

如果球员的球意外地被对手、其球童或装备变向或停止，不用受罚。在他与这名对手的比赛中，该球员可以在任何一方进行另一次击球之前取消该次击球，并在尽量接近上一次打初始球的地点打一个球，不受处罚（规则 20-5），或者他可以在该球的现有位置打球。在他与另一个对手的比赛中，他必须在该球的现有位置打球。

例外：球撞到照管或举起旗杆的人或其携带的任何物品——见规则 17-3b。

球被对手故意变向或停止——见规则 1-2。

30-3. 最佳球比洞赛和四球比洞赛

a. 一方的代表

一个伙伴可以在全部或一部分比赛中作为一方的代表，而无须所有伙伴全部到场。缺席的伙伴可以在两个球洞的比赛之间加入，但不得在一个球洞的比赛过程中加入。

b. 打球顺序

一方可以用其认为最佳的顺序来打本方的球。

c. 错球

如果一名球员按照规则 15-3a 打错球而受到该洞负的处罚，他在该洞被取消资格，但是，他的伙伴不受处罚，即使他是这个错球的所有者也仍然如此。如果这个错球属于另一个球员，它的所有者必须在第一次打这个错球的地点放置一个球。

d. 对一方的处罚

任何一名伙伴违反以下任何一条规则，他这一方要受到处罚：

- 规则 4　　球杆
- 规则 6-4　　球童

・任何处罚方式为调整比赛状态的当地规则或比赛条件。

e.取消一方资格

(i)如果任何一名伙伴因违反以下规则而被取消资格,他这一方即被取消资格:

序号	规则号	内　　容	取消资格
1	规则 1-3	协商排除规则应用	√
2	规则 4	球杆	√
3	规则 5-1 或 5-2	球	√
4	规则 6-2a	差点	√
5	规则 6-4	球童	√
6	规则 6-7	不适当延误;缓慢打球	√
7	规则 11-1	架球	√
8	规则 14-3	人工装置、异常装备和装备的异常使用	√
9	规则 33-7	委员会施加的取消资格的处罚	√

(ii)如果所有伙伴因违反以下任何规则而被取消资格,则他们这一方被取消资格:

・规则 6-3　　出发时间和编组

・规则 6-8　　中止比赛

(iii)在其他所有因违反规则而导致取消资格的场合,该球员仅在这一个球洞被取消资格。

f.其他处罚的影响

如果一个球员违反规则的行为有助于其伙伴的打球,或者对对手的打球造成不利影响,除该球员要受到处罚外,其伙伴也要受到相应的处罚。

在球员违反规则的其他所有场合,处罚不施加给他的伙伴。当处罚为该洞负时,其效果等同于取消该球员在这个球洞的资格。

案例:A 和 B 是一场四球比洞赛的伙伴,他们的球进了同一个沙坑。A 拿起了这沙坑内的一片树叶,因此按照规则 13-4c 被取消了这个洞的资格。B 要受到处罚吗?

答:如果 A 的违规有利于 B 的打球,B 也要被取消资格(规则 30-3f);否则,B 不受处罚。

规则 31　四球比杆赛

31-1.总则

在与以下特定规则没有冲突的情况下《高尔夫球规则》适用于四球比杆赛。

31-2.一方的代表

任何一个伙伴均可以在规定一轮的全部或部分比赛中作为一方的代表,而无须两名伙伴全部出场。缺席的比赛者可以在两个球洞的比赛之间加入比赛,但他不得在一个球洞的比赛过程中加入。

31-3. 记分

记分员只需记录其成绩被采用的那名伙伴的实际杆数。必须能够分辨出被采用的实际杆数出自伙伴中的哪一位比赛者,否则,这一方被取消资格。伙伴中仅需一人对执行规则 6-6b 负责。

(错误的成绩——见规则 31-7a)

31-4. 打球顺序

一方可以用其认为最佳的顺序来打本方的球。

31-5. 错球

如果比赛者因对错球进行击打而违反了规则 15-3b,他要被罚两杆,并且必须用打正确的球或按照规则进行处置来纠正这个错误。他的伙伴不受处罚,即使他是这个错球的所有者也仍然如此。

如果这个错球属于另一个比赛者,它的所有者必须在第一次打这个错球的地点放置一个球。

31-6. 对一方的处罚

任何一名伙伴违反以下任何一条规则,他这一方要受到处罚:

- 规则 4　　　　球杆
- 规则 6-4　　　球童
- 一轮中有最大处罚限度的任何当地规则或比赛条件。

31-7. 取消资格的处罚

a. 一名伙伴违反规则

如果伙伴中有任何一人因违反以下任何一条规则而被取消资格,他这一方要被取消本次比赛的资格:

规则号	内　容
规则 1-3	协商排除规则的应用
规则 3-4	拒绝遵守规则
规则 4	球杆
规则 5-1 或 5-2	球
规则 6-2b	差点
规则 6-4	球童

续表

规则号	内　容
规则 6-6b	签名和提交记分卡
规则 6-6d	球洞的成绩错误
规则 6-7	不适当延误;缓慢打球
规则 7-1	在一轮比赛之前或两轮比赛之间练习
规则 11-1	架球
规则 14-3	人工装置、异常装备和装备的异常使用
规则 22-1	有助于打球的球
规则 31-3	无法辨认被采用的实际杆数出自伙伴中的哪一位比赛者
规则 33-7	委员会施加的取消资格的处罚

b.两名伙伴均违反规则

下列情况下一方要被取消本次比赛的资格:

(i)每个伙伴均因违反规则 6-3(出发时间和编组)或规则 6-8(中止比赛)而受到取消资格的处罚;或

(ii)在同一个球洞,每个伙伴均违反了处罚为取消本次比赛的资格或取消一个球洞资格的规则。

c.仅取消一洞的资格

在其他所有场合,当违反某条规则的处罚为取消资格时,该比赛者仅被取消发生违规球洞的资格。

31-8.其他处罚的影响

如果一名比赛者违反某条规则的行为有助于其伙伴打球,除该球员要受到处罚外,其伙伴也要受到相应的处罚。

在其他所有场合,当比赛者因违反某条规则而受到处罚时,该处罚不再施加于他的伙伴。

规则 32　波基、标准杆和定分式比赛

32-1.条件

波基、标准杆和定分式比赛是在各个球洞以固定杆数(fixed score)为目标而进行的比杆赛。在与以下特定规则不冲突的情况,比杆赛的规则适用于这些比赛。

在带差点的波基、标准杆和定分式比赛中,一个球洞中净杆(net score)最低的比赛者在下一个发球区获得优先击球权。

a.波基比赛和标准杆比赛

波基比赛和标准杆比赛的计分方式与比洞赛的相同。

比赛者在任何一个球洞未提交成绩即被视为在该洞负，累计成功的球洞数目最多的比赛者即为获胜者。

记分员只负责记录比赛者的净杆数等于或少于固定杆数的各球洞的实际杆数。

注释：

1.当按照以下规则受到除取消资格以外的处罚时，比赛者的成绩要按照相应的通过扣除一个或几个球洞来进行调整：

- 规则 4　　球杆
- 规则 6-4　　球童
- 一轮中最大处罚限度的任何当地规则或比赛条件。

比赛者有责任在提交其记分卡之前向委员会报告他违反规则的事实，以便委员会可以进行处罚，如果比赛者没有向委员会报告他违反规则的事实，他要被取消资格。

2.如果比赛者违反了规则 6-7(不适当延误；缓慢打球)，委员会将从其累计赢得的球洞数目中扣除一个球洞，屡次犯规的情况，请见规则 32-2a。

b.定分式比赛

定分式比赛的记分方式为按照各球洞的固定杆数给予相应的分数表。

序号	完成一个球洞的杆数	得分
1	较固定杆数多一杆以上或未提交成绩时	0
2	较固定杆数多一杆时	1
3	与固定杆数相同时	2
4	较固定杆数少一杆时	3
5	较固定杆数少两杆时	4
6	较固定杆数少三杆时	5
7	较固定杆数少四杆时	6
备注	得分最高的比赛者为获胜者	

记分员仅负责记录比赛者的净杆数得到 1 分或 1 分以上的各洞的实际杆数。

注释：

1.如果比赛者违反了一轮中有最大处罚限度的规则，他必须在提交记分卡之前向委员会报告该事实。如果没有这样做，他要被取消比赛资格。委员会将从其该轮比赛得到的总分中对每一个发生犯规的球洞扣除 2 分，但一轮中违反每一条规则最多只扣除 4 分。

2.如果比赛者违反了规则 6-7(不适当延误；缓慢打球)，委员会将从其该轮比赛得到的总分中扣除 2 分。屡次违反该规则，见规则 32-2a。

32-2.取消资格的处罚

a.取消整场比赛的资格

如果比赛者按照以下规则受到取消资格的处罚，他要被取消这场比赛的资格：

序号	规则条款	内　　容
1	规则 1-3	协商排除规则的应用
2	规则 3-4	拒绝遵守规则
3	规则 4	球杆
4	规则 5-1 或 5-2	球
5	规则 6-2b	差点(以较高的差点打球,未填写差点)
6	规则 6-3	出发时间和编组
7	规则 6-4	球童
8	规则 6-6b	签名和提交记分卡
9	规则 6-6d	球洞的成绩错误,即一个球洞记录的杆数低于实际完成的杆数。但是违反规则并不影响该洞的比赛结果时不受处罚
10	规则 6-7	不适当延误;缓慢打球
11	规则 6-8	中止比赛
12	规则 7-1	在一轮比赛之前或两轮比赛之间练习
13	规则 11-1	架球
14	规则 14-3	人工装置、异常装备和装备的异常使用
15	规则 22-1	有助于打球的球
16	规则 33-7	委员会施加的取消资格的处罚

b. 取消一个球洞的资格

在其他所有场所,当违反某条规则的处罚为取消资格时,该比赛者仅被取消发生犯规的球洞的资格。

案例:一次定分式比赛规定各洞的固定杆数就是标准杆。在 8 号洞(4 杆洞),一名比赛者的实际成绩是 7,但是他却错误地填写了 6 他要受到处罚吗?

答:因为这个洞的固定杆数是 4,所以球员只有在这个洞打出 5 杆或者更好的成绩才能得到分数。本案例中,无论这名比赛者把这个洞的杆数记成 7 还是 6,或者根本没有填写任何成绩,他在这个洞都不会得分。也就是说,球员没有因为记录较低的杆数得到任何实际的利益。因此,他不会受到处罚。

同样的处理原则适用于波基和标准杆的比赛。

习题二十二

简答题

1. A 和 B 是四人两球赛中的伙伴。因为 A 的开球可能出界,所以他们决定打一个暂定球。该由谁来打暂定球呢?

2. A 和 B 是一场四球比洞赛的伙伴。A 误推了 B 的球,结果被取消了该洞的资格。B 按照规则 30-3c 的要求把自己的球放回原位,然后把球推进洞。但是对手提出申述,称 A 推 B 球的行为有助于 B 确定正确的推击线,所以按照规则 30-3f,B 也应该被取消该洞的资格。这样申述有效吗?

3. 一次业余混合四人两球赛规定,男子球员从金 tee 开球,女子球员从白 tee 开球。结果一名男子球员在金 tee 的开球出界,此时他的伙伴也就是那位女子球员应该从金 tee 开球还是从白 tee 开球呢?

4. 规则 20-2a 指出,"球员自己"必须抛球。但是"伙伴"的定义指出,在三人两球赛和四人两球赛中,"伙伴"一词在不违反语境的情况下包括其伙伴。四人两球赛如果一方抛一个球,是否成员中的任何一个人都可以抛这个球?

5. A 和 B 是一次四人两球赛的伙伴。A 完成击球准备后不小心移动了自己的球,按照规则 18-2b 被罚一杆并把此球放置回了原位。但是下一杆应由 A 还是他的伙伴 B 来打呢?

6. 一次四人比洞赛中 A 和 B 对阵 C 和 D。C 和 D 共用的球童不小心移动了 A 的球,C 和 D 谁要被处罚?

7. A 和 B 是一次四球赛的伙伴。A 的球在果岭上,距球洞 10 码;B 的球距球洞 6 码并且和 A 的球在同一条线上。B 知道 A 的推球会为自己带线,所以他在 A 推击时站在了其推击线在球后方的延长线上。该如何判决?

8. 三人两球赛和四人两球赛的基本特征是什么?

9. 三人两球赛和四人两球赛如何确定打球顺序?

10. 四球比杆赛如何记录比赛成绩?

习题二十二答案

简答题答案

1. 假设 A 的开球出界的话,下一杆显然要由 B 来打。因此,应该由 B 来打暂定球。

2. 规则 30-3c 是专门针对四球比洞赛的条款,所以应以此条规则为准。这条规则特别指出 B 不受罚杆,所以对手的申述无效。

3. 各洞的比赛开始后伙伴之间必须按照规则轮流击球。当男子球员开球出界后,适用的规则是规则 27-1,因此,他们接受一杆加距离的处罚后,女子球员必须从金 tee 再打一个球。

4. 按照规则 20-2a 的要求,球员自己必须抛球。在四人两球赛中,这句话的意识是下一杆由谁来打谁就应该抛这个球。

5. 三人两球赛或四人两球赛中,罚杆不影响打球的顺序(规则 29-1)。因此,下一杆必须由 A 球员来打。

6. 规则 18-3b 指出,如果球员的球被对方的球童移动,对手要被处罚一杆。然而,当对手共用一个球童时,没有一个合理的办法来决定把处罚施加到一方的哪一个成员身上。因此,出于公正(规则 1-4),C 和 D 全都要被处罚一杆。而 A 则必须把自己的球放置回原位。

7. A 因为允许伙伴 B 在自己击球时站在推击线在球后方的延长线上而违反了规则 14-2b。同时,A 的违规有助于 B 随后的打球,所以 B 同样要受到处罚(规则 30-3f 和 31-8)。比洞赛中，A、B一方在该洞负。比杆赛中，A和B各自被罚两杆。

8.在三人两球赛或四人两球赛中，伙伴球员在任何规定一轮都必须交替从发球区打球，在各球洞的比赛过程中他们必须交替打球。罚杆不影响打球顺序。

9.他们从第一洞打球前必须首先确定伙伴中谁在单数洞开球，谁在双数洞开球，比赛开始后，按顺序击球。

10.记分员只需记录其成绩被采用的那名伙伴的实际杆数，必须能够分辨出被采用的实际杆数出自伙伴中的哪一位比赛者，否则，这一方被取消资格，伙伴中仅需一人对执行规则6-6b负责。

第二十二单元　规则 33 至规则 34

规则 33　委员会

33-1. 比赛条件；免除规则的应用

委员会必须制定要进行的比赛的条件。

委员会无权免除《高尔夫球规则》的应用。

比杆赛与比洞赛在某些特定规则上存在本质的区别，因此两种比赛形式的结合是不切实际的，也是不被允许的。在这种情况下进行的比赛结果无效。并且，在比杆赛中比赛者要被取消资格。

比杆赛中，委员会可以限定裁判员的职责。

案例：在高尔夫球比赛中委员会有权利制定比赛条件来指导比赛的运行。比赛条件都包括哪些内容呢？

答：比赛条件是指导整个比赛运行的基本竞赛文件。一次独立运行的比赛条件包括赛制、参赛资格、对球杆和球的规定、出发时间、打球速度、暂停比赛、练习、运输、决定并列、比赛结束等方面的详细规定。很显然，如果不事先对这些内容进行规定，一次比赛将根本无法正常进行。

根据规则 33-1，制定比赛条件是委员会的职责。所以委员会必须事先对比赛的性质、参赛选手身份和大致水平有基本的了解，并据此制定出符合实际情况的比赛条件。

33-2. 球场

a. 标定界外和界线

委员会必须准确标定：

(i)球场和界外；

(ii)水障碍区和侧面水障碍区的界线；

(iii)整修地；

(iv)妨碍物和球场不可分割部分。

b. 新球洞

新球洞应在比杆赛开始当日和委员会认为需要的其他时间设置，但同一轮比赛中所有比赛者应使用设置在同一位置的球洞。

例外：当被损坏的球洞不可能被修复到符合定义的程度时，委员会可以在其他附近相似的位置设置一个新球洞。

注释：当要在多于一天的时间中进行单轮比赛时，委员会可以在比赛条件（规则 33-1）中规定，球洞和发球区可以在各比赛日设置在不同的位置。但是任何一天中，所有比赛者均使用设置在同一位置的球洞和发球区。

c. 练习区

如果在比赛球场的区域外没有练习区域，委员会应在可能的情况下设置一个区域，使球员在任何比赛日都可以进行练习。在比杆赛的任何一天，委员会一般不应允许在比赛球场的果岭上练习或以果岭为目标进行练习，也不应允许在比赛球场的障碍区内进行练习。

d. 无法使用的球场

委员会或其授权的代表因某种理由认为球场处于无法使用的状态，或者存在某种状况导致无法正常进行比赛，在比洞赛或比杆赛中它可以下令：

暂时停止比赛，或者在比杆赛中宣布比赛无效，并取消该轮的所有成绩。取消一轮比赛时，该轮中所受到的处罚也随之取消。（中止和恢复比赛时的程序——见规则 6-8）

案例：规则规定用线或立桩来标定水障碍区。实践中应该将这些线或立桩标定在哪里呢？

答：标定水障碍区界线的线和立桩应尽量沿着该障碍区的自然界线设置，也就是地面下陷形成含水的洼地的地方。

33-3. 出发时间和编组

委员会必须制定出发时间，并且在比杆赛中为比赛者安排编组。比赛者必须在该编组中进行比赛。

当一次比洞赛需要进行较长时间时，委员会应规定各轮比赛必须完成的时限。当允许球员在规定的时限内自行安排比赛日期时，委员会应当宣布，如果球员不同意在较早的日期进行比赛，他们的比赛必须在规定时限最后一天的指定时间完成。

33-4. 差点杆数表

委员会必须公布差点杆数表，指出须给予接受差点杆数的球洞的顺序。

33-5. 记分卡

比杆赛中，委员会必须向每个比赛者提供写有日期和比赛者姓名的记分卡。在四人两球比杆赛或四球比杆赛中，记分卡上应写有各位比赛者的姓名。

比杆赛中，委员会负责杆数的相加以及记分卡上记录的差点的应用。

在四球比杆赛中，委员会负责记录各洞中的成绩较好的杆数，并在此过程中应用记分卡上记录的差点，此外还要负责成绩较好的杆数的相加。

在波基比赛、标准杆比赛和定分式比赛中，委员会负责应用记分卡上记录的差点，并决定每个球洞的成绩和总成绩或总分。

注释:委员会可以要求每个比赛者将比赛日期和姓名写在记分卡上。

案例:比杆赛中,如果两名或者多名比赛者参加逐洞延长赛,他们需要填写记分卡吗?

答:从方便组织和管理的角度讲,逐洞延长赛中委员会不一定非要求比赛者填写记分卡。如果委员会有专人负责组织逐洞延长赛,就没有必要再给相关的比赛者发放记分卡,球员也不会因为呈交记分卡而受到处罚。

但是,如果委员会根据规则 33-5,为每位比赛者颁发了记分卡,那么这些比赛者就必须按照要求填写记分卡并将其在赛后呈交委员会。

33-6.决定并列

无论比赛是否采用差点,委员会都必须宣布在比洞赛中出现平局或在比杆赛中出现并列时决定名次的方式、日期和时间。

比洞赛的平局不得用比杆赛的形式来决定。同样,比杆赛的并列也不得用比洞赛的形式来决定。

案例:两名球员参加了 次比杆赛的逐洞延长赛,其中 人在比赛过程中主动向另 人认输。因为比杆赛规定球员必须击球进洞,获胜者是否必须要完成该洞。

答:两人参加的比杆赛延长赛中,如果有一人被取消资格或主动认输,另一人就没有必要再完成延长赛的球洞,委员会可以直接宣布为获胜者。

如果超过两人参加延长赛,但不是所有的人都完成了延长赛的球洞,那么比赛者被取消资格或决定退出的顺序将决定其在延长赛中的名次。

33-7.取消资格的处罚;委员会的自主决定权

在特殊的个别案例中,如果委员会认为有正当理由,可以免除、修改或施加取消资格的处罚。

不得免除或修改任何较取消资格更轻的处罚。

如果委员会认为某球员严重违反了礼仪方面的规定,它可以按照本规则对其施加取消资格的处罚。

案例:一轮比杆赛结束后,一名比赛者的记分员报告说,这个比赛者在果岭上,拿起他的球后,屡次将球放置在比拿起球的位置跟靠近球洞的地方。委员会在收集了所有可用的证据后,得出结论是该记分员的报告属实。委员会应该怎样做?

答:委员会应该按照规则 33-7 取消这名比赛者的资格。

33-8.当地规则

a.政策

在不违反附属规则 1 中有关政策的前提下,委员会可以就当地的异常状况制定当地规则。

b.免除或修改规则

当地规则中不得免除《高尔夫球规则》的应用,但是,如果委员会认为当地异常状况妨碍了比赛的正常进行,并且其程度已经严重到有必要对《高尔夫球规则》进行修改来制定当地规则的地步，则该当地规则必须得到 R&A 规则委员会的认可。

案例：为了防止其他草种侵入，球场草坪人员在果岭周围切出了沟槽。如果球停在这些沟槽内，球员将无法控制击球的准确性。委员会可否制定一条当地规则，为停在沟槽内的球提供无处罚的补救？

答：可以。这种情况下委员会可以指定一条当地规则，规定当球停在沟槽上或沟槽内，或沟槽妨碍了挥杆区域时，球员可以按照整修地的程序无处罚地补救。但是如果沟槽只影响球员的站位，则不应提供补救。

规则 34　争议和裁决

34-1. 申诉和处罚

a. 比洞赛

如果按照规则 2-5 向委员会提出了申诉，应尽快给予裁决，以便在必要时可以对比赛的状况进行调整。如果申诉没有按照规则 2-5 的规定提出，委员会不得对其进行考虑。

对违反规则 1-3 应用取消资格的处罚时，没有时间限制。

b. 比杆赛

比杆赛中，在比赛结束之后便不再撤销、修改或施加处罚。当比赛结果被正式公布以后，或在比洞赛之前进行的比杆预选赛中当球员在第一场比洞赛中开球之后，比赛已经结束。

例外：如果比赛者有下列行为，比赛结束后也必须对其施加取消资格的处罚：

(i)违反了规则 1-3(协商免除规则的应用)；或

(ii)在比赛结束前知道记分卡上填写的差点高于自己有权拥有的差点，但仍然提交了记分卡，并且这一情况影响了他应接受的差点杆数(规则 6-2b)；或

(iii)除比赛结束前因不知道自己犯规而未加算罚杆以外，提交的成绩中任何一个球洞的杆数低于实际杆数(规则 6-6d)；或

(iv)在比赛结束前知道他已经违反了其他任何处罚为取消资格的规则。

案例：一次比杆赛结束后，委员会宣布并张贴了成绩，并把冠军奖品颁发给了 A。第二天另一名比赛者 B 告诉委员会他提交的成绩比 A 低。委员会经过检查发现后，自己漏掉了 B 记分卡，实际上 B 才应该是真正的冠军。现在，委员会有什么办法才能弥补这个错误？

答：规则 34-1(比杆赛中的申诉和处罚)不适用于此种类型的委员会组织和管理方面的错误。委员会应把奖品从 A 那里取回来，转发给 B。

34-2. 裁判员的裁决

如果裁判员是由委员会指定的，他的裁决是最终的。

案例：一名裁判员判决失误，是一名球员从错误的地方打了球。这种情况下球员可以免除处罚吗？

答：是的。按照规则 34-2，无论正确与否，裁判员的裁决都是最终的。

34-3. 委员会的裁决

在没有裁判员的情况下，任何有关规则的争议或疑点都必须提交给委员会，其裁决是最终的。

如果委员会不能做出裁决，它可以将该争议或疑点提交给 R&A 的高尔夫球规则委员会，其裁决是最终的。

如果该争议或疑点没有被提交给高尔夫球规则委员会，球员可以要求通过委员会正式授权的代表，将征得有关当事者同意的陈述，提交给高尔夫球规则委员会，征求其对已做出裁决的正确性的意见。高尔夫球规则委员会的答复将送交这名授权的代表。

如果比赛没有遵守《高尔夫球规则》进行，高尔夫球规则委员会将不会对任何问题予以裁决。

案例：一轮比杆赛中，B 是 A 的同组比赛者和记分员。这轮比赛结束后，B 向委员会反映说 A 在 12 号洞，从发球区外开的球，但 A 坚持认为自己是在发球区内开的球，委员会最大限度地收集了相关证据后，仍无法确认事实的真相，此时该如何处理？

答：A 是否从发球区外开了球是一个事实问题，解决该问题时应权衡相关证据。本案例中，实际上是 B 的证词对 A 不利，但是证据并没有倾向于任何一个比赛者，所以委员会在解决争议时，应按照有利于击球的球员(也就是 A)的原则处理。因此，如果没有其他有力的证据或证词表明 A 在发球区外开了球，委员会应判决 A 并没有违规。

习题二十三

简答题

1. 规则规定用线或立桩来标定水障碍区。实践中应该将这些线或者立桩标定在哪里呢？

2. 一个果岭位于湖中间的岛上。按照定义，在发球台和果岭中间的水域被标定为普通水障碍区，而在两侧的水域则被标定为侧面水障碍区，如何标定岛后方的水域呢？

3. 标定界外的墙年久失修，内侧变得不太规则，于是委员会通过当地规则规定，球只有越过该墙后才视为出界。这样做允许吗？

4. 比杆赛中如果有多名比赛者出现并列，延长赛应该如何安排分组？

5. 一个球场内有很多树坑，因为没有被填平，所以球进入这些树坑后球员很难把球打出去，委员会是否可以制定当地规则为这种情况提供无处罚补救？

6. 比赛条件包括哪些内容？

7. 异常球场状况包括哪些内容？

8. 如何区分“比赛者”、“对手”和“球员”？

习题二十三答案

简答题答案

1. 应该标定在该障碍区的自然界限，也就是地面下陷形成含水的洼地的地方。

2. 委员会应把岛后方的水域标定为侧面水障碍区。也可以考虑把整个湖标定为一个普通水障碍区，然后在发球台前方较平坦的地方设立抛球区，并在当地规则中给落水的球员在抛球区内抛球的选择。

3. 规则中并没有规定必须使用墙的哪一侧作为界限，因此，委员会这种做法是没有问题的。

4. 规则中并没有限制延长赛中一组比赛者的数目。建议一组中比赛人数不要超过 5 人。

5. 不可以，球员要么现有位置打，要么宣布球不可打。

6. 赛制、参赛资格、对球杆和球的规定、出发时间、打球速度、暂停比赛、练习、运输、决定并列、比赛结束等规定。

7. “异常球场状况”是指球场上的任何临时积水、整修地或由掘穴动物、爬行动物或鸟造成的洞穴、遗弃物或通道。

8. 比赛者是指比杆赛中的球员，对手是指比洞赛中的球员，球员是指所有比赛者。

第二十三单元　附属规则

附属规则Ⅰ　当地规则；比赛条件

A 部分　当地规则

如规则 33-8a 中所规定的，在与本附属规则中确定的有关方针保持一致的前提下，委员会可以就当地的异常状况制定并公布当地规则。另外，《赛事运作指南》中均提供了详细的信息，对可接受的和禁止使用的当地规则进行阐述。

如果当地异常状况对正常打球造成妨碍，并且委员会认为有必要修改某条规则，则必须获得 R&A 的批准。

1. 标定界外和界线

对界外、水障碍区、侧面水障碍区、整修地，妨碍物和球场不可分割部分的标定方法进行明确说明（规则 33-2a）。

2. 水障碍区

a. 侧面水障碍区

澄清可能是侧面水障碍区的属性（规则 26）。

b. 按照规则 26-1 临时打的球

当球可能位于符合以下特性的水障碍区（包括侧面水障碍区）内时，允许根据规则 26-1 临时打一个球。如果找不到初始球，则知道或肯定它就在这个水障碍区内，但该水障碍区的特点导致无法确定此球是否进入其中，或者这样做将导致比赛的不当延误。

3. 需要保护的球场区域；环境敏感区域

为了协助保护球场，将其中的育草苗圃、幼林地和其他栽培用地等区域标定为禁止在其中打球的整修地。

当委员会被要求禁止在球场内或与球场相邻的环境敏感区域内打球时，它应当制定当地规则说明补救的处置程序。

4.球场状况——泥泞、过度潮湿、恶劣状况和球场保护

a.拿起陷入地面的球，擦拭

当泥泞、过度潮湿等临时状况可能妨碍正常打球时，允许在球场通道对陷入地面的球进行补救，或者允许在球场通道或其短草区域把一个球拿起、擦拭并放置回原位。

b.“选移球位”和“冬季规则”

球场状况较差或泥泞等恶劣状况有时是非常普遍的，冬季较严重。委员会可以通过临时性的当地规则对此提供补救，以保护球场或利于公正愉快地打球，但是在条件允许时应该尽快撤销这样的当地规则。

5.妨碍物

a.总则

澄清可能是妨碍物的物体的属性(规则 24)。

将任何建筑物宣布为球场不可分割部分，如发球区、果岭和沙坑等区域布满建筑物的侧面，这样他们将不再是妨碍物(规则 24 和 33-2a)。

b.沙坑中的石块

宣布沙坑中的石块为“可移动妨碍物”并允许将其移走(规则 24-1)。

c.道路和通道

(i)宣布道路和通道的人造表面和边缘为球场不可分割部分；

(ii)如果没有人造表面和边缘的道路及通道可能对打球产生不公正的影响，为其提供规则 24-2b 规定的补救。

d.果岭附近的不可移动妨碍物

当不可移动妨碍物位于果岭上或距离果岭两支球杆范围内，并且球距离该妨碍物也在两支球杆范围内时，对由该妨碍物造成的干扰提供补救。

e.幼树的保护

为保护幼树提供补救。

f.临时妨碍物

对临时妨碍物(如观众看台、电视缆线和设备等)造成的妨碍提供补救。

6.抛球区

当无法严格按照规则 24-2b 或 24-3(不可移动妨碍物)、规则 25-1b 或 25-1c(异常球场状况)、规则 25-3(错误果岭)、规则 26-1(水障碍区和侧面水障碍区)或规则 28(不可打之球)处理时或这样做根本行不通时，设置一些特定区域，规定可以或必须将球抛在该区域。

B 部分　当地规则范例

在本附属规则 A 部分所规定的方针范围内，委员会可以参考下列范例采用当地规则并将其公布在记分卡上或公告板上。但是，不应该将具有临时性质的当地规则范例印在记分卡上。

1.水障碍区；按照规则 26-1 临时打的球

如果某一水障碍区(包括侧面水障碍区)的大小、形状和位置同时具有以下两个特点，委员会就可以引入一条当地规则，允许按照规则 26-1 临时打一个球。

(i)无法确定球是否在该水障碍区,或者这样做可能会导致比赛的不当延误。

(ii)如果找不到初始球,则可以知道或肯定它就在该水障碍区内。

球员可以按照规则 26-1 的任何一个适用的选项,或任何适用的当地规则临时打一个球。这种情况下,如果临时打了一个球后发现初始球位于该水障碍区内,球员可以在现有位置打初始球,也可以继续打这个临时打的球。但不可以按照规则 26-1 处理初始球。

这种情况下,建议采用以下当地规则:

①如果球员对球是否位于该水障碍区(限定位置)内或在其中遗失有疑义,他可以按照规则 26-1 中任何适用的选项临时打另一个球。

②如果发现初始球在该水障碍区外,球员必须继续打初始球。

③如果发现初始球在该水障碍区内,球员既可以在现有位置打初始球,也可以继续打按照规则 26-1 临时打的那个球。

④如果在 5 分钟的找球时限内没有找到或者无法辨认初始球,球员必须用该临时打的球继续比赛。

▲ 违反当地规则的处罚:

比洞赛——该洞负;比杆赛——罚两杆。

2.要求保护的区域;环境敏感区域

a.整修地;禁止打球

如果委员会希望保护球场上的某些区域,应该将其宣布为整修地并禁止在该区域内打球。建议采用以下当地规则:

“____(以____ 标定)”为禁止打球的整修地。如果球员的球位于该区域内,或者站位或预期挥杆区域受到该区域的妨碍,他必须按照规则 25-1 补救。

▲ 违反当地规则的处罚:比洞赛——该洞负;比杆赛——罚两杆。

b.环境敏感区域

如果相关权力部门(即政府部门或类似机构)出于环境保护原因禁止进入球场或与其毗邻的某个区域,或禁止在上述区域打球,委员会应当制定当地规则说明补救的程序。

委员会有权决定将该区域标定为整修地、水障碍区或者界外。但是,如果该区域不符合“水障碍区”的定义,就不能简单地将其标定为水障碍区。委员会应当尽量维护该球洞本来的特点。

建议采用以下当地规则:

Ⅰ.定义

环境敏感区域(简称 ESA)是出于环境保护原因被相关权力部门宣布为禁止进入或禁止在其中打球的区域。该区域可以根据委员会的决定被标定为整修地、水障碍区、侧面水障碍区或界外。但是,在环境敏感区域被标定为水障碍区或侧面水障碍区时,该区域应当确实符合水障碍区的定义。

注释:委员会不得宣布某区域为环境敏感区域。

Ⅱ.球位于环境敏感区域内

(a)整修地

如果球位于被标定为整修地的环境敏感区域内,必须按照规则 25-1b 抛一个球。

如果知道或肯定没有找到的球在被标定为环境敏感区域的整修地内,球员可以按照规则 25-1c 补救,不受处罚。

(b)水障碍区和侧面水障碍区

如果在被标定为水障碍区或侧面水障碍区的环境敏感区域找到了球，或者知道或肯定没找到的球在此区域内，被罚一杆后，必须按照规则 26-1 规定的程序处理。

注释：如果按照规则 26 抛球后，球滚到了该环境敏感区域仍然对球员的站位或预期挥杆区域构成妨碍的位置，该球员必须按照本当地规则条款Ⅲ中的规定补救。

(c)界外

如果球位于被标定为界外的环境敏感区域内，被罚一杆后，在尽量接近上一次打初始球的地点打一个球(规则 20-5)。

Ⅲ.站位或预期挥杆区域受到妨碍

当环境敏感区域妨碍了球员的站位或预期挥杆区域时，即构成了环境敏感区域的妨碍。如果存在妨碍，球员必须按照下列方式补救：

(a)在球场通道：如果球位于球场通道，必须在球场上确定一个最接近原来位置的点，该点必须符合下列条件：(i)不更靠近球洞；(ii)能够避开该环境敏感区域的妨碍；(iii)不在障碍区内，也不在果岭上。球员必须拿起这个球，并且在球场上符合上述(i)、(ii)和(iii)要求的点一支球杆的范围内抛这个球。

(b)在障碍区内：如果球位于障碍区内，球员必须拿起这个球，并且按照下列方式之一抛这个球：

(i)不受处罚，在该障碍区内尽量接近球原来停点但不更靠近球洞，并且能够完全避开该环境敏感区域妨碍的球场部分抛这个球。

(ii)罚一杆后，在该障碍区外球洞与球原来停点的延长线上抛这个球，距离没有限制。此外，如果适用，球员也可以按照规则 26 或 28 处理。

(c)在果岭上：如果球位于果岭上，球员必须拿起这个球，不受处罚，然后将它放置在最接近其原来停点并从该环境敏感区域得到完全补救的点。该点不更靠近球洞，也不在障碍区内。

可以擦拭按照本当地规则条款Ⅲ的规定拿起的球。

例外：在下列情况中球员不可按照本当地规则的条款Ⅲ进行补救：(a)因环境敏感区域以外的任何物体的妨碍而使这次击球明显不切实际；或(b)只有采用明显不合理的击球方式或不必要的异常站位、挥杆或打球方向时，环境敏感区域才会构成妨碍。

▲ 违反当地规则的处罚：比洞赛——该洞负；比杆赛——罚两杆。

注释：在严重违反当地规则时，委员会可以施加取消资格的处罚。

3.幼树的保护

在需要保护幼树免受损伤时，建议采用以下当地规则：

保护以____标示的幼树。如果该树对球员的站位或预期挥杆区域构成妨碍，必须将该球拿起，然后按照规则 24-2b(不可移动妨碍物)规定的程序抛这个球，不受处罚。如果该球位于水障碍区内，球员必须将它拿起，然后按照规则 24-2b(i)规定的程序抛这个球，但最近补救点必须在该水障碍区内，且这个球必须被抛在该水障碍区内。或者，球员也可以按照规则 26 处理。按照本当地规则拿起的球可以被擦拭。

例外：在下列情况中球员不可以按照本当地规则补救：(a)因这棵树以外的任何物体的妨碍而使这次击球明显不切实际；或(b)只有采用明显不合理的击球方式或异常站位、挥杆或打球方向时，这棵树才会构成妨碍。

▲ 违反当地规则的处罚：比洞赛——该洞负；比杆赛——罚两杆。

4. 球场状况——泥泞、过度潮湿、恶劣状况和球场的保护

a. 陷入地面的球的补救

规则 25-2 对球下落时陷入球场通道短草区域自身球痕中的球提供了无处罚的补救。在果岭上，球员可以拿起这个球并修理由任何球的冲击造成的对果岭的损伤(规则 16-1b 和 c)。当允许在球场通道的任何地方对陷入地面的球进行补救时，建议采用以下当地规则：

在球场通道，如果球下落时陷入地面自身球痕内，可以不受处罚地将该球拿起、擦拭并尽量接近其原来停点但不更靠近球洞的地点抛这个球。抛球时该球必须首先触及球场通道上的球场部分。

例外：

如果球陷入非短草区域的沙子中，球员不得按照当地规则接受补救。

如果因本当地规则所述情况以外的任何其他物体的妨碍而使该球员的击球明显不切实际，不得按照本当地规则进行补救。

▲ 违反当地规则的处罚：比洞赛——该洞负；比杆赛——罚两杆。

b. 擦拭球

如过度潮湿等状况会导致大量泥土粘在球上，此时允许拿起、擦拭这个球并将它放置回原位可能更为合理。在这种场合，建议采用以下当地规则：

(在××区域内)可以将球拿起、擦拭并放置回原位，不受处罚。

注释：按照本当地规则拿起球之前，必须标定这个球的位置——见规则 20-1。

▲ 违反当地规则的处罚：比洞赛——该洞负；比杆赛——罚两杆。

c. “选移球位”和“冬季规则”

在规则 25 中规定了有关整修地的内容。对于那些偶尔发生的、可能妨碍正常打球且分布范围不大的当地异常状况，应将其标定为整修地。

但是，如大雪、春季解冻、连续降雨或过度高温等恶劣的条件会导致球道处于不能令人满意的状态，有时候甚至会影响到大型剪草机械的使用。如果上述状况在球场上十分普遍，以至于委员会认为采用“选移球位”或“冬季规则”将有助于正常打球或对球场进行保护时。

建议采用以下当地规则：位于球场通道短草区域(或更进一步限定的区域，如在第 6 洞)的球可以被拿起和擦拭，不受处罚。在拿起该球之前，球员必须标定它的位置。拿起这个球之后，球员必须在该球原来停点(限定范围，如 6 英寸、一支球杆长度)内且不比该点更靠近球洞的地点放置这个球。放置球的地点不在障碍区内，也不在果岭上。

球员仅可以一次性地放置球，该球放置后即成为使用中球(规则 20-4)。如果该球不能在被放置的地点静止，规则 20-3d 适用。如果该球在被放置的地点静止之后移动，不受处罚，但必须在球的现有位置打球，除非有任何其他条款适用。

如果球员在拿起这个球之前没有标点它的位置，或者以任何其他方式移动球，如用球杆拨动，他要被罚一杆。

注释：“短草区域”是指草的长度修剪得与球道上的草相同或更短的球场上的任何区域，包括穿越长草区的通道。

▲ 违反当地规则的处罚：比洞赛——该洞负；比杆赛——罚两杆。

如果球员因为违反本当地规则受到一般性处罚，则不再按照本当地规则追加其他处罚。

d.透气孔

在球场打孔之后,可以采用当地规则,允许从透气孔无处罚地进行补救。建议采用以下规则:在球场通道,可以将停在透气孔内或上面的球拿起,擦拭,并在尽量接近其原来停点,但不更靠近球洞的地点抛这个球。抛球时该球必须首先触及球场通道上的球场部分。

在果岭上,可以将停在透气孔内或上面的球放置在能够避开妨碍状况且不更靠近球洞的最近点。

▲ 违反当地规则的处罚:比洞赛——该洞负;比杆赛——罚两杆。

e.修补草皮的接缝

如果委员会希望对修补草皮的接缝而不是修补草皮本身,提供补救,建议采用以下当地规则:在球场通道,修补草皮的接缝(并非修补草皮本身)被视为整修地。但是,接缝对球员站位构成的妨碍本身不属于规则 25-1 中的妨碍。如果球位于接缝内或触及接缝,或者接缝妨碍可预期挥杆区域,可以按照规则 25-1 进行补救。该修补草皮区域内所有接缝被视为同一接缝。

▲ 违反当地规则的处罚:比洞赛——该洞负;比杆赛——罚两杆。

5.沙坑中的石块

按照定义,石块属于散置障碍物。当球员的球位于障碍区时,他不得触及或移动位于或触及同一障碍区的石块(规则 13-4)。然而,在沙坑中的石块可能会给球员带来危险(挥杆击球时打中的石块可能会伤到球员)并且可能会妨碍正常的打球。

如需委员会认为应该允许球员拿起沙坑内的石块,建议采用以下当地规则:沙坑中的石块是可移动妨碍物(规则 24-1 适用)。

6.果岭附近的不可移动妨碍物

规则 24-2 对不可移动妨碍物造成的妨碍提供了无处罚的补救。但是这条规则同时规定,在果岭以外的地方,不可移动妨碍物介于打球线上本身并不是构成该规则所述的妨碍。

但是,在一些球场,果岭环修剪得很短以至于球员愿意在果岭外进行推击。在这种情况下,果岭环上的不可移动妨碍物可能会影响正常的打球。这时引入以下当地规则,允许从不可移动妨碍物造成的干扰接受无处罚的补救:

球员可以按照规则 24-2 从不可移动妨碍物造成的妨碍补救。

此外,如果球位于球场通道,而果岭上或距果岭两支球杆范围以内的不可移动妨碍物与这个球相距不超过两支球杆,同时又介于这个球和球洞之间的打球线上,球员可以按照以下方式进行补救:

球员必须拿起这个球并在最接近其原来的停点抛这个球,抛球点必须符合下列条件:(a)不更靠近球洞;(b)能够避开干扰;(c)不在障碍区内,也不在果岭上。拿起该球时可以擦拭。

如果球员的球位于果岭上,并且距果岭两支球杆范围内的不可移动妨碍物位于其推击线上,球员可以按照以下方式补救:

球员必须拿起这个球,然后把它放置在最接近该球原来停点的地点,放置点必须符合下列条件:(a)不更靠近球洞;(b)能够避开干扰;(c)不在障碍区内。

拿起该球时可以擦拭。

例外:因不可移动妨碍物以外的任何物体的妨碍而使这次击球明显不切实际,球员不可以按照本当地规则补救。

▲ 违反当地规则的处罚:比洞赛——该洞负;比杆赛——罚两杆。

7. 临时妨碍物

当球场内或球场附近安装临时妨碍物时,委员会应该将此类妨碍物界定为可移动妨碍物、不可移动妨碍物或临时不可移动妨碍物。

a. 临时不可移动妨碍物

如果委员会将此类妨碍物界定为临时不可移动妨碍物,建议采用以下当地规则:

Ⅰ. 定义

临时不可移动妨碍物(简称 TIO)为非永久性人造物体,其设置通常与比赛有关,并且是固定的或者较难移动的。

临时不可移动妨碍物包括不仅限于以下物体:帐篷、记分板、观众看台、电视架和厕所。

固定临时不可移动妨碍物的绳索是该临时不可移动妨碍物的一部分,但委员会宣布将其视为高架电线或电缆时除外。

Ⅱ. 妨碍

当满足以下条件之一即构成临时不可移动妨碍物的妨碍:

球位于不可移动妨碍物之内

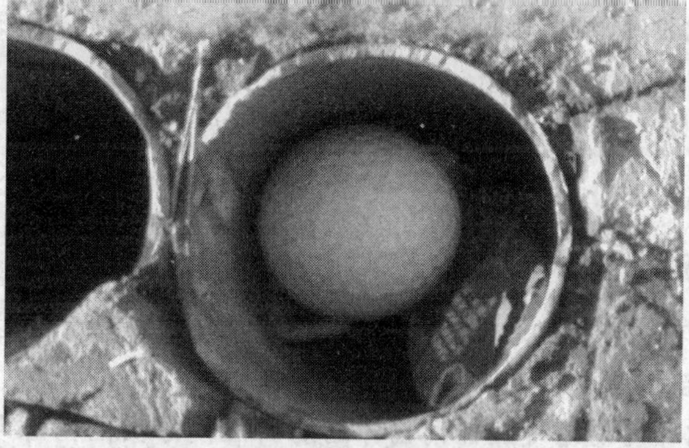

(a)球位于临时不可移动妨碍物的前面很近的距离,以至于该临时不可移动妨碍物妨碍了球员的站位或预期挥杆区域。

(b)球位于临时不可移动妨碍物之内、之上、之下或之后,以至于该临时不可移动妨碍物有任何一部分直接位于球员的球和球洞之间,并且位于球员的打球线上。如果球位于存在上述介入性妨碍的地方距球洞等距离的点一支球杆的范围内,也同样构成妨碍。

注释:

当球位于临时不可移动妨碍物最外侧边缘以下时,该球即位于这个临时不可移动妨碍物之下,即使该外接未向下延伸至地面也仍然如此。

Ⅲ. 补救

球员可以按照以下方式从临时不可移动妨碍物(包括位于界外的临时不可移动妨碍物)造成的妨碍进行补救:

(a)在球场通道上：如果球位于球场通道，必须在球场上确定一个最接近球的位置的点，该点必须符合下列条件：(i)不更靠近球洞 (ii)能够避开条款Ⅱ中所定义的妨碍；(iii)不在障碍区内或果岭上。球员必须拿起这个球，并在球场上确定的符合上述(i)(ii)(iii)的要求的那一点一支球杆范围内抛这个球。

(b)在障碍区：如果球位于障碍区内，球员必须拿起这个球，并按照下面两种方式之一抛这个球：

(i)不受处罚，按照上述条款Ⅲ(a)进行补救，但提供完全补救的最近的球场部分必须在该障碍区内，并且必须把这个球抛在该障碍区内。如果不可能进行完全补救，则必须把这个球抛在该障碍区内提供最大可用补救的球场部分。

(ii)罚一杆后，在该障碍区外按照以下方式进行补救：必须在球场上确定一个最接近球的位置的点，该点必须符合下列条件：(i)不更靠近球洞；(ii)能够避开条款Ⅱ中所定义的妨碍；(iii)不在障碍区内。球员必须拿起这个球，并在球场上确定的符合上述(i)(ii)(iii)的要求的那一点一支球杆范围内抛这个球。

按照条款Ⅲ拿起的球可以被擦拭。

注释：

1.如果球位于障碍区内，本当地规则并不阻止球员在可能的情况下按照规则 26 或 28 的程序处置。

2.如果要按照本当地规则抛的球不能立即取回，可以用另一个球替换。

3.委员会可以制定如下当地规则：(a)允许或要求球员在一个临时不可移动妨碍物进行补救时使用抛球区；或者(b)作为一个附加的补救选项，允许球员在按照条款Ⅲ确定的点在临时不可移动妨碍物的另一侧抛这个球，但其他补救程序要与条款Ⅲ的规定一致。

例外：如果球员的球位于临时不可移动妨碍物的前面或后面(不是之中、之上或之下)，在以下情况下，他不可以按照条款Ⅲ补救：

因该临时不可移动妨碍物以外的任何物体的妨碍而使球员的击球明显不切实际，或者在不可移动妨碍物介于球与球洞之间的场合，其他妨碍而使球员无法使击出的球落在球与球洞的连线上。

只有采取明显不合理的击球方法或不必要的异常站位、挥杆或打球方向时，该临时不可移动妨碍物才构成妨碍。

在临时不可移动妨碍物介于球与球洞之间时，很明显，球员期望向球洞方向的击球能够远到到达这个临时不可移动妨碍物明显不切合实际。

球员因为以上例外而不能补救时，如果球位于球场通道或沙坑内，他可以在适用的情况下按照 24-2b 进行补救，如果球位于水障碍区内，他可以按照 24-2b(i)拿起这个球，但是最近补救点必须在这个水障碍区内，并且必须把球抛在这个水障碍区内。或者，球员也可以按照 26-1 处理。

Ⅳ.没有找到临时不可移动妨碍物中的球

如果知道或可以肯定一个没有找到的球位于临时不可移动妨碍物之中、之上或之下，可以按照条款Ⅲ或者条款Ⅴ(如果适用的话)抛一个球。出于应用条款Ⅲ或者条款Ⅴ的目的，该球被视为位于其最后穿越这个临时不可移动妨碍物最外侧边缘的地点(规则 24-3)。

Ⅴ.抛球区

如果球员受到临时不可移动妨碍物的妨碍，委员会可以允许或要求使用抛球区。如果该球员在进行补救时使用抛球区，他必须在最接近球原来停点的抛球区，或最接近条款Ⅳ中假设这个球所在地点的抛球区内抛这个球，即使最近的抛球区可能更靠近球洞也要如此。

注释：委员会可以制定当地规则，禁止使用更靠近球洞的抛球区。

▲ 违反当地规则的处罚：比洞赛——该洞负；比杆赛——罚两杆。

b. 临时电线和电缆

在球场上铺设了临时电线、电缆或电话线时，建议使用下列当地规则：临时电线、电缆、电话线以及它们的盖垫或支撑物为妨碍物：

①如果上述物体很容易移动，适用规则 24-1。

②如果它们是固定的或不易移动的，那么，如果球位于球场通道或沙坑内，球员可以按照规则 24-2b 获得补救；如果球位于水障碍区内，球员可以拿起球并按照规则 24-2b(i)抛这个球，但是最近补救点必须在该水障碍区内，并且必须把这个球抛在该水障碍区内。球员也可以按照规则 26 处置。

③如果球撞到架起的电线或电缆，不受处罚，但必须取消这次击球，并按照规则 20-5 在上次击球的地点重新击球。如果不能立刻取回这个球，可以用另外一个球进行替换。

注释：支撑临时不可移动妨碍物的缆索属于该临时不可移动妨碍物的一部分，除非委员会在当地规则中宣布将其与架起的电线或电缆同样对待。

例外：如果击出的球撞到从地面升起的缆线支架，不得重新击球。

④即使没有被如此标定，被草覆盖的电缆沟亦属于整修地，适用规则 25-1b。

▲ 违规的处罚：比洞赛——该洞负；比杆赛——罚两杆。

8. 抛球区

如果委员会认为按照某条提供了补救的规则处置不切实际，它可以设立抛球区，规定补救时可以或者必须在抛球区内抛球。通常情况下，这些抛球区应该作为附加的补救选择，而非强制性要求。

以水障碍区的抛球区为例，当设置这样的抛球区时，建议采用以下当地规则：

如果球位于水障碍区(具体位置)内，或者知道或肯定该球位于该水障碍区内，球员可以按照下列方式之一处理：

(i)按照规则 26 处置；

(ii)作为附加的一种选择，罚一杆后，在抛球区内抛一个球。

▲ 违规的处罚：比洞赛——该洞负；比杆赛——罚两杆。

注释：使用抛球区时，下面有关抛球和重抛球的条款同时适用：

(a)抛球时球员不必站在抛球区内。

(b)抛球必须首先落到该抛球区内的地面。

(c)如果用线来标定抛球区，线属于抛球区内。

(d)抛下的球不必静止在该抛球区内。

(e)抛下的球滚到并静止在规则 20-2c(i～vi)的位置，必须重抛球。

(f)只要球静止在它最初触及球场的地点两支球杆范围内，并且不在(e)条款中所包含的位置，抛下的球可以滚到比其最初触及球场部分的地点更靠近球洞的位置。

(g)结合(e)和(f)两条款，抛下的球可以滚到比下列地点更靠近球洞的位置：

①其初始位置或估计的位置(规则 20-2b)；

②最近补救点或最大可用补救点(规则 24-2、24-3、25-1 或 25-3);

③初始球最后穿越水障碍区或侧面水障碍区界线的点(规则 26-1)。

9. 测距仪

如果委员会希望按照规则 14-3 的注释行动,建议采用以下文字:

(适当地限定,如在本次比赛中或者在本场地的所有比赛中)球员可以使用仅能测量距离的仪器来获得距离方面的信息。在规定一轮比赛中,如果球员使用的测距仪具备测量其他能够影响该球员比赛的功能(如坡度、风速、温度),那么无论该球员是否实际上使用了这些附加功能,他都违反了规则 14-3,处罚为取消资格。

C部分　比赛条件

规则 33-1 中规定:"委员会必须制定要进行的比赛条件。"比赛条件应包括:报名方法、参赛资格、球杆和球的规格、比赛轮数等很多不宜列入《高尔夫球规则》或本附属规则的内容。在《高尔夫球规则判例》中规则 33-1 的条款中,以及《赛事运作指南》中对这些条件进行了详细的解释。

有一些事项可能受到委员会的格外关注而被列入到比赛条件中。具体有以下几项:

1. 球杆和球的规格

建议只在有高水平球员参加的比赛中使用以下条件:

a.《符合标准的一号木杆杆头一览表》

R&A 定期在其网站(www.rand.org)上公布《符合标准的一号木杆杆头一览表》,上面列出了经评估符合规则的一号木杆杆头。如果委员会希望将球员使用的一号木杆杆头(根据型号和杆面倾角进行识别)限定在《一览表》中,就应准备好这个《一览表》并采用以下比赛条件:

根据型号和杆面倾角进行识别,球员携带的任何一号木杆的杆头必须出现在 R&A 最新公布的《符合标准的一号木杆杆头一览表》中。

例外:在 1999 年之前制造的一号木杆杆头不受本条件的限制。

▲ 对携带但未使用违反条件的一号木杆的处罚:

比洞赛——在发现犯规的球洞的比赛结束时,调整比赛状态。对发生犯规的各洞处以扣除一洞的处罚。每轮最多扣除两洞。

比杆赛——对发生犯规的各洞罚两杆,每轮最多罚四杆,在违规的前两个洞各罚两杆。

比洞赛或比杆赛——如果在两个球洞的比赛之间发现违规,则视为在下一个球洞发现该次违规并据此实施处罚。

波基和标准杆比赛——见规则 32-1a 的注释 1。

定分式比赛——见规则 32-1b 的注释 1。

▲ 发现违规后,球员必须立即向其比洞赛中的对手或比杆赛中的记分员或同组比赛者声明,自已将不使用携带的任何违反本条件的球杆。如果该球员不这样做,他要被取消资格。

▲ 使用违规球杆的处罚:取消资格。

b.《符合标准的高尔夫球一览表》

R&A 定期在其网站(www.rand.org)上公布《符合标准的高尔夫球一览表》。表中列出了经测试符合规则的球。如果委员会希望要求球员使用表上列出的型号的球,应准备好该表并采用以下比赛条件:

球员使用的球必须是R&A新公布的《符合标准的高尔夫球一览表》中的球。

▲ 违规的处罚:取消资格。

c. 一球条件

希望在一轮中禁止更换球的品牌和型号,建议采用以下条件:

对一轮比赛中所使用的球的限制(规则5-1的注释)。

(i)"一球"条件

规定一轮中,球员必须使用在最新公布的《符合标准的高尔夫球一览表》中单列的同一品牌和型号的球。

注释:如球员抛球或放置了不同品牌或型号的球,他可以拿起该球,不受处罚,然后球员必须抛或放置正确的球(规则20-6)。

▲ 违规的处罚:

比洞赛——在发现犯规的球洞的比赛结束时,调整比赛的状态。对犯规的各洞处以扣除一洞的处罚,每轮最多扣除两洞。

比杆赛——对发生犯规的各洞罚两杆,每轮最多罚四杆(在违规的前两洞各罚两杆)。

(ii)发现违规后的处置程序

当球员发现他使用了违反本条件的球时,他必须在下一个发球区打球前放弃该球,并使用正确的球完成该轮;否则,该球员要被取消资格。如果在一洞的比赛过程中发现违反本条件,并且球员选择在完成该洞之前替换一个正确的球,他必须在违规球的停点放置一个正确的球。

2. 出发时间(规则6-3a的注释)

如果委员会希望按照6-3a的注释行动,建议采用以下语句:

如果球员在其出发时间之后5分钟之内到达出发地点并做好打球准备,在没按照规则33-7免除取消资格的理由时,对于其未按时出发的处罚为比洞赛第一洞负,比杆赛在第一洞罚两杆。除此之外,违反本规则的处罚为取消资格。

3. 球童(规则6-4的注释)

规则6-4允许球员使用球童,但在任何时间他只能有一名球童。然而,在某些场合委员会可能会希望禁止使用球童或对其使用的球童做出一定的限制,如不得使用职业球员、兄弟姐妹、父母、该次比赛中的其他球员等。这种情况下,建议采用以下语句:

禁止使用球童

"在规定一轮比赛中,禁止球员使用球童"。

对球童身份的限定

"在规定一轮中,禁止球员使用____作为自己的球童。"

▲ 违规的处罚:

比洞赛——在发现犯规的球洞的比赛结束时,调整比赛的状态。对犯规的各洞处以扣除一洞的处罚,每轮最多扣除两洞。

比杆赛——对发生犯规的各洞罚两杆,每轮最多罚四杆(在违规的前两洞各罚两杆)。

比洞赛或比杆赛——如在两洞的比赛之间发现犯规,则视为在下一洞发现犯规,处罚也加到下一个球洞。

▲ 发现违规后，违规使用球童的球员必须立即保证自己该规定一轮的剩余部分将遵守本条件；否则，该球员要被取消资格。

4. 打球速度（规则 6-7 的注释 2）

为防止缓慢打球，委员会可以按照规则 6-7 的注释 2 制定打球速度指南。

5. 由于危险状况而暂停比赛（规则 6-8a 的注释）

由于在球场曾出现多起因雷电而导致的伤亡事件，敦促高尔夫球比赛的所有俱乐部和赞助商采取预防措施保护相关人员免遭雷电伤害，请注意规则 6-8b 和规则 33-2b。如果委员会希望采用规则 6-8b 注释中的条件，建议采用以下语句：

“当委员会出于危险状况而暂停比赛时，如果一组球员正处于两个洞的比赛之间，在委员会宣布恢复比赛之前他们不得恢复比赛。如果他们正处在一个球洞的比赛过程中，他们必须立即中止比赛，并且在委员会宣布恢复比赛之前不得恢复比赛。如果球员没有立即中止比赛，他要被取消资格，除非当时的情况允许按照规则 33-7 免除处罚。

由于危险状况而暂停比赛的信号将是一次长时的汽笛声。”

以下是通常使用的信号，建议所有的委员会参照采用：

立即中止比赛：一次长时的汽笛声。

中止比赛：连续三次的汽笛声，重复。

恢复比赛：两声短促的汽笛声，重复。

6. 练习

a. 总则

委员会可以按照规则 7-1 的注释、规则 7-2 的例外(c)、规则 7 的注释 2 和规则 33-2c 制定有关练习的规定。

b. 两洞之间的练习（规则 7 的注释 2）

如果委员会希望按照规则 7-2 的注释 2 行动，建议用以下语句：

“在两洞的比赛之间，他不得在刚打完之洞的果岭上或其附近进行任何击球练习，不得用滚动球的方式测试刚打完之洞的果岭表面。

▲ 违规的处罚：

比洞赛——下一洞负。

比杆赛——下一洞罚两杆。

比洞赛或比杆赛——如果犯规发生在规定一轮的最后一洞，处罚施加于该洞。”

7. 团体赛中的助言（规则 8 的注释）

如果委员会希望按照规则 8 的注释行动，建议翻用以下语句：

“根据规则 8 的注释，除该规则允许的被征询助言的人员外，每个队可以再指定一人向该队成员提供助言。在提供助言之前这个人（如果需要，将任何可以能被提名者的限制语插入此处）必须向委员会确认其身份。”

8. 新球洞（规则 33-2b 的注释）

根据规则 33-2b 的注释，委员会可以规定，当一轮比赛在一天内不能完成时，每天的球洞和发球区的位置可以被设置在不同的地方。

9. 运输

如果希望要求球员在比赛中步行，建议采用以下条件：

“除非得到委员会许可，否则在规定一轮中球员不得乘坐任何运输工具。”

▲ 违规的处罚：

比洞赛——在发现犯规的球洞的比赛结束时，调整比赛状态。对发生犯规的各洞处以扣除一洞的处罚，每轮最多扣除两洞。

比杆赛——对发生犯规的各洞均罚两杆，每轮最多罚四杆。

比洞赛或比杆赛——当犯规发生在两个球洞的比赛之间时，在下一个球洞进行处罚。

发现犯规后，必须立即终止使用任何未经允许的运输方式，否则，该球员要被取消资格。

10. 反兴奋剂

委员会可以在比赛条件中要求球员遵守反兴奋剂规定。

11. 如何决定并列

在比洞赛或比杆赛中，平局（或并列）均是一种可接受的结果。但是，如果希望只有一名获胜者，根据规则 33-6，委员会有权决定平局（或并列）的方式和时间，但该决定应事先予以公布。

R&A 建议：

比洞赛：

以双方打平而结束的比洞赛应进行逐洞的延长赛，直至一方在某一洞胜出。延长赛应该在该场比赛开始的球洞开始，在有差点的比洞赛中，该规定一轮中差点杆数的分配应保持不变。

比杆赛：

(a)在无差点的比杆赛中出现并列时，建议采用延长赛方式予以解决，该延长赛可以 18 洞或委员会限定的较少的洞数进行，如果这种方式不适合或仍有并列，建议使用逐洞延长赛方式。

(b)在有差点的比杆赛中出现并列时，建议采用带差点的延长赛。延长赛可以 18 洞或委员会限定的较少的洞数进行。建议这样的延长赛至少包括 3 个球洞。

在与差点杆数分配表无关的比赛中，如果延长赛至少 18 洞，应当按照延长赛洞数在 18 洞中所占的比例折算出球员在该延长赛中的差点。如果算出的差点有小数点，应四舍五入。

在与差点杆数分配表相关的比赛中，如四球比杆赛和波基、标准杆以及定分式比赛，差点杆数应该按照比赛的差点杆数表分配到各个球洞中。

(c)如果不适合进行任何类型的延长赛，建议采用记分卡对比方式决定。记分卡的对比方法应该事先公布，并且还要规定如果该程序仍不能产生获胜者时应如何解决。一种可以接受的记分卡对比方式是最后 9 洞的成绩最好的球员为获胜者，如果并列的球员在最后 9 洞的成绩相同，则以最后 6 洞、最后 3 洞乃至第 18 洞的成绩来决定获胜者。如果在从多个发球区出发的比赛中使用这种方式，建议“最后 9 洞、最后 6 洞等”被视为第 10～18 洞、第 13～18 洞等。

在与差点杆数分配表无关的比赛中，如个人比杆赛，如果使用比较最后 9 洞、最后 6 洞、最后 3 洞等方法，应当从相应的这些洞的总成绩中减去差点杆数的二分之一、三分之一、六分之一等。如果计算中涉及小数点，委员会应当按照相关差点的规定执行。

在与差点杆数分配表相关的比赛中，如四球比杆赛和波基、标准杆以及定分式比赛，差点杆数应该按照比赛的差点杆数表分配到各个球洞中。

12. 比洞赛的抽签

尽管比洞赛抽签可以完全采用盲式或将某些球员分配进入不同的四分之一区或八分之一区，但是，在通过预选赛轮次产生的比洞赛中，建议采用通用数字抽签法。

适用数字抽签法：

出于在抽签中决定位置的目的，在预选轮次中除最后一个预选席位之外的并列应以提交成绩的顺序决定：第一个提交的成绩作为并列名次中最低的序号，以后依此类推。如果无法确定提交成绩的顺序，应以盲抽签的方式决定并列名次的序号。

上半区	下半区	上半区	下半区
64 名选手		32 名选手	
1 对 64	2 对 63	1 对 32	2 对 31
32 对 33	31 对 34	16 对 17	15 对 18
16 对 49	15 对 50	8 对 25	7 对 26
17 对 48	18 对 47	9 对 24	10 对 23
8 对 57	7 对 58	4 对 29	3 对 30
25 对 40	26 对 39	13 对 20	14 对 19
9 对 56	10 对 55	5 对 28	6 对 27
24 对 41	23 对 42	12 对 21	11 对 22
4 对 61	3 对 62	16 名选手	
29 对 36	30 对 35	1 对 16	2 对 15
13 对 52	14 对 51	8 对 9	7 对 10
20 对 45	19 对 46	4 对 13	3 对 14
5 对 60	6 对 59	5 对 12	6 对 11
28 对 37	27 对 38	8 名选手	
12 对 53	11 对 54	1 对 8	2 对 7
21 对 44	22 对 43	4 对 5	3 对 6

规则中常见数据一览表

序号	内容	备注
1	球的直径≥1.680英寸≈4.267厘米	1英寸=25.4毫米
2	球的重量≤1.620盎司≈45.93克	1盎司=28.35克
3	球洞直径必须=$4\frac{1}{4}$英寸≈10.8厘米 深度≥4英寸≈10.16厘米 洞杯必须沉入果岭表面1英寸以下	1英寸=25.4毫米
4	50码=45.72米、100码=91.44米、150码=137.16米	1码=0.914 4米
5	18英寸≤球杆的总长度必须≤48英寸	推杆除外
6	木球杆杆头的体积≤460立方毫米(28.06立方英寸)	再加上10立方厘米的容差
7	铁杆杆面每个沟槽的深度不得超过	0.020英寸=0.508毫米
8	打球速度的时间限制	50秒、40秒、40秒
9	比赛画线的宽度	6～10厘米
10	比赛码数点的直径	15～20厘米
11	洞位点的直径	2～3厘米
12	找球时间5分钟、出发时间迟到5分钟内罚两杆	委员会认可的情况免罚
13	球静止在洞边的10秒钟原则	10秒钟内进洞算上一杆进洞
14	携带球杆的限度≤14支	不得携带14支以上
15	一轮比赛的时限规定为	4小时20分钟
16	查询球杆是否《符号标准的一号木杆杆头一览表》的网站地址	www. randa. org/rules/equipment/confdrivers

第三部分
复 习 要 点

第二十四单元　复习要点一

1. 球洞(hole)

一个球洞的直径为 $4\frac{1}{4}$英寸(108 毫米),且深度至少为 4 英寸(101.6 毫米)。除非土质情况下不允许,否则衬筒必须至少沉入果岭表面以下 1 英寸(25.4 毫米);衬筒的外径不得超过 $4\frac{1}{4}$英寸(108 毫米)。

2. 助言(advice)

助言是指任何能够影响球员打球决断、球杆选择或击球方法的劝告或建议。有关规则、距离方面的信息或诸如障碍区的位置、旗杆在果岭上的位置等公共信息不属于助言。

3. 错球(wrong ball)

错球是指除球员的下列球以外的任何球:

使用中球、暂定球、比杆赛中按照规则 3-3 或 20-7c 打的第二个球。

错球包括:

①其他球员的球;

②被遗弃的球;

③不在使用状态的球员的初始球。

注释:无论规则是否允许替换,使用中球均包括替换了使用中球的替换球。

4. 球童(addie)

球童是指按照规则帮助球员的人,他的工作可以包括在球员打球过程中为其携带或管理球杆。

5. 临时积水(asual water)

临时积水是指球场上任何的暂时性积水,它不在水障碍区内,并且在球员站位前或站位后是可见的。雪和自然冰(露水和霜除外)根据球员的选择可以是临时积水或散置障碍物。人造冰是妨碍物。霜和露水不是临时积水。

6. 击球准备(addressing the ball)

当球员将其球杆放在紧靠球前或球后的地面上,球员既完成了击球准备,无论他是否做好站位。

7. 发球区(teeing ground)

发球区是指准备打球的起始处。它是纵深为两支球杆长度、前面和两侧由两个发球区标志外侧边缘限定的方形区域。当球的整体位于发球区以外时,即为发球区以外的球。

8. 装备(equipment)

装备是指球员使用、穿着或携带的任何物品，或者由球员的伙伴或他(们)的球童为该球员携带的任何物品，但不包插他正在打球之洞所使用的球以及用来标定球的位置或抛球范围的小物品，如硬币或球座等。装备包括机动或非机动高尔夫球车。

9. 球场(course)

“球场”是指委员会所设边界内的全部区域。

10. 击球(stroke)

击球是指意在打球并使其移动而使球杆向前的运动，但是如果球员在球杆杆头触及球之前自发地停止下挥杆则他没有击球。

11. 打球线(line of play)

打球线是指球员希望击球之后该球运动的方向，再加上向该预期的方向两侧延伸适当的距离。打球线从地面起垂直向上延伸，但是不越过球洞。

12. 规定一轮(stipulated round)

规定一轮是指除委员会另外认可时外，按正确顺序打完球场上的各洞。委员会可以认可少于 18 洞的场合除外，规定一轮的洞数应为 18 洞。比洞赛中规定一轮的延长见规则 2-3。

13. 果岭(putting green)

果岭是正在打球之洞专为推击而特别制作的所有区域，或被委员会标定为果岭的其他区域。当球的任何一部分触及果岭时，该球即位于这个果岭之上。

14. 异常球场状况(abnormal ground conditions，AGC)

异常球场状况是指球场上任何临时积水、整修地或掘穴动物、爬行动物或鸟类在球场上所造成的坑洞、刨出的土堆或通道。

15. 暂定球(provisional ball)

暂定球是指球有可能在水障碍区以外遗失或有可能界外时按照规则 27-2 所打的球。

16. 散置障碍物(loose impediments)

散置障碍物是指自然物体，包括石头、树叶、树杈及其他类似物，动物的粪便、蠕虫和昆虫及它们的遗弃物或堆积物等，它们不是固定的或生长着的，没有牢固地陷入地面，也没有附着在球上。

17. 最近补救点(缩写 NPR)

最近补救点是指对由不可移动妨碍物、异常球场状况或错误的果岭造成的妨碍不受处罚地进行补救时的参考点。它应同时满足以下三点才是 NPR：

①NPR 是在球场上距离球最近的一个点。

②它不比球原来的停点更靠近球洞。

③如球位于此点，妨碍将不复存在。

18. 妨碍物(obstructions)

妨碍物是指任何人造物体，包括道路及通道的人造表面和侧面部分以及人造冰。

但下列物体除外：

①标示界外的物体。诸如墙壁、栅栏、立桩和栏杆。

②在界外的不可移动人造物体的任何部分。

③委员会宣布为球场不可分割部分的建筑物。

可移动妨碍物有：雨伞、球车、标示牌、水障碍或整修地的标示桩、果岭杈、沙耙、手套、水管、广告牌、纸杯、易拉罐、酒瓶等。

不可移动妨碍物有：防滑垫（表面、侧面）、水沟盖、树枝架、洗球器、防护网、球车道等。

当一个妨碍物不需要使用超常的力量、不需造成不正当延误打球和引起伤害即可移动时，则该妨碍物为可移动妨碍物。否则，它是不可移动妨碍物。

19. 球场通道（或称果岭通道，球洞区通道）(through the green)

球场通道是指除下列区域以外的所有区域：

①正在打球之洞的发球区和果岭。

②球场内所有障碍区。

20. 异常球场状况包括三种

①临时积水；

②整修地；

③掘穴动物、爬行动物鸟类造成的洞穴、抛出的土堆或通道。

21. 区分“比赛者”、“对手”和“球员”

①球员是参与比赛的（任何比赛形式）运动员的统称。

②比赛者是指比杆赛中的球员，和他同组比赛的球员称为“同组比赛者”。

③对手是指比洞赛中，同组对抗的球员相互称对方为“对手”。

22. 散置障碍物和妨碍物的区别

散置障碍物是自然的物体，而妨碍物是人工物体。

23. 用另外的球替换而不受罚的情况

①球出界或宣布不可打时。

②球落入不可移动妨碍物内遗失时。

③球落入水障碍区内并按照规则规定处置时。

④球落入水障碍区内无法取回时。

⑤球停止在毒蜂或其他危险动物出没的地方时。

★ 案例解析

案例 1. 比杆赛中，一名球员从发球区外开了球，但他在下一个发球区开球前纠正了错误，怎样判罚？

答：罚两杆。比杆赛中，如果球员在发球区外开球，球员被罚两杆。然后必须在发球区内打一个球。

案例 2. 规则 13-4 禁止球员用手或球杆触及障碍区的地面。但是，如果球完全被埋在沙坑的沙子里，球员可以用球杆来寻找球吗？

答：可以；规则 12-1 规定，在球场的任何地方，球员如果认为自己的球被沙子覆盖以至于他无法发现或辨认它，他可以不受处罚地触及或移动这些沙子以便发现或辨认这个球。规则 12-1 优先于规则 13-4。

案例 3. 规则 17-4 要求，如果移走旗杆后球滚离球洞，球员必须将其放置在球洞边缘。如果球员没有把球放置回球洞边缘，而是在此球的新位置推球进洞，该如何判决？

答：球员受到一般性处罚，比洞赛中该洞负、比杆赛中被罚两杆，但是球进洞有效。

案例 4. 球员打出去的球意外地撞到了自己的球童并滚到了界外，该如何处理？

答:这属于运动中的球被球员一方变向或停止,被罚一杆(规则19-2)之后,还必须接受球出界再罚一杆(规则27-1)回到上一杆打球的地点打下一杆。

案例5.球员的球陷入了球道上自己的球痕中,他按照规则25-2拿起这个球,但是在抛球之前,他修理了那个球痕,规则允许这样做吗?

答:不允许。将要抛球的区域消除了地面的不平整状态,因此违反了规则13-2。他要在比洞赛中该洞负、比杆赛中被罚两杆。

案例6.球员打球时应遵循的四大原则是什么?

答:①除规则中另有规定外,球员一定要在球的现状态下打球。

②不能改变球场的现有的打球环境。

③球员必须用球杆的杆头正确地打球,而绝不可以采用推、拨或舀的动作。

④在障碍区内,球杆的任何部位都不能触及障碍区。

案例7.如果一球员的球位于错误的果岭上,该怎样处理?

答:他必须不受处罚地拿起球,在距最近补救点一杆范围内,不得补救到果岭上,且不较该点更靠近球洞的地方抛球。

案例8.当球员的球从球道上的A点打入正面水障碍区,并在水障碍区的B点停住(最后越过该水障碍区界线的点为C点)时,有几种选择?

答:①B点能打则打,不罚杆。

②罚一杆,在A点打一个球。

③罚一杆,在球洞与C点连线后方抛球,抛球距离没有限制。

案例9.一位球员把球打到了大树上,在打不到球又不想被罚杆的情况下,他想出了一个"好办法"让球童把球车开到树下,站在球车上正好可以打到球。如何裁决?

答:该球员违反了规则13-3,他的行为属于"制造站位",他若在击球前纠正了,则不罚杆,否则要罚两杆。

案例10.在发球区以外发了球,该怎样处理?

答:①比洞赛中,并不受处罚,对手可以立即要求该球员取消此次击球重新从发球区打球。

②比杆赛中,罚两杆,然后必须重新从发球区内打球,否则DQ。

案例11.一位球员从发球区发出的球划出一道美丽的弧线飞向了球道的中间,中间位置是下坡而无法准确看到球的停点。球员走到球前才发现球被一个木块挡住了,这是非常令人尴尬的情形,因为球道是下坡,如果取除木块,球肯定会移动,不取除根本无法击球。如果该木块是经过人为加工的,是球场维护所需的材料。你将如何处理?

答:木块是经过人为加工的人造物体,是可移动妨碍物,所以可以无罚杆地移除该木块,如果球移动没有罚杆,把球放回原位即可。

案例12.当球员的球位于整修地中,接受补救时的处理程序是什么?

答:(1)球员应在整修地外采取正常的站位进行试挥杆,以此来找到一个最近补救点,它应同时满足以下三点才是NPR:

a.NPR是在球场上距离球最近的一个点。

b.它不比球原来的停点更靠近球洞。

c.如球位于此点,妨碍将不复存在。

(2)以试挥杆的杆头触地的那个点为基准点,远离果岭方向在一杆范围内抛球后完成击球即可。

案例 13. 当球员的球位于困难的球位中时，球员有哪些选择？

答：(1)球员如果不想接受罚杆，就只能在球的现状态下击球；

(2)罚一杆的情况下，有三种补救方法：

①“采用一杆加距离”回到上一次击球位置打一个球。

②在球位不靠近果岭方向，两杆范围内抛球。

③在球洞与球位连线后方延长线上抛球。

“打错球”和“在错误的地方打球”的区别：

“打错球”和“在错误的地方打球”是两种不同性质的违规行为，虽然都沾了个“错”，但两者适用的规则条款是不同的，处置的方法也大不一样，很容易搞混。

“打错球”：用直观的方法来理解，“打错球”就是对“错误的球”进行了击球；则什么是“错误的球”？还得从规则的“定义”来着手。

错球定义：除了球员的使用中球、暂定球、比杆赛中球员按照规则 3-3 或 20-7c 打的第二个球以外，其他的球都属于“错球”。

“错球”还包括其他球员的球、球场上被丢弃的球、球员已经脱离了使用状态的初始球。

“打错球”情况一般有两种：

第一，打了同组球员的球。

第二，打了丢弃在球场上的球。

比杆赛中“打错球”的处置是(规则 15-3b)：

(1)罚两杆。

(2)在下一个发球区开球前用正确的球进行纠正，否则 DQ。

(3)打错球用的杆数不予计算(不管对错球进行了多少次击球都不算)。

案例 1. 四杆洞，A 开球右曲，进入球道长草中；担心可能遗失，打了一个暂定球；球童走过去后在长草中发现了一个球，以为是自己的球，未加思索便放弃了暂定球，A 用找到的球救回球道，3 上 2 推完成；A 从球洞中把球取出来时，发现并不是自己的球，怎么办？

答：A 在长草中打了错球(球场上被丢弃的球)，罚两杆；因为还没有在下一个球洞开球，所以必须回到长草中再去找他的第一个球；如果在 5 分钟之内找到了，继续用初始球完成这个洞就是，假定还是 3 上 2 推，则 A 在这个洞的成绩是＋3(打错球的杆数统统不算)。

如找不到初始球这个后果就严重了。

由于 A 原来已经打了一个暂定球，在找不到初始球时，暂定球便成为了“使用中球”；但 A 把暂定球给捡起来了，属于“静止的球被自己的球童移动”，必须罚一杆放回原位；由于已经不可能准确地确定暂定球的位置，所以应该在最接近暂定球的位置(估计)抛球打下一杆。

则 A 在这个洞的成绩是：

开球第一杆。

打暂定第 3 杆。

发现“打错球”罚两杆，再回来纠正本来是打第 6 杆，因“静止的球被移动”罚一杆，所以纠正时是打第 7 杆。

第 7 杆救回球道，8 上 2 推，10 杆，＋6——打错球的杆数同样都不计算。

再假设另一种情况：

如果 A 一开始没有打暂定球，在果岭上发现打错球后，回去纠正找不到初始球，则应该是罚两杆后(打错球)按“遗失球”处理,回到发球台打第5杆:开球第一杆,打错球罚两杆,遗失球“一杆加距离”再罚一杆。

再看“在错误的地方打球”:

直观理解,在“不该打球的地方”打了球就叫作“在错误的地方打球”。

哪些是“不该打球的地方”呢?

规则20-7进行了明确规定:

(1)球场上规则不允许击球、不允许抛球或放置球的地方。(例如错误的果岭)

(2)规则规定必须重抛而没有重抛、移动了的球没有放置回原位。

“在错误的地方打球”的处置方法:

(1)罚两杆。

(2)该次击球算一杆。

(3)如果没有明显获利,就继续打下去;如明显获利,必须回到犯错误的地方纠正,否则DQ。

很显然,“在错误的地方打球”和“打错球”的处置是完全不同的。

案例2.A的球下水,在红桩外入水点两杆范围抛球补救,结果球滚进了红桩内没有水的平坦地方;按规则要求必须重抛,但A一看球位还不错(或者不知道这种情况要重抛),便懒得再抛,直接就打了球,如何处理?

答:由于A没有明显获利(距离只是几码的误差,差别不大),所以罚两杆后继续比赛(特别注意:在红桩内打的那一杆必须计算,再加罚两杆,等于在抛球后击球一共已经用了三杆)。

案例3.典型的一种“在错误的地方打球”:

开球可能在水障碍区以外遗失,偷懒没有打暂定球,没有找到球,本来应该是罚一杆回发球台打第3杆,但有不少球员都是在可能丢球的地方抛球打下一杆,有的罚一杆,有的罚两杆,这样做可以吗?

答:这些做法在规则上都是不允许的,属于典型的“在错误的地方打球”,而且有明显的获利(因为不回发球台打而“节约”了数百码的距离),如果不进行纠正将被DQ。

案例4.一种典型的“在错误的地方打球”:

4杆洞,A开球进了树林,球童走过去一看“没法打”,宣布不可打,拿到树林外抛球,一杆打上了果岭,如何处理?

答:由于A抛球的地方已经远远超出了初始球位的“两杆范围”,属于“在错误的地方打球”且明显获利——如果是按规则在初始球位的两杆范围罚杆抛球,这个球还是“没法打”,所以必须纠正:

开球第一杆。

在错误的地方打了第4杆。

由于“在错误的地方打球”,罚两杆。

回到树林中初始球位两杆范围纠正错误,抛球再打实际上已经是第5杆。

严格“按规则算杆”会相差多少杆。

看到上面这几个例子可能就有体会了:很多时候,一旦严格“按规则算杆”,由于“不小心”或“不懂”而违规被丢掉的“杆数”很可能大大超出你的想象。

第二十五单元　复习要点二

1. 发球区击球(规则 11)

(1)球员应在两个发球区标志之间(而非之前)开球。

(2)球员可以在两个发球区标志的前端连线向后两支球杆的长度范围内开球。

(3)如果球员从发球区以外打了球,比洞赛中不受处罚,但是对手可以立即要求球员重新击球;比杆赛中球员要被罚两杆,并且必须纠正错误,然后从正确的区域内击球。

2. 打球(规则 12～15)

(1)如果球员认为是自己的一个球,但是无法看到自己的辨认标记,在取得记分员或对手的许可后,球员可以标定球的位置并把它拿起来辨认(规则 12-2)。

(2)在球的现有位置打球。除了在正当采取站位或进行挥杆时外,不得通过移动、弯曲或折断任何固定物或生长物,来改善球位、预期的站位或挥杆区域或者打球线。不得通过向下按压任何物体来改善球位(规则 13-2)。

(3)如果球在沙坑内或水障碍区内,在下挥杆之前,不要用手或球杆触及障碍区的地面,或者水障碍区内的水,也不要移动散置障碍物(规则 13-4)。

(4)必须用正确的方式对自己的球进行击打。不允许用推、拨、舀的方式进行击球(规则 14-1)。

(5)如果打了一个错球,比洞赛在该洞负;比杆赛中被罚两杆,并必须打正确的球来纠正错误(规则 15-3)。

3. 果岭上(规则 16 和 17)

(1)果岭上可以标定自己球的位置,并将它拿起和擦拭;但一定要把它准确放置回原位(规则 16-1b)。

(2)可以修理球痕和旧洞埋迹,但不能修理鞋钉印等其他损伤(规则 16-1c)。

(3)在果岭上进行击球时,应当确保旗杆被移走或被照管。当球位于果岭以外时,同样可以把旗杆移走或对其进行照管(规则 17)。

4. 静止球被移动(规则 18)

(1)一般而言,当球处于使用状态后,如果球员意外地导致自己的球移动、在不允许的情况下拿起它或在完成击球准备后发生了移动,球员要给自己加罚一杆并把这个球放置回原位。但是请见规则 18-2a 的例外(规则 18-2)。

(2)如果其他人移动了球员处于静止状态的球,或者它被另外一个球移动,不受处罚,但要把它放置回原位。

5. 运动中的球被变向或停止(规则 19)

(1)如果击出的球被自己或伙伴、球童、(或)装备变向或停止,球员被罚一杆,并在该球的现有位置打球(规则 19-2)。

(2)如果击出去的球被另外一个处于静止状态的球变向或停止,不受处罚,在球的现有位置打球。但是在比杆赛中,如果在击球前球员的球和另外一个球员的球同时位于果岭上时,球员要被罚两杆(规则 19-5a)。

6. 拿起球、抛球和放置球(规则 20)

(1)在拿起一个需要放置回原位的球之前(比如在果岭上拿起球进行擦拭),必须标定这个球的位置(规则 20-1)。

(2)当为了抛球或放置在另外一个位置上而将它拿起时(比如按照不可打之球的规则在两支球杆范围内抛球),并不一定总是要标定这个球的位置,尽管规则推荐这样做。

(3)抛球时,身体直立,把手臂伸直,将球拿在齐肩高度,然后使这个球自然落下。错误方式或错误姿势抛了球,可以更正错误,不更正错误则罚一杆。

(4)如果一个已抛之球滚到下列任何地点之一,必须重新抛这个球;①从一种状况接受无处罚补救,抛球后球滚到仍然受到该状况妨碍的地点(例如不可移动妨碍物);②静止在比其初始位置、最近补救点或者最后穿越水障碍区界线的点更靠近球洞的位置;③该球滚入并静止在障碍区中;④该球滚出并静止在障碍区外;⑤该球滚上并静止在果岭;⑥该球滚出并静止在界外;⑦球滚出并静止在首先触及球场部分点的两支球杆范围以外。

7. 有助于或妨碍打球的球(规则 22)

(1)如果认为一个球可能有助于任何其他球员打球,如果是自己的球,球员可以将它拿起;如果是别人的球,可以请人将它拿起。

(2)如果任何一个球妨碍了球员打球,球员可以请人将它拿起。

(3)处于有助于或妨碍打球的原因将球拿起时,除非它位于果岭上,否则不得擦拭这个球。

★ 案例解析

案例 1. 在发球台上,开球顺序错误,如何处罚?

答:比洞赛中,不受处罚,拥有优先权的球员有权取消这次击球。比杆赛中不受处罚。但若是为了己(双)方特定利益而改变了打球顺序,根据规则规定,则要取消所有相关比赛者的资格。

案例 2. 在发球区外架球后,打了第一杆,如何处罚?

答:罚两杆。规则规定从发球区内发球打了第一杆后,球才成为使用中球,因此,要从正确的发球区内重新发球并以“第三杆”开始计算,在发球区外打的杆数不计算在内。

案例 3. 比杆赛,球包中的球杆超过 14 支,而在第一洞的发球区上发了球,如何处罚?

答:罚两杆。规则规定比赛时球杆不得超过 14 支。若违反此规定,一轮比赛中 1 洞加罚两杆,2 洞以上最高限度加罚四杆。球员一旦发现球杆数超过规定数量,就必须宣布超量球杆不使用“宣言”。此后一轮中如再使用该球杆,即被取消比赛资格。

案例 4. 打球前,球员向同组比赛者询问或被征求所使用的球杆,如何处罚?

答:罚两杆。球员就如何使用球杆问题征求指导时,可以向自己的球童询问。向同组比赛者征求指导或给予指导都属于违反规则,给予指导者也要被罚两杆。如果向共用的球童询问同组比赛者所使用的球杆情况时,则不受处罚。

案例 5. 球员在发球区将球打出界外,按规则,他对另一球进行架球。当作击球准备时,他触到球,球从球座上掉落,如何处罚?

答：罚一杆，根据规则球出界要罚一杆，但球从球座上掉落不罚杆，因为在击球前，放在球架上的球不是使用中球。

案例 6. 在发球时，为了指示打球线而让自己的球童站在自己打球线的球后方的延长线上，如何处罚？

答：罚两杆，继续比赛，不管是在发球区发球还是在果岭上推杆时，都不能为了指示方向，而让自己的球童或一方的球员站在打球线和推击线或延长线上。否则要受到两杆的处罚。

案例 7. 球员在发球区正要挥杆时，突然刮起大风，球从球座上滚落因而停止了挥杆，如何处罚？

答：不受处罚，将球放回球座，继续比赛。因为球员没有击球，且该球还未成为使用中球。

案例 8. 在发球区发球之前移动发球区标志，如何处罚？

答：取消比赛资格或罚两杆，因为在发球之前，发球区标志是不可移动的固定物，如果移动将失去比赛资格。但如果在其他同组比赛者打球之前将发球区标志移回原位，可以减轻处罚的程度，保留比赛资格但要接受两杆的处罚。

案例 9. 为了防止滑动而在球杆握把上喷了防滑剂，如何处罚？

答：不受处罚，继续比赛。在雨天为了防止球杆握把在手中滑动，在握把上可以喷上防滑剂，但球员不能改变握把的形态，否则将失去比赛资格。

案例 10. 在打球过程中，球因撞击水泥路路面，严重损坏而更换了新球，如何处罚？

答：不受处罚，继续比赛。

案例 11. 球员没有正当的理由而拖延正在打球之洞或洞与洞之间的正常比赛时间，如何处罚？

答：罚两杆，继续比赛。如果持续延误比赛，将失去比赛的资格。

案例 12. 击出的球越过防护网，停在了隔壁的球道上。防护网虽然不影响球员的站位和挥杆，但由于影响球员的打球线而采取了抛球的补救措施，如何处罚？

答：罚两杆，继续比赛。因为不可移动妨碍物只有在影响球员的站位或挥杆区域时，才能接受无罚杆补救的机会，如果只是影响球员的打球线则不能接受补救。

案例 13. 有一条活的毛毛虫附着在球上，如何处罚？

答：不受处罚，可以将毛毛虫取除，继续比赛。规则中规定，附着在球上的不是散置障碍物，但又规定附着在球上的虫子不视为附着的物体而可以清除。

案例 14. 在练习挥杆的过程中，球杆不小心碰到球，球的位置发生移动，如何处罚？

答：罚一杆，将球放置回原位继续比赛。球从发球区发出之后，如果在练习挥杆过程中，球杆碰到球而发生移动，球员要接受一杆的处罚并将球放置回原位。

案例 15. 球员去除球附近的枯枝时，球被移动，如何处罚？

答：罚一杆。去除球场通道上的散置障碍物时使球移动，罚一杆，应将球重新放置回原来的位置后打球。如果在果岭上移走散置障碍物导致球移动则不罚杆。

案例 16. 击出的球飞向水障碍区，庆幸的是球没有落入水障碍区，停在球场通道上，但是位于水障碍区内的木桥影响了自己的挥杆区域，如何处罚？

答：不受处罚，继续比赛。只要球的停点在球场通道上，即使妨碍自己挥杆的木桥位于水障碍区以内，也可以免罚杆抛球。但如果球的停点在水障碍区以内，球员不可以对不可移动妨碍物造成的妨碍进行补救。如果球停在位于水障碍区以内的木桥上，能在现状态下打球，球杆可以触碰桥的表面。

案例 17. 抛球区的地面不平整，用脚踩踏平整后抛球，如何处罚？

答：罚两杆，继续比赛。因为此行为构成了违反改善球的位置状态的规则。

案例 18. 击出的球落地后陷入球道的地面内，如何处罚？

答：不受处罚，继续比赛。规则规定，在球场通道上的短草区域，球因下落时自身的冲击力而陷入地面时可以被拿起、擦拭并尽量接近原来停点，且不更靠近球洞的地点抛球而不受处罚。

案例 19. 球落在光秃的地面上，由于沾满了泥土而无法辨认是否是自己的球。在告知记分员的前提下，做好标记后将球拿起并擦拭至可以辨认的程度，如何处罚？

答：不受处罚，将球重新放置回原来的位置，继续比赛。每个球员都有辨认是否是自己球的权利，但要告知自己的记分员，如果没有告知自己的记分员而将球拿起或将球擦干净，就要接受一杆的处罚。

案例 20. 球员击出的球击中树木后碰到自己的球童，如何处罚？

答：罚一杆，在球的停点打球。碰到自己的球童相当于球碰到自己的身体或自己的装备，应接受一杆的处罚，在现状态下继续比赛。但是，如果球落进穿着的衣服或装备之内，则应在球停点的正下方抛球（果岭上放置球）。

案例 21. 球员击出的球恰好落在正经过该处的作业车辆的车厢里，并随着车辆远去，如何处罚？

答：不受处罚，在球最初落上作业车辆的大概位置抛球后继续比赛。

案例 22. 球落在树枝上，因为树比较高，用球杆无法击到球而找来一根木棒绑在球杆上并完成了击球，如何处罚？

答：DQ，该行为构成了对球杆添加了外在的附加物影响了击球。

案例 23. 在打球过程中，球员击出的球碰到其他的球，如何处罚？

答：不受处罚。静止的使用中球被其他运动中的球移动，不必受罚将该球重新放回原处即可。而运动中的球被静止的球变向或静止，应在球的现状态下继续比赛。

第二十六单元　复习要点三

1. 常见的规则要点提示

(1)打球速度(50 秒、40 秒、40 秒)

(2)开球迟到

(3)为他人着想

(4)记分

(5)签名提交记分卡

2. 球入水后的处理方法

(1)回原地重打

(2)旗杆与入水点后方延长线

(3)抛球区-若有

3. 球入侧面水障碍区后的处理方法

(1)回原地重打

(2)旗杆与入水点后方延长线

(3)两杆范围(不更靠近球洞)

4. 在图中的情况下应该在哪里抛球?

(1)回原地重打

(2)旗杆与入水点后方延长线

(3)抛球区-若有

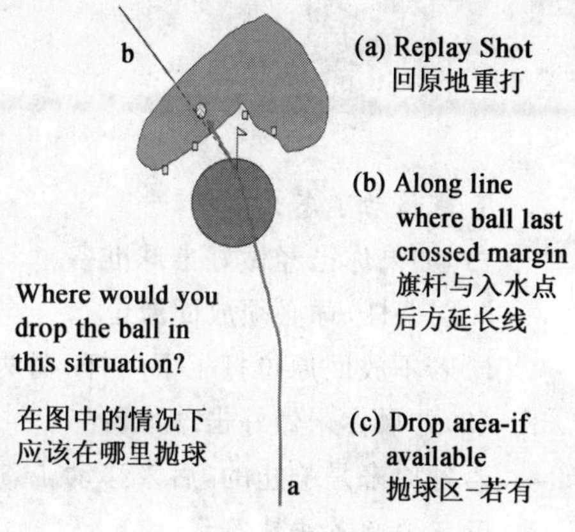

5. 在图中的情况下应该在哪里抛球?

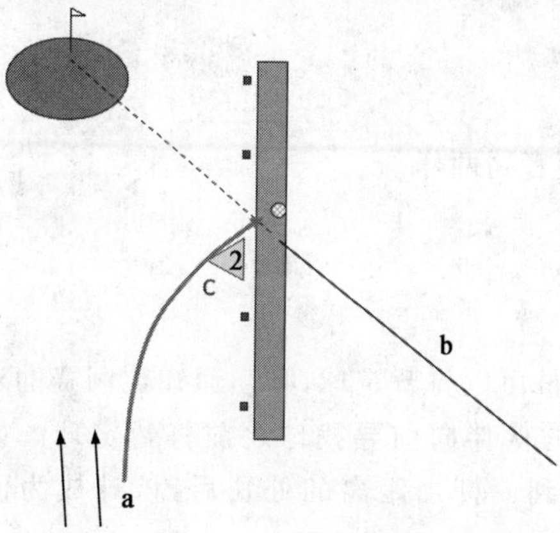

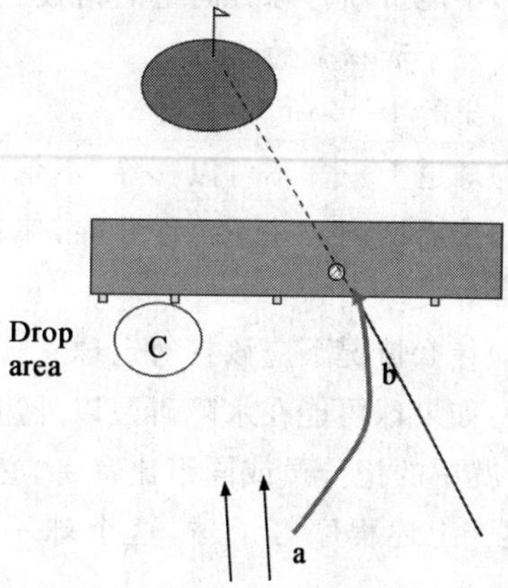

6. 从球车道补救(惯用右手球手)

确定最近补救点

不要站立在其他球员打球线后方

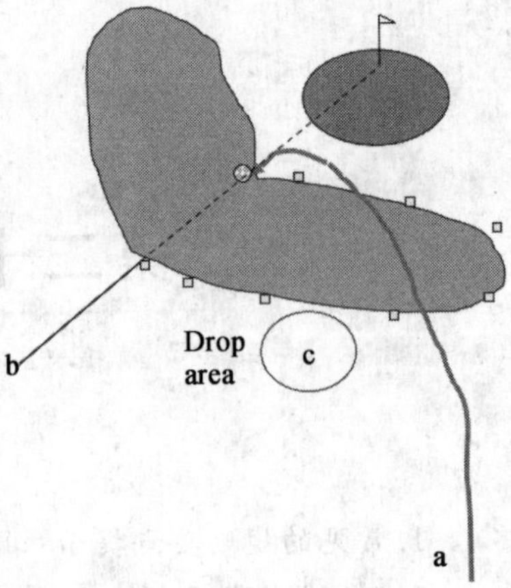

7. 辨认球

在拿起球前，你必须先：

(1)告诉你同组的球员

(2)标定好球的位置，未标定之前不可以碰球

若违反上面任何一个步骤，罚一杆

(3)重新放置球回原位，需将球放回球标处

若违反，罚一杆

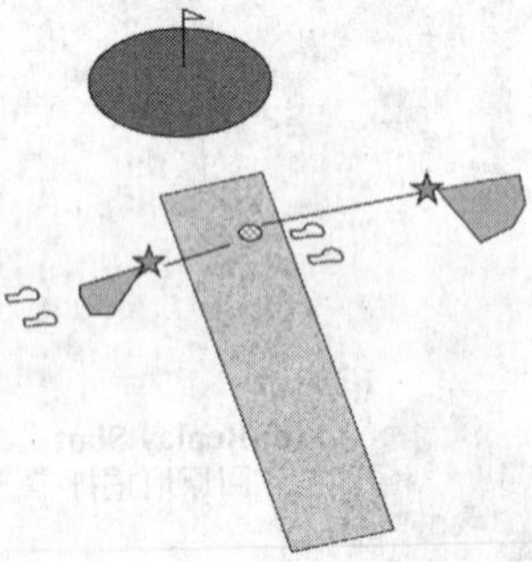

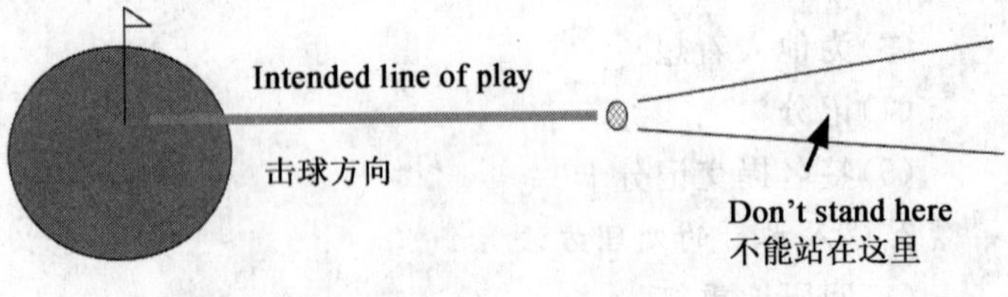

8. 球移动了怎么办?

(1)如果你已经做好击球准备

a. 罚一杆，球必须放回原位

b. 若不放回原位打了下一杆，罚两杆

(2)如果你未做好击球准备

若球原来是静止的，后来移动了，应在球现有的状态下打球。

9. 不要改善击球路线

(1)在击球之前，不能压平打痕

(2)不能修补果岭环上的球痕

(3)不能折断打球方向上的树枝

10. 沙子和松散的泥土

(1)果岭上——可以移除

(2)球道上——不可以移除，不是散置障碍物，违者罚两杆

(3)障碍区内——不可以移除，违者罚两杆

11. 暂定球

(1)什么情况下应该打暂定球?

答：如果球可能在水障碍区以外遗失或出界，球员可以打暂定球，必须通知比洞赛的对手或比杆赛中的记分员或同组比赛者，必须在他或他的伙伴向前寻找球之前打暂定球。如果没有遵守上述程序打了球，这个球不是暂定球，受到一杆加距离的处罚后，该球成为使用中球。

(2)什么情况下我可以打暂定球的第二杆?

答:如果暂定球比初始球可能静止的区域距离球洞更远,或者初始球在5分钟内没有找到,可以打暂定球第二杆。

12. 可以移除的物品

(1)你可以移走沙坑边上的沙耙(它是可移动妨碍物)

(2)你可以移走水障碍区桩、码数桩

13. 不可以移除的物品

(1)除非有当地规则规定,沙坑里的石头不能被移除

(2)界外桩不能被移动

14. 擦拭球

除去以下几种情况,只要球可以被拿起来,都可以擦拭球

(1)确定球是否适于使用(规则5-3)

(2)辨认球(规则12-2)

(3)有助于或妨碍其他球员打球的球(规则22)

15. 抛球范围

(1)免罚杆补救通常在一杆范围内抛球

(2)接受罚杆后,一般在两杆范围内抛球

16. 球停的位置

(1)接触界内任何部分——球在界内

(2)接触果岭任何部分——球在果岭上

(3)接触整修地任何部分——球在整修地内

(4)接触水障碍区的任何部分——球在水障碍区内

(5)接触沙坑的任何部分——球在沙坑内

17. 散置障碍物(规则23)

(1)如果散置障碍物(即散置的物体,如石头、散落的树枝)没有和自己的球位于同一个障碍区内,球员可以移走该散置障碍物。

(2)如果移走散置障碍物导致自己的球被移动,球员要被罚一杆(当球位于果岭上时除外),并且必须把这个球放置回原位(规则23-1)。

18. 可移动妨碍物(规则24-1)

(1)任何地方的可移动妨碍物(即人工的可移动的物体,如沙耙、饮料罐等)均可以被移动,不用受罚。如果导致球发生移动,必须把这个球放置回原位,不用受罚。

(2)如果球位于可移动妨碍物之中或之上,可以将这个球拿起,移走该妨碍物,然后在这个球位于该妨碍物位置的正下方抛这个球(当球在果岭上时除外,此时要在该点放置球),不受处罚。

19. 不可移动妨碍物和异常球场状况(规则24-2和25-1)

(1)不可移动妨碍物是人工的、不可移动的物体,如建筑物或人工铺设的路面(但要注意检查当地规则确认道路和通道的属性)。

(2)异常球场状况包括临时积水、整修地或者由掘穴动物、爬行动物或鸟类造成的坑穴、刨出的土堆或通道等。

(3)如果球没有位于水障碍区内,可以从不可移动妨碍物和异常球场状况得到无处罚的补救,前提是它们对球员的球位、站位或挥杆构成了物理性妨碍。球员可以把这个球拿起并在最近补救点(见最近补救点的定义)一支球杆范围内且不更靠近球洞的地方抛这个球。如果这个球位于果岭上,把它放置在最近补救点上即可。

(4)在打球线上存在干扰性妨碍并不会为你带来补救机会,除非你的球和该状况都位于果岭上。

(5)当球位于沙坑内时,作为额外的一个选择,球员可以在接受一杆罚杆后,在沙坑后方针对该状况采取补救。

20.水障碍区(规则 26)

(1)如果球员的球进入水障碍区内(由黄色立桩或线标示),可以在球的现有位置打球,也可以在接受一杆的罚杆后:

①在上一次击球的地方打一个球,或者

②在该水障碍区的后方,球洞与球最后穿越该水障碍区界线的点的连线上抛一个球,距离不限。

作为球进入侧面水障碍区的附加选择,球员还可以:

③在球最后穿越水障碍区界线的点两杆范围内抛球。

④该障碍区另一侧的一点,该点与球最后穿越水障碍区界线的点距离球洞的长度相等,两杆范围内抛球。

21.球遗失或出界;暂定球(规则 27)

(1)如果球员的球在水障碍区外遗失或者出界,必须在接受一杆的罚杆后,在上一次击球的地点打另一个球,这就是"一杆加距离"。

(2)球员找球的时间为 5 分钟,此后如果还未找到这个球或者无法辨认此球,该球即遗失。击球后,如果球员认为自己的球可能在水障碍区外遗失或出界,应当打一个"暂定球",但必须指出这是一个暂定球。

(3)如果得知自己的初始球遗失(在水障碍区内除外)或者出界,球员必须在接受一杆罚杆后用这个暂定球继续比赛。如果发现初始球在界内,必须用初始球完成该洞,并且必须放弃暂定球。

22.不可打之球(规则 28)

(1)如果球员的球在水障碍区内,不得应用不可打之球的规则。此时,球员如果要采取补救,就必须按照水障碍区的相关规则进行处置。在球场的其他区域,如果认为自己的球不可打,可以在接受一杆的罚杆后:

①在上一次击球的地点打下一个球。

②在该球停点的地方,球洞与球停点的连线后方抛一个球。

③在该球停点两支球杆范围内但不更靠近球洞的地方抛一个球。

(2)如果球员的球位于沙坑内,可以按照以上程序进行处置,但是如果在向后的连线上或两支球杆范围内抛球,则必须把这个球抛在沙坑内。

★ 案例解析

△障碍区常见案例

案例 1.球员去除了沙坑内的树枝,如何处罚?

答:罚两杆,继续比赛。因为球员不能取除沙坑内的散置障碍物。

案例2.准备击球时或做上挥杆过程中,杆头触到了沙面,如何处罚?

答:罚两杆。在沙坑和水障碍区中,打球之前球杆接触地面或水面是违反规则行为,但如果是在打球前不慎跌倒,即使手或球杆触到沙面或水面,依照公正的原则,不予处罚。

案例3.球员在沙坑中采取站位后,感觉选杆有些问题而停止击球并走出沙坑。该球员返回沙坑后,平整了原来站位所留下的脚印,如何处罚?

答:罚两杆,继续比赛。这种行为属于人为制造了站位的场所,同时也是测试沙坑的行为,要接受两杆的处罚。

案例4:落入沙坑的球紧贴着沙耙静止,球员将沙耙去除,如何处罚?

答:不受处罚,继续比赛。沙耙属于妨碍物,在球场的任何地方,如果妨碍球员打球都可以去除。在去除的过程中球发生移动,必须将球重新放置回原位而不受处罚,拿起的球可以擦拭。

案例5.球员因无法确定球杆而拿着两支球杆走进沙坑,确定后,将另外一只不使用的球杆放在了沙坑内并不妨碍或有助于击球的地方,如何处罚?

答:不受处罚,继续比赛。球员可以将球杆、沙耙等物品放在沙坑内,但不能放在有助于或妨碍击球的地方,否则要接受两杆的处罚。

案例6.球落入沙坑中,理所当然地认为该球是自己的球而进行了击球,但击球后发现该球不是自己的球,如何处罚?

答:罚两杆,寻找自己的球后继续比赛,但打错球的杆数不计入成绩。

案例7.击出的球落入水障碍区中,球员没有抛球而是架在球座上完成了下一杆击球,如何处罚?

答:罚两杆,继续比赛。落入水障碍区内的球仍属于使用中球,对使用中球就不能架球座击球,否则要接受两杆的罚杆。

案例8.球落入比较浅但水流较急的小溪中,球在水流的作用下不断向前移动,球员对这个运动中的球进行了击打,如何处罚?

答:不受处罚,继续比赛。在规则中规定,球员不能击打运动中的球,但当球在水障碍区内的水中运动时,球员可以进行击球而不受处罚。但不能为等待风或水流改善球的位置而延误击球。

案例9.击出的球落入水障碍区中,球员在水障碍区内上杆的过程中,球杆碰到了正在生长着的长草,如何处罚?

答:不受处罚,继续比赛。在障碍区中,球杆不能触碰位于障碍区内的地面和水面。但是在上杆过程中碰到长草等生长物时,不必受罚。

案例10.在水障碍区内,球员为了击打水面以下的球而采取站位后,球杆触碰了水障碍区内的水,如何处罚?

答:罚两杆,继续比赛。在水障碍区内,击球之前球杆碰到水障碍区内的水就要接受两杆的处罚。

△ 果岭常见案例

案例1.在果岭上,球员未做标记将球拿起,如何处罚?

答:罚一杆。在拿起重新放置回原位的球时,必须要做标记。

案例2.在果岭上打球,碰到停在果岭上的同伴比赛者的球,如何处罚?

答:罚两杆。在果岭上打的球与从果岭外打的球不同,打球的一方受处罚后在球的停止位置打球,被碰到的球要重新放置回原来位置。

案例3.散落在果岭表面的沙子影响了自己的推击线而将其除去,如何处罚?

答:不受处罚。在果岭上,沙子属于散置障碍物,可以将其去除。

案例4.在推球时,球员的球童站在推击线的延长线上,如何处罚?

答:罚两杆。球童为球员推球时做方向标志,有助于球员的推球。

案例5.在果岭上拿起球后,与兜中的另一个球发生了调换完成击球,如何处罚?

答:罚两杆,在现状态下继续比赛,若击球之前发现并及时纠正就不必受罚。

案例6.在推杆时,球童帮助球员举着雨伞,如何处罚?

答:罚两杆。球员在击球过程中,不能接受任何物理协助。

案例7.在果岭上,球员推出的球碰到插在洞中的旗杆,如何处罚?

答:罚两杆。在果岭上如果推出的球碰到旗杆要接受两杆的处罚。

案例8.球员在果岭外击出的球撞到静止在果岭上的球,如何处罚?

答:不受处罚。果岭上静止的球要重新放置回原位,而果岭外击出的球要在现状态下继续比赛。

案例9.球员用球杆杆身以台球的击球方式,击球入洞,如何处罚?

答:罚两杆,继续比赛。规则规定,球员只能用球杆杆头正确的击球,不能采用推、拨或舀的方法。否则是违反规则的行为,要接受两杆的处罚。

案例10.在果岭上,应同伴比赛者的要求移动了自己的球位标记,但是在自己推球时,忘记挪动球位标记的事实而在现有位置完成了击球,如何处罚?

答:罚两杆,在现状态下继续比赛。该球员属于在错误的地方打球,但如果在击球前发现自己的错误并及时更正就不必受罚。

第二十七单元　中国高尔夫球协会裁判员培训考核体系简介

中国高尔夫裁判员培训体系是由中国高尔夫球协会(CGA)与 R&A 规则有限公司合作建立起来的，每年有 5～6 期初级裁判员培训(3～6 月份)，二期中级裁判员培训(9月下旬)，一期国家级裁判员培训(11 月份)，国家级培训由 R&A 讲师来中国授课，每年 3 月份由中国高尔夫球协会(CGA)推荐 2 个名额到英国进行国际级裁判考核。

高尔夫裁判员分为四个等级：

①初级裁判员

②中级裁判员

③国家级裁判员(A、B、C)

④国际级裁判员

其中，根据理论和实践考试的成绩，国家级又细分为国家 A、B、C 三级。理论考试成绩在 75 分以上，并且通过了实践考核的学员获得国家 A 级证书；理论考试成绩在 75 分以上，但是没有通过实践考核的学员获得国家 B 级证书；理论成绩在 60～74 分之间的学员不参加实践考试，他们获得的是国家 C 级证书。

按照所学的内容和通过要求，初级裁判员可以在级别较低的业余比赛中担任观察员或没有最终裁决权的裁判员。中级裁判员可以在级别较低的业余比赛中担任具有最终裁决权的裁判员，并在级别较高的业余赛事或职业赛事中担任观察员。国家级裁判员可以在级别较低的业余赛事中担任裁判长，在级别较高的业余赛事或职业比赛中担任具有最终裁决权的裁判员。国际级裁判员则可以胜任国际赛事的裁判长或裁判员职务。以下为不同等级培训的详细介绍：

1. *初级裁判员培训*

初级培训的主要内容是高尔夫礼仪、规则中的所有定义，以及《规则快速学习指南》中的常用规则。虽然初级培训过程中会有实践讲解，但考试时只设理论，没有实践部分。理论考试包括 30 道选择题和 4 个球洞分析题，其中有 10%的英文题，要求学员在 1 小时内完成所有试题，通过分数线为 70 分。因为初级培训主要是让学员对高尔夫球规则有一个总体的概念，并掌握一些基本的定义，因此难度较小，从前几年考试的结果看，通过率 85%左右。

2. *中级裁判员培训*

中级培训的内容涉及全部的高尔夫球规则。同初级培训一样，中级考试也只有理论，不设实践考核。中级理论考试分为闭卷和开卷两大部分，其中有 25%的英文题。要求学员在 1 小时 50 分钟内完成所有试题，通过分数线为 70 分。与初级培训相比，中级考试的难度明显增加。学员必须对规则和判例有相当的熟悉程度，才有可能顺利通过中级考试。

中级考试题型及分数分配

第 1 部分		第 2 部分		总成绩
Section A	Section B	Section C	Section D	
25 分	10 分	25 分	40 分	100 分

★ **中级考试题型**

(1)闭卷部分,分为 A、B、C、D 四个小部分。

A 部分是 20 道小题,要求学员根据题目要求熟练默写出相应的规则号。

例如:一位球员打了一个暂定球。答案应该是 27-2。

B 部分是 30 道判断对错题。

例如:沙坑内被草覆盖的地面是该沙坑的一部分。答案应该是“错误”。

C 部分是 10 道选择题。

例如:比洞赛中,在球员的球和球洞之间有一个沙坑。在打球前,该球员平整了沙坑内位于自己打球线上的脚印。该如何处罚?

A. 不受处罚

B. 罚一杆

C. 他在该洞负

相信熟悉规则的读者会马上选择 C。

(2)开卷部分,分为 D 和 E 两个小部分。

D 部分是 10 道要求答出判例号的选择题。

例如:比杆赛中,一名球员用毛巾掸走散置障碍物的时候触及了其推击线。该如何判决?

A. 不用受罚

B. 该比赛者被罚一杆

C. 该比赛这被罚两杆

这道题的答案是 A,同时,考生还必须回答出相应的判例号,也就是 16-1a/8。

(3)E 部分是 6 个球洞的规则分析题,是整个理论考核中难度最大的一个部分。这部分假设两个球员约翰和大卫是一次比杆赛的同组比赛者,而考生则被委员会指定为约翰的记分员并跟随这一组球员完成 6 个球洞的比赛。约翰在每一个球洞都会遇到一些规则状况。出现状况后,考生必须按指定的要求写出规则号或者判例号,并指出相应的罚杆数目。

例如:1 号洞,370 码 PAR 4

①约翰的开球落在球道正中间。但是,当他走到球前时却发现自己的球陷入了短草区域自己的球痕中。约翰拿起这个球,擦拭后将其抛在尽量接近原来停点的位置,但是不更靠近球洞。

②约翰的第 2 杆稍微有些偏右,结果落在了果岭旁的沙坑内。准备击球前,约翰拿走了沙坑内自己球旁边的一个易拉罐。

③不幸的是,他这一杆打得不好,球撞到了沙坑壁后又弹回了沙坑,结果靠着约翰的脚停住了。约翰移开自己的脚,但是球却因此而滚到了沙坑里他的脚印内。约翰把这个球放置回倚靠自己的脚停住的地方。

④约翰救球很漂亮,球停在了球洞旁边仅 2 英尺的地方。他用推杆推带着把球打进了球

洞内。正确的答案见下表。

1号洞	规则/判例	罚杆
1	规则 25-2	0
2	规则 24-1	0
3	判例 19-2/1	1
4	规则 14-1	2

3. 国家级裁判员培训

国家级培训同样涉及全部的高尔夫球规则，其理论考试的形式与中级一样，但是英文部分的试题增加到65%。同时，培训增加了竞赛组织和管理方面的内容，如比赛条件和当地规则制定、球场标定和设置等。

除理论考试外，国家级还有实践考试。只有那些理论成绩达到75分的学员才有资格参加实践考试。实践考试中，每个考生需要现场模拟裁判员处理三个规则问题，每个规则问题的分值是5分，考官将从风格、清晰度和准确性三个方面对考生评分，当然，其中最重要的是准确性。学员只有得到11分才能通过实践考试。

国家级培训中最难的是实践考试。因为大多数学员之前并没有太多的临场执法经验，所以很容易在面对考官时感到紧张，并因此而影响了临场的发挥。因此，每年的国家级考试中有相当多的学员“败”在了实践考试中。对于这个结果，最好的办法是学员平时多花些时间创造和模拟一些执法环境去体验，或者找机会观摩大型比赛并向有经验的裁判学习和请教。

4. 国际级裁判员培训

国际级裁判员培训需要参加R&A举办的赛事管理和高级裁判员培训学校(The R&A Tournament Administrators and Referees School)。R&A每年在圣安德鲁斯举办一次、每两年在亚洲地区举办一次这样的培训。培训内容主要是赛事管理方面和组织方面的高级知识，比如比赛条件、球场设置、临时不可移动妨碍物的处理、控制打球速度等，此外还包括一些疑难判罚的讨论。理论考试的形式与中级和国家级类似。

中高协每年会选派两人参加在圣安德鲁斯举办的赛事管理和高级裁判员培训，考核成绩在80分以上的人(含80分)将获得国际级裁判员称号。

通常，每年春天后就会有初级培训班。中级培训班每年有两次，通常都在7月份以后。每年一次的国家级培训班在11月份左右举办。具体时间确定后，中高协会在其官方网站(http://www.golf.org.cn/)、搜狐高尔夫频道 http://golf.sports.sohu.com/等媒体上公布报名信息，有意愿的学员可以按上面的要求报名。

第四部分

规 则 实 践

第二十八单元 高尔夫常用规则判例实训

1. 比杆赛中，在 7 号洞球员一号木开球，球飞向左边，球员本人和同组比赛者都清楚地看见球落入了球场通道边的垃圾箱里，当球员走到垃圾箱前寻找球时，因为里面堆满了垃圾，他看不见自己的球，如果你是一名裁判，应该怎么处理？

分析：步骤一：询问球员，刚才到底发生了什么？球员会说他在发球区清楚地看见了球偏左直接落进了这垃圾箱里面。步骤二：裁判员应该在观察周边球场的地形状况，是长草、短草、有没有水及其他障碍区等，步骤三：询问同组球员，如果同组球员也证明了球确实落进了垃圾箱里，那么就可以给他按照规则 24-3b 未找到不可移动妨碍物中的球进行补救。

补救步骤：首先必须确认出最外侧边缘点，视为球在这个点上，之后按照规则 24-2b 处理。

(1)寻找正确的最近补救点；

(2)在最近补救点一支球杆不更靠近球洞的范围内抛球。

2. 果岭上有一个小塑料袋，一个球员攻果岭之后，球正好落在了这个塑料袋上，如何处理？

分析：首先要考虑塑料袋的性质，它是人造的，所以是可移动妨碍物，之后要考虑这个球在可移动妨碍物之上应该用到规则 24-1b。

补救步骤：

(1)尽可能准确标定球的位置；

(2)然后将球拿起；

(3)移走可移动妨碍物；

(4)必须在尽量接近球原来所在位置的正下方放置这个球；

(5)可以擦拭球。

3. 一个 5 杆洞，球员在第一落点打他的第 2 杆，之后球打到了沙坑边倚靠一个沙耙静止，这个沙耙影响了球员的挥杆，这时候球员应该如何处理？

分析：因为沙耙属于可移动妨碍物，球也没有在这个可移动妨碍物之中或之上，根据规则 24-1a 处理。球员要向同组球员或记分员说明要移走沙耙，并让同组球员观察到自己处理的全过程。

补救步骤：

(1)先标定球的位置；

(2)移走沙耙；

(3)如果球没动，就在现状态下打球；

(4)如果球移动了，球员不受处罚，但必须把这个球放置回原位。(这个球的移动必须是由移走沙耙引起，否则要受到一杆处罚，把球放回原位)

4.一位球员的球打到了球场通道上，由于雨水较大场地有大量临时积水，当球员采取站位后，发现脚下和球的位置有水出现，这种情况应该怎么处理？

分析：首先要确定球员是否是正当采取站位，之后看临时积水是不是在站位前或后是可见的，最后看球位或站位是否是位于或触及了临时积水。

补救步骤：

(1)球场通道：

①拿起球在最近补救点一支球杆范围内且不靠近“球洞”抛“这个球”，无罚杆；

②最近补救点不在果岭上或障碍区内；

③在最近补救点一支球杆范围内抛这个球，必须首先触及球场部分的一个点，该点可以避开该状况造成的妨碍进行补救。

(2)在沙坑内：

必须拿起球，有两种方式抛球：①不罚杆，按照上述1的条款进行处置，但最近补救点必须在沙坑内，并且必须把这个球抛在沙坑内，当不可能进行完全补救时，在对该状况提供了最大可用补救的沙坑内的球场部分，不靠近球洞。②接受一杆的处罚，在沙坑外抛这个球，在球洞和原来停点的延长线上抛球。抛球点在该沙坑后方的距离没有限制。

(3)在果岭上：球员必须拿起这个球，并将其放置在障碍区以外的最近补救点，不受处罚；当不能进行完全补救时，在对该状况提供了最大可用补救，且距离球的停点最近的地点放置这个球。该点不更靠近球洞且不在障碍区内，补救点可以在果岭外。

(4)在发球区上：球员必须按照上述1的条款进行抛球，不受处罚。

5.因为刚刚下完雨的缘故，球道比较松软，当天的比赛没有选移球位，一名球员在发球区开球之后，这个球直接砸进了球道短草区域内的球道中，如何处理？

分析：这种情况要先考虑这个落球的区域是不是短草区域，当不确定是否陷入地面的时候，可以用手去碰触球下面的土地来确认。如果确认这个球陷入了球道短草区域内自己的球痕中，可以根据规则25-2补救。

补救步骤：

(1)可以拿起并擦拭因下落时的冲击力而陷入地面的球痕中的球；

(2)尽量接近其停点且不较该点更靠近球洞的地点抛这个球，不受处罚。

6.球员在发球区开球之后，球落到了长草区的树墩旁，球位很差，很难将球打出，于是球员宣布了该球不可打，他有几种选择？

补救步骤：

罚一杆后：

(1)在尽量接近上一次打初始球的地点打一个球；

(2)在该球停点的后方抛一个球，在球洞与球的停点的延长线上抛球，抛球点在球的后方的距离没有限制；

(3)在该球的停点两支球杆范围内，但不靠近球洞的地方抛一个球；

(4)按照本规则进行处置时，球员可以拿起并擦拭球，或者替换一个球。

7.一轮比赛中，球员的球落在整修地内，这名球员没有意识到他可以接受免罚杆补救，直接打了球，打球之后他了解到他本来可以在这里抛球，于是让球童捡起了刚才从整修地内打的球，然后按照整修地规则抛了球并完成该洞，怎么处罚？

分析：首先要考虑的是一个静止的使用中球被球员的球童移动了，根据规则 18-2a 要受到一杆的处罚，必须把球放回原位，但是球员没有把球放回原位而是在错误的地方打了球，所以要受到两杆的处罚。

8. 比杆赛第一轮，一名球员在沙坑救球攻果岭，击球时失误，飞出去的球先是打到了同组比赛者的球包然后弹到自己的球包，如何处罚？

分析：首先要考虑的是球员运动中的球被同组和自己的装备变向和停止。尽管这个球击打自己的装备之前先击打了同组球员的装备，但是这名球员也要受到一杆的处罚，并在现有位置打球。规则 19-2 、19-4。

9. 球员寻找球 3 分钟，在界外找到了一个球，认定是他的初始球，按照规则 27-1 在上一次打球的地点打了这个球，之后发现他的初始球在界内，如何处理？

分析：因为球员在上一次打初始球的地点打了一个球，根据规则 27-1 那么这个初始球遗失，在界外发现的球按照一杆加距离进入使用状态。

10. 球员宣布自己的球不可打之后，他有几种处理方法？

分析：接受一杆的处罚后，有三种选择：

①在尽量接近上一次打初始球的地点打一个球(规则 20-5)；或

②在该球的停点后方抛一个球，并使球的停点直接位于球洞与抛球点之间，抛球点在球的停点后方的距离没有限制；或

③在该球的停点两支球杆范围内但不更靠近球洞的地方抛一个球。

如果不可打之球位于沙坑内，球员可以按照上述 a、b 或 c 的条款进行处置，如果他选择按照 b 或 c 的条款进行处置，必须在这个沙坑内抛一个球。

按照本规则进行处置时，球员可以拿起并擦拭他的球，或者替换一个球。

第二十九单元　发球台、球道模拟案例实训

★ **教学建议**

设计具体教学情境：球场的发球台、球道的具体情境下进行模拟案例实训，或模拟球场条件进行模拟案例实训。进行模拟角色扮演，学生模拟球员(同伴比赛者、对手、同组比赛者)、裁判、球童、局外者。案例可以是角色扮演者自己临场设置，也可以是教师设置情境。

1. 球员在发球区将球打出界外，按规则，他用另一个球进行架球，当作击球准备时，他触到球，球从球座上掉落，是否还要受到处罚？

分析：球员在发球区上第一次击球之前，架在球座上的球还没有进入到使用状态，根据规则 11-3 此时球员不受处罚，可以重新架球。所以他只受到一杆处罚根据规则 27-1。

2. 一个球员在发球区内架球，之后他打了一杆，但是没有击到球，他再次击球准备却不小心把球碰下球座，如何处理？

分析：这题与上题的区别是这里球员有意击打了这个球，那么这个球就立刻进入使用状态，规则 11-3 不再适用，之后球员将球碰下球座，视为球员移动了自己的使用中球，根据规则 18-2 要受到一杆处罚，必须把球放回原位。

3. 球员在发球区开球前，用力在球后方地面上踩上一脚，踏平了地面的一块草皮，折断了地面上生长的草，他这样做是否会受到处罚？

分析：根据规则 13-2 允许球员在发球区内的地面上消除或制造不平整状态。这里说的是在发球区之内，所以无论球是不是在使用状态。

4. 一轮比杆赛，球员不小心在发球区外打了球，直到他把球攻上果岭后，才发现自己的错误，于是返回发球区纠正错误，在发球区打得应该是第几杆？

分析：第 3 杆。根据规则 11-4 在发球区外打球要受到两杆的处罚，根据使用中球定义他在发球区外开的球不是使用中球，之后攻果岭的杆数也不计入成绩所以再打第 3 杆。

5. 球包中的球杆超过 14 支，而在第一洞的发球区上发了球，如何处理？

分析：罚两杆。规则规定比赛开始之后球杆不得超过 14 支。若违反此规定，一轮比赛中 1 洞加罚两杆，2 洞以上最高限度加罚四杆。球手一旦发现球杆数超过规定数量，就必须宣布超量球杆不使用“宣言”。此后一轮中如再使用该球杆，即被取消比赛资格。

6. A 和 B 都把球攻上果岭后，A 问 B 上一杆使用的是什么球杆，这样做违反规则 8-1 吗？

分析：不违反。首先我们要考虑是不是影响到了他的打球决断，球杆选择，击球方法，因为询问的是上一次击球的球杆，两个人都已经打完球，所以并没有影响到球员 A 的打球决断，球杆选择，击球方法。

7. 在开球之前，为了指示打球线而让自己的球童站在自己打球线在球后方的延长线上，如

何处理?

分析:根据规则 8-2,罚两杆,继续比赛,不管是在发球区发球还是在果岭上推杆时,都不能为了指示方向,而让自己的球童或一方的球员站在打球线和推击线或延长线上,否则要受到两杆的处罚。

8.球员在球道内找到一个球,认为是自己的球,宣布该球不可打后按照规则 28b 或 28c 进行抛球。抛球后发现这个球不是自己的球,是遗弃的球。如何处理?

分析:当球员对遗弃球进行抛球时,该球立即成为替换球,但是在没有找到初始球的情况下,球员不可以按照规则 28b 或 28c 进行处置。因为球员还没有对初始球进行击球,规则 20-6,球员有权利遗弃替换球,并继续寻找初始球。如果球员的球遗失,球员必须按照规则 27-1 的处置程序进行。

9.散置障碍物的补救方法是什么?

分析:散置障碍物补救的基本原则是:可以移开,不受处罚。但必须确定球的位置。

在球道上:可以移除,但球移动罚一杆。

在果岭上:可以移除,球移动放回原位,无罚杆。

在障碍区内:不得移除,如移除罚两杆。

10.在比杆赛中,球员的球位于靠近界外栅栏边的灌木丛中,受到球车道的影响,他要补救到球道的短草区,同组球员不同意,他认为可以,球员说必须补救到灌木丛中,球员要求打两个球完成比赛,并宣布如果按照球车道免罚杆补救在球道上的球符合规则,则计算该球的成绩。

分析:在比杆赛中,球员可以在对规则发生疑问时,采用同时打两个球解决对规则疑问的难题。但切记:在打第二个球之前一定向同组球员宣布,如果规则允许,自己希望记录哪一个球的成绩。赛后提交记分卡时必须向裁判员报告此事,并听从裁判的裁决。

第三十单元　球道模拟案例实训

1. 一名球员在打球过程中，球因撞击水泥路面，球员认为他的球损坏要求换球，他应该怎么做？

分析：根据规则 5-3 处理，球员可以拿起这个球。

补救步骤：

①拿起球之前，必须向同组比赛者或记分员宣布自己的意图。

②之后他可以拿起这个球检查，要给同组比赛者或记分员提供检查这个球以及他拿起球和放置球回原位的机会。

③不得擦拭球。

2. 击出的球越过防护网，停在了隔壁的球道上，防护网虽然不影响球员的站位和挥杆，但由于影响球员的打球线而采取了抛球的补救措施，如何处罚？

分析：要受到两杆的处罚。因为按照不可移动妨碍物规则补救时，只有在影响球员的球位、站位或挥杆区域时，才能接受无罚杆补救的机会，如果只是影响球员的打球线则不能接受补救。所以球员没有权利拿起自己的使用中球，根据规则 18-2 球员移动了自己的使用中球没有放回原位而受到一般性处罚。

3. 有一条活的昆虫附着在球上，如何处理？

分析：不受处罚，可以将昆虫取除，继续比赛。规则中规定，附着在球上的不是散置障碍物，但又规定附着在球上的虫不视为附着的物体而可以清除。根据规则 13-4 不可以移动障碍区内的散置障碍物。如果球在障碍区内不可以用手直接地碰触，但是可以用毛巾、帽子等物品将它扇走。

4. 在比杆赛中，球员的球在灌木丛中或在界外的栅栏附近，但在球后面仍然可以插进一支球杆进行击球或推击，在球和杆面之间仅有几厘米的距离。如果球员继续挥杆击球，是否违反规则？

分析：可以用几厘米的距离挥杆击球。但是，大多数场合下，球员将可能形成推、拨、舀球的情况。而违反规则 14-1，被罚两杆。在用杆头击球时，如果球杆和球之间只有瞬间的接触或瞬间的活动，属于正确击球。

5. 球员去除球附近的枯枝时，球被移动，如何处罚？

分析：首先要看球的位置在哪里，如果在球道上要按照规则 18-2 受到一杆处罚，将球重新放置回原来位置后打球。如果球在果岭上，就要询问球员球是怎么移动的，然后问同组球员或记分员，看是否球的移动是移走树枝的动作所导致的，如果是直接引起的不受处罚，把球放回原位，否则要受到一杆处罚。

6.在比杆赛中,球场下了一场大雨后,球员把球打到了大树下面,树上的雨水还在往下掉落,球员为了防止雨滴掉落分心,用脚踏了大树两下使树叶上的雨水掉落下来,然后安心把球打上了果岭。如何处罚?

分析:球员移除了使球员分心随时掉落的水滴,属于改善了挥杆区域的击球环境,违反了规则13-2,受罚两杆。

7.球员如何在发球区打暂定球?

分析:球员打暂定球之前一定要宣布自己的意图,宣布时候必须提及“暂定球”这个词或者必须明确指出他是在按照规则27-2a处理,如果球员什么都不说就打了另一个球,这个球将成为他的使用中球,同时他的初始球遗失。

8.一名球员在发球区开球之后,球打短了可能在水障碍区以外遗失或出界,于是打了一个暂定球,开得很远很直,他走到初始球可能落地的地点寻找他的初始球但是没有找到,他向前走打了他的暂定球,之后他在前面找到了他的初始球在界内,初始球的位置比他之前预期的要远,这个初始球是否还在使用状态?

分析:不在使用状态。当球员觉得初始球可能出界或遗失才会打暂定球,因此他实际上无法确定初始球的位置,这也是规则27-2以初始球可能的位置而非实际停点来作为参考点来判断暂定球何时成为使用中球的原因。本案例中,球员已经在一个比初始球可能的地点更靠近球洞的位置打了暂定球,所以暂定球成为使用中球,初始球遗失(规则27-2b)。

9.在比杆赛中,A和B都携带14支球杆进行了比赛。两人使用同一型号品牌的球杆,在5号洞打球时,B的球童误将B球员的球杆放进了A的球包。在接下来的打球中A误将球杆当成自己的球杆打了球。

分析:规则4-4a规定:“开始规定一轮时球员的球杆不得多于14支。他使用的球杆仅限于该轮选择的球杆……”。A符合这句话的要求,因此无须因为携带B的球杆而受罚。但是,当A使用B的球杆时,他违反了该规定的第二句话,按照规则4-4a受罚。发现违规后,A必须立即宣布不再使用这支球杆,还要在该洞被罚两杆,而在以后不再使用该球杆,B可以取回自己的球杆继续使用。

10.不可移动妨碍物的补救程序

补救程序:

(1)选择下一次击球使用的球杆,确定最近补救点。

(2)在最近补救点处插一根tee或放置一个标记物。

(3)以标记点做参考点,丈量一支球杆的范围(即抛球区,可用任何一支球杆丈量)。

(4)再在这支球杆的丈量定点做一个标记。

(5)在上面做好标记之间的范围内抛球。

第三十一单元　沙坑模拟案例实训

1. 球打进沙坑中的脚印里如何处理?

分析:根据规则 13-4,球员要在现状态下打球或宣布不可打,按照不可打之球处理。

2. 球员在沙坑中试挥杆时不小心碰到沙子,如何处罚?

分析:因为规则 13-4 中明确指出当球在障碍区或触及同一障碍区时,不可以用球杆接触障碍区的地面,因为他的球在沙坑内,无论他是否改善了球位,都要受到两杆的处罚。

3. 一个球员的球停在沙坑外的边缘上,但是球员需要站在沙坑里才能打这个球,规则 13-4b 禁止球员在击球前用手或球杆触及障碍区的地面或水障碍区的水,这种情况下球员可否把球杆放在这个沙坑内的沙子上或在上杆时碰到沙子?

分析:可以。规则 13-4 禁止的是球在障碍区内或触及障碍区的情况,在处理这样的问题时,我们首先要看球的位置,只要球没触及和位于障碍区内,那么规则 13-4 就不适用。

4. 一名球员的球位于沙坑内,受到了一个水龙头的妨碍,这时他叫来裁判询问如何补救?

分析:首先要告诉他这个根据规则 24-2 是可以补救的,但是要在沙坑内抛球,或者罚一杆在沙坑外面抛球,因为球抛在沙坑里面时,很容易会陷入进去,那样会更难打球,所以要明确地告诉球员是抛球而不是放置,然后让他来决定是否选择补救。

5. 球员在发球区击球之后,球落在了沙坑内,因为沙坑较软,球位非常不好,很难一杆把球击出,这时球员宣布不可打,应该怎么处理?

补救步骤:首先要告诉球员不可打要受到一杆处罚,一共有 3 种情况:

(1)根据规则 28a 回到上一次击打初始球的地点。

(2)根据规则 28b 在球停点后方,球洞与球停点连线上抛一个球,但是必须在沙坑内抛这个球。

(3)根据规则 28c 在球停点两杆范围内不更靠近球洞抛一个球,必须在沙坑内抛这个球即使受到沙坑的限制只有一杆范围。

6. 一名球员的球位于沙坑内,在他上杆过程中球杆碰到了沙坑的地面,但是他完成了这次击球,要受到处罚吗?

分析:根据定义,上杆不属于击球的一部分,所以无论球员是否完成这次击球都要根据规则 13-4 受到两杆的处罚。

7. 一名球员在沙坑内击球,但是他把球打出界。按照规则 27-1,他必须在这个沙坑内再打一个球。这名球员抛球前首先平整了刚才打球造成的脚印,然后又试挥了几次并碰到了沙子。他是否要受到处罚?

分析:他不受处罚。规则 13-4 指的是球员的球在障碍区内或者从障碍区内拿起可以在障碍区内抛或放置此球的场合。本案例中，球员的球是从沙坑内打出去的，而非拿起来的。

8.球员把球打出沙坑后，正在低头平整沙坑时，刚打出沙坑并静止的球又滚回了沙坑内。

分析：球打出了沙坑并静止，所以球员可以平整沙坑，之后球滚回沙坑不受处罚，继续在现状态下打球。

9.在比杆赛中，同伴比赛者的球和自己的球停在了同一个沙坑内，并靠在了一起，根据同伴比赛者的要求，做好标记后将球拿起，但球位标记被同伴比赛者击球时打飞了，自己的球位留下一个很深的打痕。

分析：根据规则球员有权利享有球静止时球位状态的权利，所以可以不受处罚地恢复沙坑中球静止时的球位，即平整沙坑到原有状态，之后放置球回原位。

10.球在沙坑内一小块生长着的草皮上，球员在击球前球杆碰到了沙子。

分析：球位于沙坑内生长的草坪上，没有接触沙坑的沙子，所以根据沙坑的定义，该球不属于沙坑内的球，所以球杆接触沙子不受罚。

第三十二单元　异常球场状况模拟案例实训

1.一名球员开球之后，球位于临时积水中，应该怎么处理？

操作步骤：

(1)向同组球员明示按临时积水补救；

(2)用下一次可能使用的球杆正常站位，寻找出最近补救点；

(3)正确丈量一杆范围；

(4)正确地抛球。

2.球杆碰触到长草算是接触地面吗？

分析：草和地面是两个不同的概念。在长草中，球杆的确可以只是碰到草而不触及地面。规则中触及地面的标准是看草是否已经被压迫到支撑球杆重量的地步。也就是说，虽然球杆已经碰到草，但是如果此时球员仍然是用自己的力量悬提着球杆，规则将认为球杆还没有接触地面。

3.球员的球停在全是临时积水的沙坑内，按照规则 25-1b(ii)第一个选项他在沙坑内利用最大可用补救点采取补救，他抛了这个球，之后他发现这个位置还是没法打球，于是他决定罚一杆在沙坑外抛球好些。这样做可以吗？

分析：不可以。规则 25-1b(ii)允许球员从两种处理方式中选择一种。但是球员不可以在使用一种选择后，因不喜欢这样的选择而再使用另一种选择。因此规则 25-1 不再适用，这个球员只能在现有位置打球或者宣布不可打。

4.球员的球停在了一片大树下面，导致球员无法直攻果岭，但是，球员发现自己直攻果岭时，站位受到临时积水的妨碍，他要求按照临时积水妨碍接受补救抛球，是否可以？

分析：规则 25-1b 的例外指出，如果球员采用不必要的异常站位、挥杆或打球方向才产生妨碍，球员不得接受补救。因为大树使球员不可能直攻果岭，所以他使用直攻果岭的站位就是不必要的异常站位。所以，他不能因站位受到这片临时积水的妨碍为由而抛球。

5.球员从发球区的开球飞向球道左侧，但是那里的地势低洼，所以球员无法直接看到球的落点。他走到那里后，发现里面有一大片临时积水，临时积水的周围则是很高的长草。球员知道自己的球可能在临时积水里，也可能在长草里。这种情况下，他可以按照球遗失在临时积水里处理吗？

分析：不可以。如果球员既不知道也不能肯定他的球就在这片临时积水里，他就不能按照规则 25-1c 处理。如果无法找到自己的球，球员此时正确的做法是按照遗失球处理。被罚一杆后回到发球区再打一个球。

6.一名球员的球落在长草中，里面有一片地方被委员会标定成了整修地。这名球员花了不到1分钟的时间没有找到球，就认为自己的球落在了整修地内——尽管他既不知道也不能肯定这个事实，他按照球遗失在整修地内的规则打了一个球。随后，有人在整修地外发现了他的球。该如何对他进行处罚？

分析：当他按照规则25-1c打了另一个球后，这个球就成了使用中球，他的初始球遗失。

在既不知道也不能肯定球在整修地的情况下，他无权按照规则25-1c处理，他本来应该按照遗失球处理，因此，他实际上从错误的地方打了球。

比洞赛中，他在该洞负(规则20-7b)。

比杆赛中，他要按照规则27-1受到一杆加距离的处罚；此外，他还要因为违反这条规则而受到另外的两杆处罚(规则20-7c)。如果违规严重，他必须按照规则20-7c纠正自己的错误，否则要被取消资格。

7.一名球员把球打向一大片临时积水，他找了一会儿球没找到。因为可以肯定自己的球就在这片临时积水里，所以他按照规则25-1c找到球最后穿越这片临时积水最外侧边缘的点后抛了一个球。他正准备打这个球时，有人在5分钟期限内告诉他初始球找到了。这名球员现在该怎么办呢？

分析：因为这名球员可以肯定自己的球就在临时积水里，所以他按照规则25-1c处理是正确的。当他抛了另一个球后，这个球已经进入使用状态，他不可以继续打自己的初始球。此后球员要根据实际情况决定自己下一步该怎么做。

补救步骤：

(1)如果初始球在临时积水里，并且球员根据它的位置，可以判断出自己所确定的球最后穿越临时积水最外侧边缘的点是错误的，并因此导致球被抛在错误的地方，球员必须按照规则20-6纠正错误，并用正确的参考点来抛一个球继续比赛，不受处罚。

(2)在非常偶然的情况下，球员也可能发现初始球其实在临时积水之外。这种情况下，球员必须用抛下去的球继续比赛，不受处罚。

8.实际比赛中如何判断一个球是否“陷入地面”并因此确定可否获得补救呢？

分析：一个球必须在自己的球痕中并且有一部分低于地面，才被视作陷入地面。但是，球不必非要触及土壤才被视为陷入地面，也就是说，在球和土壤之间可以有草或者散置障碍物。

9.大雨过后，球道变得异常松软。一名球员按照某条规则在球道上抛球，结果，抛下去的球砸到地面上后居然陷了进去。这名球员可以按照规则25-2补救吗？

分析：如果抛球后球陷入地面。视为球员击球后飞行砸入地面，他可以按照规则25-2补救。

10.如果要抛球的区域极其松软，球员每次抛球时球都会陷入地面，他该怎么办？

分析：如果抛球时球陷入地面，重抛球时球又陷入地面，出于公正(规则1-4)，球员可以在尽量接近重抛球时陷入地面的点处放置此球，但是不得更靠近球洞。

如果球员抛球超过两次，每一次球都陷入地面后他才意识到自己可以在第二次抛球后放置球，他可以在尽量接近第二次抛球时陷入地面的点放置此球。

第三十三单元 果岭模拟案例实训(一)

1. 一名球员可以扫走在他推击线上的霜或露水吗?

分析:不可以。规则 16-1 禁止球员触及其推击线,除非他移走的是散置障碍物、修补旧洞埋迹等。根据定义霜和露水不是散置障碍物。

2. 球员按照规则 16-1b 拿起在果岭上的球,并将其擦拭和重新放置。因为球员走近球要进行下一杆击球,担心球可能会移动。所以,他再次拿起球,将其重新放置并打球。该如何裁定?

分析:不受处罚。倘若球员两次都标定了球的位置,规则允许球员拿起果岭上的球,没有次数限制。

3. A 的球在果岭离球洞 20 英尺的地方停下来。他在标定了该位置并将球捡起。B 的球在果岭但远离球洞的位置处。因此 B 可以先打球。当 B 的球在运动时,A 重新放置了球。他意识到了 B 的球可能会打到自己的球,于是 A 为了避免撞击,重新标定了球的位置并捡起球。该如何裁定?

分析:不受处罚。A 放置球随后并捡起球被认为是规则 16-1b 有关允许捡起球的延伸。规则 22 在该案例中不适用,因为球员按照规则 16-1b 首先捡起球。

4. 一名球员把他的手放在果岭表面上来测试果岭是不是潮湿的,他没有擦抹拨扫果岭的表面,这样做违反规则 16-1d 而受到处罚吗?

分析:不受处罚。规则 16-1d 禁止球员以滚动球或擦抹拨扫果岭表面的方式来测试果岭,因为球员也没有触及推击线,所以规则 16-1a 也不适用。

5. 球痕已经被一名球员修复,球痕位于另一名球员推击线上。后面的球员可以再一次修复球痕吗?

分析:倘若还可以清晰辨认其是球痕,是可以修复的。

6. 如果球员的球刚好位于果岭外,并且在打球线上有一球痕,如果球痕在果岭上按照规则 16-1c 球员有权利修复球痕。如果位于打球线上的球痕一部分在果岭上,一部分在果岭外,该如何裁定?

分析:因为仅仅允许修复在果岭上的球痕部分是不切实际的,球员可以修复整个球痕。

7. A 和 B 正在进行比洞赛,在三杆洞,两人在发球台发球后,A 的球停在离果岭 4 英尺的地方,B 的球停在离果岭 15 英尺的地方,到达果岭时,A 准备修复他的球痕。B 告诉 A 在他(B)推击前不要修复球痕,因为 A 的球痕可能帮助他的球改变方向而进洞。A 反对,并按照自己的意愿立即修复了球痕。A 可以这样做吗?

分析:不可以。如果 A 要修复球痕,按照规则 1-2 他会在该洞负。如果 B 要求 A 不要修复球痕，A 没有权利修复影响 B 推击线上的球痕，除非球痕的位置也影响了 A 的打球且刚好轮到 A 打球。

8. 球员的球位于球洞区上，一旧洞埋迹陷进或突起在推击线上。球员可以接受怎样的补救？

分析：球员可以通过提高或降低埋迹高度使其与果岭同高，规则 16-1c。如果不可能这样做，他可以要求委员会提高或降低埋迹高度。如果委员会不能没有延误的进行，应该宣布该埋迹为整修地，球员可以按照规则 25-1b(iii)接受补救。

9. 球员的球位于或靠近果岭，在进行下一杆之前，允许球员轻轻往下拍打球洞旁边的钉鞋痕吗？

分析：不允许。该行为将违反规则 16-1c，因为修复球洞旁边的钉鞋痕可能会有助于后来球员在该洞的打球。

10. 球员认可了对手的下一次击球并沿着自己的推击线将球击开。是否违反了规则 16-1d？

分析：该问题取决于球员的行为是否为了测试果岭表面。行为方式及目的是裁定这个案例的取决因素。

第三十四单元　障碍区模拟
案例实训

1. 当球员的使用中球在水障碍区内的补救方法是什么？

补救步骤：

(1)向同组球员说明按水障碍区补救，被罚一杆后。

(2)跟同组球员确定最后入水点。

(3)按照水障碍区相应的规则补救。

2. 球员去除了沙坑内的树枝，如何处罚？

分析：先确定球员的球是否在沙坑内，因为树枝是自然物体，是散置障碍物。球员的球位于沙坑根据规则 13-4 因为球员不能取除沙坑内的散置障碍物，所以要受到两杆的处罚，即使球员认识到错误又将树枝放置回原位。

3. 准备击球时或做上挥杆过程中，杆头触到了水面，如何处罚？

分析：罚两杆。在沙坑和水障碍中，打球之前球杆接触地面或水面为违反规则的行为，但如果是在打球前不慎跌倒，即使手或球杆触到沙面或水面，依照公正的原则，不予处罚。

4. 球员的球打到了横跨水障碍区的桥上，并位于水障碍区的界线内，球员做击球准备时球杆接触到了桥面。如何处理？

分析：桥是妨碍物，在障碍区内，做击球准备或为了击球使球杆向后运动时，球员可以用球杆或其他物体触及任何妨碍物，因为水障碍区内的妨碍物不是障碍区的地面。

5. 落入沙坑的球紧贴着沙耙静止，球员将沙耙取除，如何处理？

分析：不受处罚。沙耙属于妨碍物，在球场的任何地方，如果妨碍球员打球都可以取除。在取除的过程中球发生移动，必须将球重新放置回原位而不受处罚，拿起的球可以擦拭。

6. 球员因无法确定球杆而拿着两支球杆走进沙坑，确定后，将另外一只不使用的球杆放在了沙坑内并不妨碍或有助于击球的地方，如何处理？

分析：不受处罚，球员可以将球杆、沙耙等物品放在沙坑内，但不能放在有助于或妨碍击球的地方，否则要接受两杆的处罚。

7. 球落入沙坑中，理所当然地认为该球是自己的球而进行了击球，但击球后发现该球不是自己的球，如何处理？

分析：球员打完一个球后发现不是自己的使用中球，属于打错球，根据规则 15-3 处理，比杆赛受到两杆的处罚，之后必须纠正其错误。

8. 击出的球落入水障碍区中，球员在水障碍区内上杆的过程中，球杆碰到了正在生长着的长草，如何处罚？

分析：不受处罚。在障碍区中，球杆不能触碰位于障碍区内的地面和水面，但是在上杆过程中碰到长草等生长物时，不必受罚。

9.球员从发球台A点发球将球打进水障碍区内的B点，入水点为C点，球员选择在水障碍区内打球并成功地将球打出水障碍区，但球经E点又再次滚进并停止在相同的障碍区内不可打的D点。该球员如何处理。

分析：球员可以接受一杆的处罚后有如下选择：

(1)在B点抛球并进行打球，打第4杆，规则26-2a(i)。

(2)在球洞和E点的连线后方抛球打球，距离没有限制，打第4杆，规则26-2a(ii)。

(3)在E点两杆范围内抛球，不靠近球洞，打第4杆，规则26-2a(ii)。

(4)在E点的河对岸等距离的点的两杆范围内抛球，不靠近球洞，打第4杆，规则26-2a(iii)。

10.在比杆赛中，A和B的发球都进入了侧面水障碍区。他们确定初始球最后穿越水障碍区的界线的点，并接受罚一杆，选择按照规则26-1c的处置进行补救。A在一个比球最后入水点稍微靠近球洞的位置进行抛球，并完成击球，B选择一个比最后入水点更靠近球洞40码的地方进行了抛球，并完成击球。

分析：A违反规则26-1c，受罚两杆的处罚。并必须将在错误地方抛球的球击球进洞完成该洞的比赛，规则20-7c。B严重违反规则26-1c，受罚两杆的处罚，在下一洞发球前，必须按照规则26-1c选择一种方式对另一球进行抛球并击球进洞，否则B要被取消资格，见规则20-7c。

第三十五单元　果岭模拟案例实训(二)

1.对手或同伴比赛者故意踩踏损坏推击线,来改善推击线,如何处理?

分析:两种情况,对手或同伴都违反了规则 1-2。比洞赛该洞负,比杆赛罚两杆。除非委员会做出取消比赛资格的处罚。

比杆赛中,如果损坏了推击线,比赛者可以修复到原来的状态,可以由任何人修复。

2.在比杆赛中,比赛者免除同伴比赛者一个短推击,并将球打到一边。同伴比赛者捡起球后在下一发球区进行打球,没有按照规则 18-4 的规定重新放置球,该如何处罚?

分析:比杆赛没有 OK 球,正确的做法应该是把球放置回原位,但是球员没有这样做而是在下一个发球区打了球。按照规则 3-2 未击球进洞,他要被取消比赛资格。

3.果岭上球员拿起球标后觉得球线不对,在没有放置球标的情况下又重新拿起球来摆线,是否受罚?

分析:受罚。根据规则 20-1 拿起球和标定球的位置,球员拿球之前没有标定球的位置要受到一杆的处罚。

4.球在运动中可以移走放置在地上的旗杆吗?

分析:旗杆属于可移动妨碍物。通常情况下,当球正在运动时,球员不得移动可能影响此球运动的妨碍物。但是,被照管、移走或举起的旗杆是个例外。球员不受处罚(规则 24-1)。

5.在果岭上打球,碰到停在果岭上的同伴比赛者的球,如何处罚?

分析:根据规则 19-5a 罚两杆。在果岭上打的球与从果岭外打的球不同,打球的一方受到处罚后在球的现有位置打球,被碰到的球要重新放置回原来位置。

6.散落在果岭环的沙子影响了自己的打球而将其除去,如何处理?

分析:罚两杆。果岭环不属于果岭,属于球场通道,在球场通道上的沙子不属于散置障碍物,所以不可以取除,如去除则属于改善打球线,按照规则 13-2,罚两杆。

7.在一次比杆赛中,一名球员的球在果岭上,他出于习惯,在推球之前在自己球的左前方 4～5 码的距离内喜欢用推杆接触地面试推,这种行为是否违反了规则 16-1 触及推击线?

分析:根据规则 16-1 要受到两杆的处罚,推击线是一片区域,而不是一条线,分析这种情况也要根据当时球员的球距离球洞的距离和果岭的坡度等来确认。

8.在比杆赛中,球员在果岭上推球时,把球摆好线后准备推击时突然一阵风把球吹动了,球滚动到了果岭外的沙坑里,如何处理?

分析:风不是局外者,所以球员必须接受风带来的任何影响。球在果岭上是使用状态的球,球被风吹到任何位置,球员都必须在新的位置状态下打球,而不能按照规则 18-1 把球放置回原位。如果把球放置回原位,球员要因移动静止的球被罚一杆,并必须在击球前放回新的停点,如果不这样做直接打了球,将被罚两杆。

★9. 在比杆赛中,由于A、B两人的球标距离很近,A错误地将自己的球放置在了B的球标处,并进行了击球,球停止在了洞附近,此时发现了错误,A在没有标定球的位置的情况下,拿起球并将其放置在自己球标的位置,打完了该洞。

分析:当A把自己的球放置在B的球标处进行击球时,他在错误的地方打球,要罚两杆。球变成使用中球(规则20-7c)。当A没有标定球的位置,把停止洞附近的球拿起,但没有打球,他违反规则20-1要受到一般性处罚即罚两杆。所以,A共计要罚四杆。

10. 球员推击后,球童在移除旗杆时,旗杆上的旗帜突然脱离旗杆掉落下来打到了正在运动的球,使球变向。

分析:旗帜一旦离开旗杆,它就不是旗杆的一部分,是局外者。所以,取消该次击球,球必须被放置回原处,规则19-1。

第三十六单元　案例综合实训(一)

1.一个球员认为他的球不可打,按照规则 28c,抛了他的球在球停点两支球杆范围以内,这个球静止的位置是初始的位置或更加不可打,这怎么办?

分析:当他抛球之后这个球就进入使用状态规则 20-4,因此,如果球静止到初始的位置或另一个新的位置,他就要再一次引用不可打规则再受到一杆的处罚,除非他决定在现有位置下打球。

2.比洞赛一个球员没有找到他的球视为被局外者移动了,而不是遗失,在没有已知或有证据证明的情况下,抛了一个球在他认为初始球可能静止的地方(规则 18-1)打了它,而不是采用一杆加距离处理遗失球(规则 27-1),怎么处理?

分析:在没有已知或能证明这个球被局外者移动的情况下,这名球员要求把另一个球投入到使用状态按照规则 27-1,打了按照规则 18-1 处置的球,那么他就在错误地方打了球。比洞赛该洞负(规则 27-7b)。

3.在比杆赛中,A 球员的球打进了沙坑,A 球员球童的帽子被风吹掉滚到球上,使球移动了,球童急忙走进沙坑捡起帽子,把球放置回原位,并耙平了自己的脚印,回到沙坑边站好,A 球员受罚吗? 罚几杆?

分析:受罚。根据规则 18-2,静止的球被球员、伙伴、球童或装备移动,要受到一杆的处罚并把球放置回原位,球童耙平了他造成的脚印违反了规则 13-4 测试障碍区,因为是 2 个行为动作,所以一共要处罚三杆。

4.球员在发球区开球之后,球进入到了水障碍区,流动的水把球带出了界外,球员可以引用规则 26-1 吗?

分析:不可以。因为这个球静止在界外,这个球员必须引用规则 27-1,水不是局外者,参照局外者定义,因此不能引用规则 18-1。

5.球员在果岭上取除散置障碍物的过程中,不小心用脚移动了球。该如何裁定?

分析:按照规则 18-2a 球员被罚一杆,必须重新放置球。规则 23-1 规定,如果在果岭上取除散置障碍物的过程中不小心将球移动,球员不受处罚。但是,这条规则仅仅适用于球的移动直接归因于散置障碍物的取除时。在这个案例中,散置障碍物的取除不是造成球移动的原因。

6.球员在下坡推击时捡起位于球和球洞之间的散置障碍物,但仍有一些留在洞的正后方。对手或同伴比赛者想要取除残留在球洞正后方的散置障碍物,因为它们可能会在后面挡住球,但球员拒绝取除。对手或同伴比赛者可以取除位于球洞正后方的散置障碍物吗?

分析:不可以。当轮到球员打球时,如果球员要求他的对手或同伴比赛者不要取除影响球员打球的散置障碍物,他们无权这样做。如果对手或同伴比赛者置之不理,则违反了规则 1-

2。在比洞赛中，对手在该洞负；在比杆赛中，同伴比赛者受罚两杆的处罚。按照公正的原则(规则 1-4)，球员有权力重新放置散置障碍物。

7.在比杆赛中，比赛者的球位于有助于同伴比赛者打球的位置上，按照规则 22-1 比赛者应不延误同伴比赛者打球地拿起球。但是，比赛者没有按照规则采取任何行动。委员会成员应该干涉其中，公正的要求比赛者采用规则保护自已和剩下的比赛部分吗？

分析：是的。如果比赛者没听从这一要求，将会有充分的证据判定双方商议不拿起球的目的是有助于同伴比赛者打球，来排除规则 22-1 的应用。委员会成员可以公正地建议相关的比赛者，并提醒他们如果仍旧没有拿起球，按照规则 22-1 双方均要被取消资格。

8.风可以吹动的物体(如人造物体：塑料制品、纺织品、生活用品等，自然物体：如树枝、树叶、蒿草等)直接导致球移动，如何处理？

分析：风不是局外者，被风吹动的任何物体移动了球，此时，被风吹动的物体属于局外者。球被局外者移动，所以必须把球放置回原位，没有处罚。

9.球员的球位于球洞区上受到临时积水的妨碍，但在球洞区上而补救的最近点在球洞区外，球员是否可以因为临时积水的妨碍接受补救。

分析：球位于球洞区上，考虑到球的位置和在打球线上受到的妨碍，球员可以接受补救。在位于球道上的最近补救点处放置球。

10.球员的球打进了侧面水障碍区，但水障碍区的线边上是球车道，球员按照最后入水点两支球杆范围抛球时，抛在了球车道上，但球每次抛球后都滚进障碍区，按照“两抛一放”原则，把球放置在了球车道上，之后他又按照不可移动妨碍物球车道，进行补救到了球道上。

分析：球员按照规则 26-1c 补救，可以抛在球车道上，之后球放置在球车道上，按照规则 24-2 进行无处罚的补救，抛在球道上完全正确。但不能按照水障碍区之间跨越抛到球道上。

第三十七单元　案例综合实训(二)

1. 一块泥附在球员的球上,球员按照不允许擦拭球的规则拿起球。当他重放置球时,为了不让泥块妨碍杆面和球,他可以朝另外一个方向放置球吗?

分析:如果球被重放置在被拿起的地方,是可以的。但是,如果球员在这种情况下旋转是为了"tee"在泥上(把泥土当球 tee 用),将会违反规则 20-3a。

2. 在比杆赛中,球员把球打进了果岭边的沙坑,他击球前拿起了沙坑中的一个散落的树枝放到了沙坑外,接着试挥杆又打到了沙坑里的沙,准备击球站位时,杆面接触了沙面。接着把球打上了果岭,停在了洞口。该球员接受几杆罚杆?

分析:球员在障碍区内拿起散置的树枝属于散置障碍物,违反规则 13-4c,被罚两杆。试挥杆打到沙子,违反规则 13-4b。站位时杆头接触沙面,同样违反规则 13-4b,按照击球前多次违反一条规则不叠加处罚的原则,后两项不叠加处罚,被罚两杆,所以该球员因为违反规则 13-4c 和规则 13-4b,共计被罚四杆。

3. 一名球员的球卡在了一棵很高的树上,他希望用晃动树或者投一个球杆让球掉下来,这样他就能辨认球然后按照不可打规则处理。这样做正确吗?

分析:如果他什么都没说的情况下就晃动树木使球落下,将会受到一杆的处罚,根据规则 18-2a。这名球员应该声明他的意图在他采取动作之前,之后辨认如果是他的球按照规则 28 处置。

4. A 把球打进了球场内正在施工的工地内,并且无法找到这个球该如何处理?

答:球场内正在施工的工地属于不可移动妨碍物,球员可以肯定自己的球在这个不可移动妨碍物内,他可以按照规则 24-3 处理。程序是:

①确定球最后穿越工地最外侧边缘界线的点;

②假设自己的球就在这个确定的点上;

③按照规则 24-2b 找到最近补救点,并在补救点一杆范围内抛球补救。

5. 在球场通道,一名球员的球静止在了一个塑料袋上,在球员引用规则 24-1b 之前,一阵大风吹动塑料袋把球带到了一个新的位置,进行规则 24-1b 球员应该在原始的位置抛球还是应该在新的位置?

分析:风不是局外者,参见局外者定义。然后一个物体被风移动了,这个物体是一个局外者。

在这个事情上,是塑料袋而不是风移动了球,因此根据规则 18-1 和规则 24-1b 球员抛这个球在原始的位置塑料袋的正下方不更靠近球洞。

6. 在球场通道上,球员在球附近取除散置障碍物后球移动了,但球员没有触及球,该如何判罚？

答：此问题取决于球员是否是使球移动的因素，按照规则18-2a受罚一杆，委员会应该在散置障碍物的取除和球移动之间考虑大量的事实，如散置障碍物紧挨着球，取除散置障碍物时的推力或方法，风力大小和动作轻缓。对可疑情况无把握时要对有关运动员作不利裁定。

7. 比杆赛中，一名球员在球场通道上没按顺序打球，他应该继续打球没有处罚，但是他错误地以为他应该纠正错误重新打球，这名球员抛了另一个球在他上一次打球的地点，在他打这个球之前他对自己的行为产生了怀疑，怎么处理？

分析：这名比赛者把一个球按照一条规则投入到使用状态但是没有打它，规则20-6适用，然后球员可以纠正自己的错误继续打初始球，没有处罚。如果比赛者打了抛的球，就将视为是按照一杆加距离处置，初始球遗失。

8. 一名球员在发球区开球之后，球遗失在树上，该树位于球场通道被标示为整修地的区域上。这时球员应该怎么办？

分析：首先要看整修地的定义，位于整修地内所有地面和任何草、灌木、树或其他生长物均为整修地的一部分，所以确定了该球位于整修地内。球在整修地内未找到，根据规则25-1c，球员必须能有证据证明球在整修地内，比如同组球员或记分员都看见球落到整修地内，这是可以按照球遗失在整修地内补救。

补救步骤：

(1)首先要确定球最后穿越该异常球场状况最外侧边缘的点。

(2)该球被视为在最外侧边缘点上。

(3)球员可以拿起球、擦拭球，在最近补救点一支球杆范围内且不较该点更靠近球洞的地方抛这个球。

9. 在比杆赛中，比赛者在球洞区上推击后，球被除蠕虫、昆虫以外的运动的局外者移动。球员没有按照规则19-1b要求重新放置回原处并击球，而把球推进洞后，又在下一洞打了球。

分析：比赛者的球被局外者移动，必须重新击球，该次击球被取消，所打的一杆不予计算。该球员没有重新击球，而是在一个错误的地点击球，如果严重违反了规则，他要被取消资格(规则20-7c)。否则，初始球的杆数计算在里面，他因为违反规则19而受到罚两杆。

10. 在比杆赛中，A的同伴比赛者兼记分员B拒绝在记录A在15号洞发球区打球的记分卡上签名，A对他在发球区内打球提出申诉。委员会赞同A的申诉。但B无视委员会的裁定，仍然拒绝在A的记分卡上签字。B是否受罚？

分析：B不受罚。不能强迫记分员在自己认为不正确的记分卡上签字，尽管委员会确定正确的记分卡。但是，记分员必须汇报这一事实并鉴别分数是否正确。委员会可以接受目睹第15洞打球的任何人的证明。如果没有目击者，委员会可以不需要任何证明而接受A的分数。

第三十八单元　案例综合实训(三)

1. 比杆赛中球员在发球区开球之后,球飞越了175码还没有停止,被球场维护车辆变向并出界。球员申诉车辆不应该开在那边,要求在靠近初始球被变向的地点抛球,这样做正确吗?

分析:不正确。根据局外者定义,维护的车辆属于局外者。因为球被变向并出界,规则19-1和27-1适用,所以球员唯一的选择是在发球区打第3杆。球员在靠近初始球被变向的地点抛球的话将在错误的地方打球,严重违反规则将会被DQ。

2. 比杆赛中,在果岭上,A要求B,他的同组比赛者,照管旗杆,B答应了。但在A推球时,B没有移除球杆,球撞到了旗杆,该如何判罚?

分析:如果B没有移除旗杆的目的是故意让A受罚,B严重违反规则1-2,要被取消资格。根据规则1-4,A可以重新击球不受处罚。

如果B没有移除旗杆不是故意的,按照规则17-3,A要受到两杆处罚并在现有位置打球。B不受处罚。

3. 一名球员按照整修地补救用错误的方式抛了一个球,并把球抛在了错误的地点,怎么处罚?

分析:如果球员在他打球之前纠正了错误,没有处罚。如果球员没有纠正错误就打了下一杆,在比洞赛中,他在该洞负(规则20-7b)比杆赛中,他受到两杆的处罚,尽管这名球员违反了两条规则用错误的方式抛球和在错误的地方打球,但是这名球员只受到两杆的处罚从错误的地方打球(规则20-7c)。

4. 比杆赛中,在果岭上,球员用旗杆来测量决定打球顺序,这名球员意外地用旗杆移动了他的使用中球,是否要受到处罚?

分析:如果球被移动时,这名球员用手握着旗杆或触及旗杆,这将归于由测量的特定行动直接引起,不受处罚。

如果球移动的动作不能直接归因于测量的特定行动直接引起,要受到一杆处罚(规则18-2a)把球放回原位。

5. 比杆赛中,A和B的球都位于果岭上,A先推,A的球在滚动过程中接触到了静止在果岭上的B的球,但是B的球没有移动,也没有影响到A的球继续滚动。怎么处罚?

分析:因为A的球没有被B的球变向或停止,A不受处罚。然而如果有人提出怀疑B的球影响A的球滚动距离,将按照不利于A来处理。

6. 一名球员在沙坑里打球,球飞出去之后意外地被沙耙变向停止,当时球员的球童手正握着这个沙耙为了去耙沙,怎么处理?

分析:当一个球意外地被沙耙变向或停止,但是这个沙耙联系着这名球童,就视为球童使球变向停止，根据规则 19-2 受到一杆的处罚并在现有位置打球。

7. 球员的球位于球场通道上有大量的散置障碍物的地方，包括球静止时所倚靠着的树枝。看起来如果球员移动树枝，球可能会移动。球员想按照规则 5-3(不适于使用之球)或规则 12-2(辨认球)或他被要求按照规则 22(有助于或妨碍打球的球)拿起球。他拿起球，但是在重新放置球前，他移动了那个区域内的散置障碍物，包括球静止时所倚靠的树枝。这样允许吗？

分析：不允许。按照规则 18-2a，在球场通道上如果球员移动散置障碍物结果造成了他的球移动，球员要受到处罚。在重新放置球前，允许他在拿起球之前移动影响球员打球的散置障碍物，可以绕过这条规则。按照公正的原则，球员应该受罚一杆的处罚。

在这些场合下，如果球员想要取除影响他打球的散置障碍物，他应该在拿起球之前或重新放置球之后移动散置障碍物。如果他随后在移动散置障碍物时移动了球，按照规则 18-2a 球员要受罚一杆的处罚并且要重新放置球。

8. 当球员按照有关重新放置球的规则拿起球时，移动了影响球员球位的散置障碍物。按照公正的原则(规则 1-4)，球员要重新放置散置障碍物吗？

分析：是的。如果他没有这样做，当他的球位于球场通道时，按照公正的原则(规则 1-4)，球员在比杆赛和比洞赛中均要受罚一杆的处罚。如果他没有这样做，当他的球位于障碍区内且散置障碍物的初始位置位于或触及了同一障碍区时，按照公正的原则(规则 1-4)，球员在比洞赛中该洞负，比杆赛中罚两杆。

9. A 的球在果岭上，B 的球在离果岭 100 码处。B 要求 A 按照规则 22-2 将球拿起，因为他可能妨碍到 B 打球。在整轮比赛中，这种情况发生了几次。此程序允许吗？

分析：规则 22 包含了球有助于或妨碍另一球的合理的可能性的场合。如果规则被滥用，就像在这个例子中，委员会将会以不正当延误而处罚 B(规则 6-7)。

10. 在比杆赛结束后不久，发现获胜的球员没有在记分卡上签名。这样受罚吗？

分析：委员会必须了解判断出在比赛结束前比赛者是否知情，从而决定没有在记分卡上签名(规则 6-6b)是否违反规则。如果他知道，要被取消资格。否则，按照规则 34-1b 的规定，不受罚，而且必须维持比赛结果。

第三十九单元 案例综合实训(四)

1.球员在果岭上取除散置障碍物的过程中,不小心用脚移动了球。该如何裁定?

分析:按照规则 18-2a 球员受到一杆的处罚,必须重新放置球。规则 23-1 规定,如果在果岭上取除散置障碍物的过程中不小心将球移动,球员不受处罚。但是,这条规则仅仅适用于球的移动直接归因于散置障碍物的取除时。在这个案例中,散置障碍物的取除不是造成球移动的原因。

2.一名球员在发球区开球之后球静止在了树根下面,他打了一杆,但是没有打到球,之后认为球不可打,球员可以回到发球区打第 4 杆吗?

分析:不可以。根据规则 28a,球员可以被罚一杆之后,回到上一次打初始球的地点,但是在这个案例中,上一次打初始球的地点是树根下面而不是发球区。

3.一名球员在 A 点把球打到了 B 点,这名球员宣布球不可打进行规则 28b 或 28c,按规则罚一杆抛球之后,球静止在 C 点,这名球员再次认为球不可打,根据规则 28a 被罚一杆想回到 A 点,可以吗?

分析:可以。根据规则 28a,球员可以被罚一杆之后,回到上一次打初始球的地点,这个案例中,虽然球员在点 B 把球抛到点 C,但是最后一次打初始球的地点是 A 点。所以球员可以再次宣布不可打回到 A 点。

4. 球员的球位于水障碍区内,他从障碍区中取除了散置障碍物,后来决定不在障碍区内打球,按照规则 26-1 的处置进行。但是同组球员提出异议,因为球员动了障碍区内的散置障碍物。

分析:首先要询问同组球员和球员在移动散置障碍物之前有没有声明说不在障碍区内打球,如果没有,那么要受到两杆的处罚根据规则 13-4 禁止球员触及或移动位于障碍区或触及同一障碍区内的散置障碍物。

5.一场比杆赛中,球员的球被局外者移动了,他和球童都没有意识到球被移动过,于是球员没有重新把球放置回原位就打了它,之后一名观众告诉他球被移动过,怎么处罚?

分析:不受处罚。因为当球员在现有位置打球时,不知道也不肯定局外者移动了球的事实,所以继续比赛,不受处罚。

6.球员的球位于水障碍区内,球童没有得到球员的授权就拿起了球,怎么处罚?

分析:这将不根据规则 18-2a 处罚,如果没有任何疑问在球员的动作或声明中球员不在水障碍区内打球。

如果球在一个可打的位置并且球员什么都没有说,就将受到一杆的处罚根据规则 18-2a,这时球员可以把球放置回原位,或在受到一杆的处罚后根据规则 26-1 按照水障碍区规则处理。

7.一名球员的球倚靠旗杆静止,没有得到球员的授权,他的对手或同组比赛者移动了旗杆,球远离了球洞,怎么处罚?

分析:比洞赛中,对手要受到一杆的处罚,球必须重新放置回原位(规则 18-3b)。比杆赛中,这个球必须重新放置回原位,没有处罚(规则 18-4)。

8.一名球员在发球区开球,他把球包放在球座附近,这样能让球包来阻挡阳光照到球 tee,然后他打了一杆,受到处罚吗?

分析:是的。虽然球员没有接触到球包,但是他也受到了球包的保护违反了规则 14-2,球员不可以放一个物体或一个人来阻挡阳光照到他的球。

9.一名球员确信他的球在沙坑里被草覆盖,这名球员寻找球时用球杆接触了沙坑的地面,要受到处罚吗?

分析:没有处罚。规则 12-1 明确地说明当寻找球时可以触及障碍区的地面,可以不顾及规则 13-4 任何的禁止。

10.球员在果岭上标定了球的位置,拿起球放到一边,到他打球时,没有放置回原位直接就推了球,怎么处罚?

分析:当一个球按照规则 20-1 拿起的时候,就脱离了使用状态,当球员打了一个不在使用状态的球就视为打了一个错球。

比洞赛,该洞负。比杆赛,受到两杆的处罚,要求必须在下一个球洞开球之前纠正错误,否则取消比赛资格。

第四十单元　案例综合实训(五)

★1. 比杆赛中,一名比赛者认为自己的开球可能遗失,于是打了一个暂定球。他找到了一个球,以为这是自己的初始球,于是击打了这个球,然后捡起了自己的暂定球,此后他发现刚才打的不是自己的初始球,而是一个错球。他回去继续找初始球但是没有找到。怎么处罚?

分析:因为他没有找到初始球,所以那个暂定球就自动成为他的使用中球。该比赛者违规拿起自己的使用中球(暂定球),他要因此被罚一杆并把球放回原位。

本案例中应该注意几个问题:①这个球员的初始球遗失,他要被罚一杆,同时暂定球成为他的使用中球。②他要因为打错球被罚两杆。③他要因违规拿起使用中球被罚一杆,所以这名球员一共被罚了四杆,加上他此前已经有了两次击球,现在他要打的是第 7 杆。

★2. 一名球员认为自己的球在水障碍区中,但是他找了大约 1 分钟并没有找到自己的球,因此,他按照规则 26-1 在障碍区后方抛并且打了一个球。随后,他在障碍区外发现了自己的初始球,此时距他之前开始寻找球还不到 5 分钟。他还可以打初始球吗?

分析:当球员在障碍区外抛并且打了另一个球后,此球成为使用中球,初始球即告遗失。

如果球员当初知道或肯定初始球在水障碍区内的位置,他可以按照规则 26-1 处理,否则,规则要求他按照规则 27-1 将另一个球投入使用状态。如果打了按照规则 26-1 抛的球,那么他就构成从错误的地方打球。

比杆赛,他受到规则 27-1 规定的一杆加距离处罚,还有因为在错误地方打球,受到另外两杆的处罚。如果违规严重,他必须根据规则 20-7c 纠正错误,否则将被取消资格。

3. 一名球员的球停在长草区一个很差的球位上,他站位区域的旁边正好有一个井盖。正常情况下,这个井盖并不会对球员的站位构成影响。但是,球员声称他希望扩大自己双脚的站位来打这个球,这样的话他的脚就可以站在井盖上,从而获得规则 24-2 的补救机会。裁判员应该给他补救机会吗?

分析:规则 24-2b 的例外指出,如果不可移动妨碍物只有在球员明显不合理的击球方式或不必要的异常站位,挥杆或打球方向时,不可移动妨碍物才构成妨碍的话,球员不可以按照规则接受补救。

因此,如果裁判员判断球员扩大站位宽度只是为了得到补救机会,他应该拒绝这样的请求,只有球员采取正常的站位姿势时这个井盖对其构成妨碍,他才能获得补救机会。

4. 球员从果岭外击出的球距离球洞已经很近了,并且仍然在滚动,但突然跑过来一条狗叼起这个球跑了一段,然后把此球丢弃在地上。球员该怎么办?

分析:如果球被局外者变向,球员必须在球被移动后的现有位置打球,不受处罚。但是,本案例中这只狗叼起球跑了一段,所以要求球员在现有位置打球是不妥当的。按照规则 19-1a,

球员应在尽量接近狗叼起球的地点放置这个球,不受处罚。

5.一名球员的球靠着旗杆静止,球一半在球洞内一半在球洞外。球员误以为已经进洞,于是将它拿起。该如何判决?

分析:一个球只有整体位于球洞边缘的水平面以下才被认为进洞,因此,这个球并没有进洞。这个球员因为在果岭上没有标定位置就拿起球,被罚一杆。他必须把这个球放置回倚靠旗杆的位置,然后再移动旗杆看其是否进洞。

比杆赛中,如果他没有纠正错误就从下一个发球区开了球,他要因为违反规则 3-2 而被取消资格。

6.球员攻果岭的球悬在洞边。他走到球洞旁边后标定了球的位置并将它拿起,擦拭,然后把这个球放置回原位。这个球在球洞边上停留了 5 秒钟左右后掉进球洞,怎么判决?

分析:当球员标定了悬在洞边的球的位置并将其拿起后,这个球员已经认可了球的静止状态。因此,当把此球放置回原位时,必须视其已经静止。悬在洞边的球静止后又掉进洞中,该球员被视为用上一杆击球进洞,但是他在这个球洞的成绩必须加上一杆罚杆。

7.一个标定界外的立桩影响了球员的挥杆,他走上前将其拔走。但是,同组球员告诉他这样做不可以。于是,这名球员在击球前又把这根立桩插回了原来位置。他还要受到处罚吗?

分析:标定界外的物体属于固定物,移动它们将违反规则 13-2。在这名球员移动界桩的那一刻,他已经违反了规则 13-2。之后,无论他是否把界桩放回原位,都要受到处罚,比杆赛罚两杆,比洞赛该洞负。

8.球场通道上,一名球员的球正好停在别人打球造成的球痕旁边,并且这个球痕影响到了他的挥杆。他可以修理这个球痕或抛球补救吗?

分析:这个问题取决于那个球痕是何时出现的。

如果球痕是在球员的球静止之前就已经存在,他必须接受这个结果,在现有位置打球,不能修补。

如果球痕是在球员的球静止之后出现的,那么出于公正,这个球员可以修理这个球痕。

9.在比杆赛中,球员没有按照顺序发球,他原本可以不受处罚地用该球继续进行比赛,但是他却放弃了该球,用另一个球以正确的顺序打了球。

分析:由于球员没有按顺序打的第一个球已经是使用中球,当他对另一个球进行发球时,初始球即遗失了,在接受一杆加距离的处罚后,另一个球成为了使用中球。

10.在比杆赛中,同组球员 A 说 B 不可以按照某条规则补救,而一直盯着 B 打球还经常大声与其争吵,甚至相互叫骂,严重影响 B 正常打球,且不听裁判劝阻,继续争吵。

分析:本案例是故意使其他球员分心,故意冒犯他人,严重影响他人打球。属于礼貌礼仪方面的严重犯规是球员无视礼仪规则的行为。虽然委员会可以按照规则 33-7 认为球员在礼貌礼仪方面严重犯规而取消该球员的比赛资格。但在大多数案例中,仅仅在更为严重的违规时才实施取消比赛资格的处罚。采取礼仪礼貌方面严重违规的处罚取决于委员会的裁定。

第五部分

复　习　题

复习题一

1.蚯蚓是散置障碍物吗?

2.按照水障碍区补救是否可以抛球在沙坑里?

3.在果岭上球员用球座标定并拿起了球,但影响了其他人推球,他没有把球放回原位就直接替换了 mark。是否受罚?

4.比杆赛中球员寻找球时无意中碰到球并将其移动罚几杆?

5.选移球位的操作步骤是什么?

6.比赛中遇到雷电危险球员可以终止比赛吗?

7.球员不同意裁判员的裁决该怎么办?

8.初始球进洞后又打了错球,是否应接受处罚?

9.举例说明什么情况下认为球员严重违反规则 1-2。

10.一名球员用球杆挡住即将进入水障碍区的球,该如何处理?

11. 移走沙坑内的妨碍物时,将散置障碍物移动,该如何处理?

12.码数桩妨碍了球员打球怎么办?

13.比杆赛中球童违反了运输条件,乘坐了球车,怎么办?

14.球员在果岭上推球,结果撞到了同组比赛者位于果岭环上的球,罚杆吗?

15.球员的球静止在了果岭上,这时一只鸟飞来把球员的球碰到了水障碍区里,怎么办?

16. 球员没有找到球,球可能在水障碍区内遗失,也可能在长草中遗失,如何裁定?

17.球员的球可能在水障碍区以外遗失,他打了一个暂定球,暂定球的球位非常好,于是他没有寻找自己的初始球就击打了暂定球可以吗?

18.球员在发球区架好了球,在他上杆的过程中球掉了下来,他没有停止,将球打了出去。请问球员要受到处罚吗?如果罚,罚几杆?

19. 记分员 A 明知道同组球员 B 违规,仍然在记分卡上签字,如何处罚?

20.球员可以在刚完成的球洞区上练习吗?

复习题一答案

1.是

2.可以

3.按照规则 20-1。罚一杆

4.罚一杆

5. 位于球场通道短草区域的球可以被拿起和擦拭,不受处罚,拿起球之前必须标定球的位置,然后必须放置在一支球杆范围以内不更靠近球洞。

6. 可以

7. DQ

8. 不会

9. 球员击球之后，球本来应该滚进沙坑，球员用脚挡住了球。

10. 严重违反规则 1-2，DQ。

11. 仅仅因为上面有树叶就禁止球员移走可移动妨碍物有失公平。所以，出于公正(规则 1-4)该球员可以移走可移动妨碍物。如果树叶在此过程中被移动，他不受处罚，但是必须把树叶放在尽量接近其原来位置的地点。如果他不按照要求放置这片树叶，考虑到规则 13-4 的目的，他将在比洞赛中该洞负，比杆赛中被罚两杆。

12. 可以移走，码数桩是可移动妨碍物。

13. 球员要被罚两杆。

14. 不罚杆。

15. 球员可以把球放回原位，不受处罚。依据规则 18-1。

16. 初始球遗失罚一杆回上一次打初始球地点再打一个球。

17. 可以。

18. 不受处罚。依据规则 11-3。

19. DQ。

20. 可以。依据规则 7-2。

复习题二

1. 在比赛中，球童可以给球员示范挥杆动作吗？

2. 在比赛中，球童可以用球杆向球员示范打球方法吗？

3. 比赛时在发球区球员发球前，球童修理了发球区地面上的不平整处，可以吗？

4. 比赛时在发球区上球员发球时第一杆打空了，球童将球座压低后继续让球员打球，可以吗？

5. 在比赛中，球童捡起球员打进树林中的球，并把球抛到球道上，可以吗？

6. 比赛时在球道上，球童向下按压沙子、浮土来改善他(她)球员的球位、站位、挥杆区域、打球线、将要抛球或放置球的区域，可以吗？

7. 比赛时在球道上，球童向下按压被放回原处打起的草皮等，来改善他(她)球员的球位、站位、挥杆区域、打球线、将要抛球或放置球的区域，可以吗？

8. 比赛时，球童故意用手、脚、身体、球杆或沙耙、弯曲树枝或生长物等来改善他(她)球员的球位、站位、挥杆区域、打球线等，可以吗？

9. 比赛中，球童违反相应的规则球员要受到处罚吗？

10. 在比杆赛中，A 和 B 的球打到果岭上后发现是同样的品牌号码和标记，A 知道哪个是自己的球，为了避免混淆，球童给他替换了一个不同标记的球，A 用替换的球完成了该洞比赛，这样做可以吗？

11.除了由球童背球杆之外，请问球员可不可以再找别人为他携带比赛之外的其他物品(例如雨衣、雨伞、食物及饮料)？

12.球员的球停在了仙人掌的旁边，他用毛巾将仙人掌包起来，以防止自己打球时被仙人掌刺伤，怎么判罚？

13.在比杆赛中，球员用错误的打球顺序打了球，怎么办？

14.球员的球静止在了球道中的一根生长着的树根下，他拔掉了树根，并且此过程中球移动了，球员要受罚吗？如果罚，罚几杆？

15.球员在修理球痕时，触及了推击线怎么办？

16.球员的球静止在了果岭上，这时一阵大风刮来，将球员的球吹到了果岭环上，怎么办？

17.球员的球开到了球道上，一片树叶在球的附近，球员拿走了树叶，怎么处罚？

18.比杆赛中，三杆洞岛型果岭，果岭周围都是黄桩标定，开球打穿了，在果岭后方越过黄桩下水，球员在果岭后方球的最后入水点两杆范围不更靠近球洞处抛球，切击上果岭，两推进洞，然后在下一洞开球了。球员把这个洞的成绩记为五杆。按规则应该如何计算球员的成绩？

19.比杆赛中，果岭边第二杆切击球，球粘在了杆面上，把球取下来，放在刚才打第二杆的地方，再切击，球直接打进洞。这个洞打了多少杆？

20. 比杆赛中，沙坑中击球前，先捡开了沙坑中的几片树叶，然后把球杆倚靠在沙坑中等同组的击球，试挥杆时不小心碰到了沙子，与此同时还带起了一根散落的枯草，并把球碰动了几厘米，怎样处罚？

复习题二答案

1.可以。

2.可以。没有造成延误为前提，规则 8-1。

3.可以。规则 13-2。

4.不可以。罚一杆，根据规则 18-2A 重新放置球；否则按一杆加距离处罚，规则 27-1。

5.不可以。罚一杆，根据规则 18-2A 重新放置回原位。否则罚两杆。

6.不可以。依据规则 13-2，罚两杆。

7.不可以。依据规则 13-2，罚两杆。

8.不可以。依据规则 13-2，罚两杆。

9.受罚。

10.不可以。依据规则 15-2，罚两杆。

11.可以。携带其他物品的额外人员应视为局外者。

12.该球员不可以这样做。依据规则 13-2。罚两杆。

13.不受处罚，继续比赛。

14.不可以。依据规则 13-2。罚两杆并必须把球放回原位。

15.不受处罚，依据规则 16-1。

16.在球的现有位置击球，因为风不是局外者。

17.不受处罚。

18.正面水障碍区只能有两种补救方法(罚一杆):第一,在最后入水点与球洞连线后方无限延长线上抛球;第二,回到上一杆的地方打球。球员在最后入水点两杆范围不更靠近球洞处抛球,属于在错误的地方打球,罚两杆,且因为严重违反规则(有明显不当获利),必须纠正错误——回到发球区打第5杆;如果在下一洞开球前没有纠正错误,则取消资格。

19.球粘在杆面上时正确的处置是:不罚杆,计算一次击球,在最接近球粘在杆面上球杆静止的位置抛球打下一杆。球员没有抛球而是放置球,属于"在错误的地方打球",罚两杆。这个洞是五杆完成。

20.拿起沙坑中的树叶(散置障碍物)罚两杆;把球杆倚靠在沙坑中罚两杆(测试障碍区);试挥杆的这一个动作同时违反了几条规则(触沙罚两杆、触动散置障碍物罚两杆、造成静止的球移动罚一杆),不叠加处罚,只罚两杆(把球放回原位)。罚六杆。

复习题三

1. 规则1-2中对球的运动施加影响的行为有哪些?

2.球员在沙坑击球前发现在自己的球位旁边放着沙耙,以拖动的方式将其移动到远处,如何处理?

3.在另一个沙坑中测试沙坑表面硬度后,走进球所在的沙坑中完成击球后,如何处理?

4.球员在沙坑边踢到了橡树种子,踢进了沙坑并对球员挥杆造成妨碍,球员捡起了橡树种子。球员要受处罚吗?

5.球员在沙坑中击球,球又滚回沙坑,球员因生气而用球杆敲打了沙坑的地面,如何处理?

6.球员的球正好打入沙坑沿中的沙子里,宣布不可打的处理方法是什么?

7.球员在沙坑中的球完全被树叶覆盖,是否允许球员取除一部分树叶以便击球时能看到球的一部分。

8.一名球员将球打到了球道上,但是他的下一杆必须站在错误的果岭上才能打,这名球员可以补救吗?

9.一场大雨后,水溢出了水障碍区,球员的球落入了溢出的水中,他可以免罚杆补救吗?

10.球员的球静止在了从整修地伸出的树枝上,他可以按整修地的补救方法补救吗?

11.球员的球倚靠标定水障碍区的立桩静止,该怎么处理?

12.球员找球2分钟后打了一个错球,他用受罚吗?

13.球员的球倚靠矿泉水瓶静止,该怎么补救?如果球动了该怎么办?球员会受到处罚吗?

14.球员的球静止在了沙坑中的一张纸巾上,该怎么办?

15. 球员A在球道把球劈向一个上坡,结果球滚了回来。这名球员把球杆放在身体前方停住了这个球。从当时的情况判断,如果他不这样做,这个球应该会继续向前滚动几码的距离并停在球道上。如何判罚?

复习题三答案

1. 规则 1-2(对球的运动施加影响或改变自然条件)主要是指球员或其球童有意识地或者故意地对球的运动或所存在的自然条件施加影响。如果不是有意识的或故意的行为,就不能用这条规则对球员施加处罚。例如,球员在抛球后,落下去的球滚向球员,如果球员因躲闪不及而被球撞到,他不受处罚,但必须重抛这个球(规则 20-2)。但是,如果他用脚把球挡住,就构成了对球的运动施加影响。

2. 罚两杆,依据规则 13-4。

3. 罚两杆,依据规则 13-4。

4. 罚两杆,依据规则 13-4。

5. 罚两杆,依据规则 13-4。

6. A. 按照 杆加距离回到上一杆打球的地点打一个球;B. 在球与球洞后方的延长线上抛球;C. 两杆范围内抛球。按照 B、C 两种方式处理必须把球抛在沙坑内。

7. 不可以,球员没有看到球的权利。

8. 不可以。依据规则 25-3。

9. 可以。

10. 可以。整修地内的任何生长物属于整修地。

11. 水障碍区的立桩是妨碍物,可以将其移走。

12. 比杆赛罚两杆,必须纠正错误,还有 3 分钟找初始球的时间。

13. 球员可以移走水瓶,如果球移动了,必须把球放置回原位,不受处罚。

14. 球员可以标定球位后、移走纸巾,然后在球位上方抛球。

15. 这名球员故意停止了球,所以属于影响球的运动。因为违规并不严重(只是几码的距离误差并且球不会停在障碍区),应判他在比洞赛中该洞负,比杆赛中被罚两杆。比杆赛中,他接下来必须在停住球的地方打这个球。

如果球员故意使球变向而非停止它,比洞赛中他在该洞负。比杆赛中,如果违规不严重,他要受到两杆的罚杆并必须在球被变向后的新位置继续打这个球。如果违规严重,该球员要被取消资格。

需要指出的是,发生这样的情况后不能用规则 19-2 来处理,因为这条规则指的是球员意外变向或停止球的情况。

复习题四

1. 一场大雨过后，委员会可以采用选移球位。

2. 在比杆赛中，球童一对二服务时，A、B 都把球打上了果岭，经球员授权后，球童标定球后捡起了两个球，擦拭后错误地把球互换后交给了 A 和 B，结果 A 用 B 的球击球入洞，B 用 A 的球击球入洞，是否可以？

3. 比杆赛中，球童找到长草中的球，告诉球员球在这儿，击球后发现打了错球，球童不好意思地又去找球，又找到一个球，经辨认后球童自信地告诉球员，这个是我们的球，球员不高兴地把球打上了果岭，结果还是错球，球员自己找到了初始球，并顺利完成该洞，请问球员该洞罚几杆？

4. 什么是“有意影响一洞的比赛而改变自然条件”？

5. 在比杆赛中，球打上果岭后，球童用毛巾擦干推击线上的临时积水可以吗？

6. 在比杆赛中，球员的球上了果岭，球童用手去除了嵌入推击线上的橡子果，橡子果不是牢固地嵌入的，他是散置障碍物，随后球童修复了橡子果留下的凹陷痕迹，是否违反规则？

7. 在比赛中，球童用手掌扫除推击线上的散置障碍物，扫了很多次，可以吗？

8. 在比赛中，球员不小心把手中的球杆脱手掉在了球员的推击线上，砸了一个很深的凹痕，严重影响推球，是否可以无罚杆修理？

9. 在比杆赛中，球员的球位于果岭外很近的地方，球员准备用推杆击球，这时球童发现位于打球线上的果岭环上有一个很大的球痕，急忙上前修复了，是否可以？

10. 在比赛中，球员听音乐或者聊微信，打电话是否违反规则 14-3？

11. 在规则 1-2 的例外 2 中，什么是“纯粹出于保护球场的目的”？

12. 球员将球推向球洞，结果球悬在洞边停了下来，10 秒钟后也没进洞，球员生气地直接走向下一洞，球童赶紧捡起球跟着走了，是否可以？

13. 球悬停在洞边倚靠旗杆静止，球童移除旗杆时，使球发生了移动，并掉进洞内，是否受罚？

14. 球童移除旗杆时，球童携带的备用球从衣袋中掉落，碰到了悬停在洞边的球员的球，使球发生了移动，是否受罚？

15. 球员在 A 点把球打到 B 点，之后从 B 又打到 C，球员宣布不可打，根据规则 28a 回到 B 之后还可以再宣布不可打回到 A 点吗？

复习题四答案

1.可以。

2.不可以。根据规则15-2,罚两杆。

3.罚四杆,继续寻找球打断了2次打错球之间的联系。

4.这句话指的是球员通过有意改变已存在的自然环境或自然条件而影响(或可能影响到)自己或他人的打球。

例如,比杆赛中,球员发现同组比赛者的推击线上有一块掀起的草皮,他出于好心用脚踩在同组比赛者的推击线上以帮助他改善推击线,这种行为就属于“有意影响一洞的比赛而改变自然条件”,违反了规则1-2。

5.根据规则16-1a,不可以,罚两杆。

6.违反规则,果岭上只能修复旧球洞埋迹和球痕,橡树果凹陷的痕迹不可以修复,所以根据规则16-1a,罚两杆。

7.可以,只要扫的时候确实还有散置障碍物的存在。

8.不可以。

9.不可以。根据规则13-2,罚两杆。

10.是的,球员听音乐、打电话会使他心情放松,违反规则14-3将要被取消资格。

11.这句话指的是高尔夫球规则礼仪部分所鼓励的行为,但这些行为要在合适的时间以规则允许的方式实施。只要球员的行为纯粹是为了保护球场,并且没有故意影响本组球员的球的运动或者与他们比赛有关的自然条件,规则1-2的规定就不会因为球员遵照礼仪行动而对其施加处罚。

例如,虽然球员不得为了影响对手或同组比赛者的球的运动而平整球洞边缘的凹凸或向下敲打鞋钉印,但通常情况下,他可以出于对后组球员的礼貌,或者为了保护球场而采取上述行为。类似的,在不影响同组球员打球的前提下,球员可以通过修理打痕或把铲出去的草皮放回原处等行为整理球场。

12.不可以。罚一杆。必须纠正错误,否则未击球进洞DQ。

13.不受罚,算进洞。

14.根据规则18-2a,罚一杆。

15.不可以。

复习题五

一、选择题

1. 下列属于异常球场状况的选项是(　　)

A. 打痕

B. 临时积水

C. 沙坑

2. 下列属于助言的选项是(　　)

A. 离果岭多少码

B. 用几号杆

C. 旗杆在果岭的什么位置

3. 一位球员将球打入了长草区,球周围没有明显的积水,当他正常站位后发现双脚周围渗出了积水,此时他按照临时积水补救后将球打出去,正确的处罚是(　　)

A. 不罚杆

B. 罚两杆

C. 罚一杆

4. 在侧面水障碍和正面水障碍区,正确的补救参考点是(　　)

A. 球的停点

B. 球的最后入水点

C. 两杆范围内抛球点

5. 在球道上,移动散置障碍物时使球移动,正确的处罚是(　　)

A. 不罚杆

B. 罚一杆

C. 罚两杆

6. 找球时间是(　　)

A. 5 分钟

B. 10 分钟

C. 从他找球到最后

7. 在果岭上,球员用推杆推球,球碰到旗杆,正确的处罚是(　　)

A. 不罚杆

B. 罚一杆

C. 罚两杆

8. 球员将球击入沙坑内,球员正常挥杆,上杆时杆头碰到沙子,但他并没停止挥杆将球击打出去,正确的处罚是(　　)

A. 不罚杆

B. 罚一杆

C. 罚两杆

9. 比杆赛中，球员的球撞到同组比赛者的装备上，正确的处罚是（　　）

A. 不罚杆

B. 罚一杆

C. 罚两杆

10. 在发球台上，没用球座架球，直接打出去，正确的处罚是（　　）

A. 不罚杆

B. 罚一杆

C. 罚两杆

11. 果岭上，将推击线上的落叶用帽子扫除，正确的处罚是（　　）

A. 不罚杆

B. 罚一杆

C. 罚两杆

12. 如果一个球员在球道上抛球，球滚进沙坑，球员正确的选择是（　　）

A. 在球停止的地方打球

B. 重新抛球

C. 在球停止的地方打球或重抛球

13. 不属于异常球场状况的是（　　）

A. 兔子洞

B. 临时积水

C. 沙坑

14. 在障碍区内球员完成击球准备，下列说法正确的是（　　）

A. 障碍区内没有击球准备

B. 进入障碍区

C. 摆好站位

15. 比洞赛中，球员打错球的处罚是（　　）

A. 罚一杆

B. 拿回来重打

C. 该洞负

16. 下列属于球员装备的选项是（　　）

A. 球员正在使用的球

B. 球员用来标定球的位置正在使用的球座

C. 球员的毛巾

17. 球员击球之后，撞到石头后落下，有明显的裂痕，球员正确的选择是（　　）

A. 在现有位置打球，可以替换一个球

B. 在球停点位置两杆范围不更靠近球洞的位置抛球

C. 必须取消这次击球

18. 比杆赛中，小明请自己的朋友小辉在前 9 洞当球童，9 洞过后，他又请刚刚结束比赛的另一位朋友小涛给自己做后 9 洞的球童。正确的处罚是（　　）

A. 无处罚

B. 罚两杆

C. 罚四杆

19. 比洞赛中，球员在下列情况下要受到处罚的是(　　)

A. 偷看对手的球包，以确定他刚才用哪一支球杆打球

B. 掀开对手球包上的防水盖偷看，以确定他刚才用哪一支球杆打球

C. 球员和对手都从发球台击球后，他向对手询问刚才他用的是哪一支杆

20. 球员不可以接受免罚杆补救的选项是(　　)

A. 伸进沙坑的木质台阶

B. 发球区旁边竖起来的金属网

C. 树桩

二、判断题

1. 球员 A 完成一洞后，B 推球进洞之后，对 A 说自己上一洞攻果岭使用了什么杆，B 属于助言，B 要受到处罚。(　　)

2. 做好击球准备后，球动了，罚两杆。(　　)

3. 瞄球时，球移动了，又回到了原位，不受处罚。(　　)

4. 在发球台上球员将球架在球座上，并在洞杯与球后方延长线上踏出了一个脚印，该球员要被罚一杆。(　　)

三、案例分析题

在比杆赛中，皮特从发球台开了一个球，打进了长草中，于是他进入长草区找了一个球便打了出去，之后发现不是自己的球。于是他回到长草中，找到了自己的球，打到了沙坑中。他用手触碰了沙坑，查看沙坑的深度。他将球打到了果岭上，推球前修补了旧洞痕迹，如何处理？(写出规则号和罚杆)

复习题五答案

一、选择题答案

1. B　2. B　3. A　4. B　5. B　6. A　7. C　8. C　9. A　10. A

11. A　12. B　13. C　14. A　15. C　16. C　17. A　18. A　19. B　20. C

二、判断题答案

1. ×　2. ×　3. √　4. ×

三、案例分析题答案

违反规则 15-3b，打错球罚两杆，违反规则 13-4，测试障碍区(沙坑)罚两杆，修复旧洞痕迹没有罚杆，所以共罚四杆。

复习题六

一、判断题

1. 球员的脚在沙坑内无意中移动了散置障碍物，但球没有移动，不用受罚。(　　)

2. 球员在做练习挥杆的过程中导致他位于球道上的球移动，这次击球有效。(　　)

3. 记分员一定是同组比赛者。(　　)

4. 一位球员在第16洞的时候把他所有的球都用完了，他此时可以向其同伴比赛者借用一颗球。(　　)

5. 在第15洞球员A领先2洞，待打3洞，在第16洞时他和对手都打了四杆，此时球员A成为等洞方。(　　)

6. 当一方领先的洞数和待打的洞数相同时，一方被称为等洞方。(　　)

7. 用来标定球的位置的硬币被认为是球员的装备。(　　)

8. 当一个球位于错误的果岭上时，规则禁止打球。(　　)

9. 一洞比赛之间球员可以练习击球。(　　)

10. 标定界外的立柱是不可移动妨碍物。(　　)

11. 一个球员的球位于一条毛巾之上，处置的程序是最靠近球的停点的正上方抛球，果岭上放置球但不更靠近球洞。(　　)

12. 移动之球是指一个球离开原来的位置并且在其他位置静止。(　　)

13. 一个球员的球位于被鼠类扒开的洞穴边，此时该球员一定可以接受无罚杆的补救。(　　)

14. 当一个球员的球在沙坑外时，球员可以把球杆的杆头放置在沙坑内。(　　)

15. 比洞赛中的球员被相互称为同伴比赛者。(　　)

16. 球员的球位于错误的果岭，此时球员必须在球的现有状态下打球。(　　)

17. 沙坑内有一个被野兔挖开的洞穴，球员的球正好接触洞穴静止，此时球员可以接受无处罚的补救。(　　)

18. 水障碍区边上的立柱即使实质上影响了球员的站位，球员也不可以取除此立桩。(　　)

19. 在比杆赛中，球员匆匆忙忙在13:00赶到发球台，此时他的出发时间也是13:00，此球员不用接受两杆的处罚。(　　)

20. 球员在击球时未被允许必须看到球的权利。(　　)

21. 球员可以站在发球区外面打位于发球区里面的球。

22. 当球的任何一部分位于果岭时，就算是位于果岭上的球。(　　)

23. 球员可以打正在水中运动的球，但不可以等待时机，利用水流的作用打球。(　　)

24. 比洞赛中，球员的球被对手的球童变向或停止，此时处罚是一杆。(　　)

25. 正面水障碍区的立柱必须用黄桩来标示。(　　)

26. 当球员在找球时，被规则允许的找球时间仅仅只有5分钟。(　　)

27. 一支球杆的杆身明显弯曲，这只球杆被规则认为是不适于使用的球杆。(　　)

28. 当球员的球位于异常球场状况时，球员不可以宣布他的球不可打。（　　）

29. 当球员接受水障碍区的补救时，可以替换一个球来补救。（　　）

30. 球员在发球台上看见架球之处凸起，便任意踩了一脚，此时的处罚是：罚两杆。（　　）

31. 球员的球位于沙坑旁的沙耙边，此时球员应当首先拿起球，移开沙耙，然后接近球的原位置抛球。（　　）

32. 球员在发球台上击球，随后因为击球发力过大，竟然没有击中球（打空了），此时按常理来说这一杆不算。（　　）

33. 在球道上被遗弃的球属于散置障碍物。（　　）

34. 球员可以在木杆的杆面贴上最新科技的长打贴膜，使用后可以减少侧旋，增加距离。（　　）

35. 在球道上，球员的球停在了一片树叶上，此时球员如果移动树叶导致球移动，处罚是一杆。（　　）

36. 最近补救点就是离球最近的一个点。（　　）

37. 球最后穿越水障碍区的点就是球停在水里的那一个点。（　　）

38. 比杆赛的比赛方式是个人赛，四球赛，四人两球赛。（　　）

39. 在障碍区内当球员确立好双脚后即为做好了站位。（　　）

40. 被草坪工人挖开的坑属于异常球场状况。（　　）

41. 打球线是指一条线，不向两侧延伸适当的距离。（　　）

42. 当球的一部分接触到界外线时即为出界。（　　）

43. 整修地的界限垂直向上延伸，但不向下延伸。（　　）

44. 球发生了晃动但没有离开原来的位置，球被认为移动了。（　　）

45. 助言不包括诸如规则信息和障碍区及旗杆的位置。（　　）

46. 被草坪工人修剪下的草屑总是被认为是整修地。（　　）

47. 比杆赛中，假如球员记录的其中一洞的成绩高于实际所打的成绩，则记分卡的成绩保持不变。（　　）

48. 球员在水障碍区内进行练习挥杆时，他的球杆触及了一些长草，该球员受到两杆处罚。（　　）

49. 在球场通道上，离球洞最远的球员首先击球，不管球是否上果岭都是按照本原则规定的顺序打球。（　　）

50. 球员的球悬停在球洞边缘，球员走近球洞后，在洞边等了 26 秒后，球掉进了球洞内，算上一杆进洞，但要加罚一杆。（　　）

二、选择题

1. 在比洞赛中，球员的双脚站在了错误的果岭上打球，处罚是（　　）

A. No penalty

B. The player loses the hole

C. The player incurs penalty of two strokes

2. 在比杆赛中，球员出于辨认的目的拿起并擦拭了球，随后放回了原位。处罚是（　　）

A. 罚一杆

B. 罚两杆

C. 无罚杆

3. 比杆赛中,A球员的推杆失误,暴怒之下摔弯推杆,随后借用了推杆完成击球,处罚是(　　)

A. 两杆

B. DQ

C. 无罚杆

4. 比杆赛中,A在推杆杆头增加了一个距离装置,这样能使他知道应该用多大的力度上杆,A推了球,处罚是(　　)

A. 两杆

B. DQ

C. 无罚杆

5. 比洞赛中,A球员拿走了位于沙坑中球旁边散置的树枝,且导致了球移动,A球员将受到的处罚是(　　)

A. 罚两杆

B. 该洞负

C. 无罚杆

6. 当球员的球位于障碍区内,下列不受处罚的选项是(　　)

A. 用球杆触及障碍区的地面

B. 移走障碍区内的散置障碍物

C. 将他的球杆放在障碍区内

7. 下列需要重抛球的选项是(　　)

A. 抛球时,球在静止之前碰到了球员的装备

B. 球停在一杆球杆范围之内

C. 球落地之后滚到二支球杆范围之内

8. 有关水障碍区,下列说法中错误的选项是(　　)

A. 水障碍区的界限垂直向上下延伸

B. 标定侧面水障碍区的立桩必须是红色

C. 标定水障碍的桩不位于水障碍区内

9. 下列属于局外者的选项是(　　)

A. 比赛之洞使用的球

B. 装备

C. 球场的作业车

10. 下列不属于异常球场状况的选项是(　　)

A. 整修地

B. 狗挖的洞

C. 老鼠洞

D. 临时积水

11. 界外线垂直延伸的方向是（　　）

A. 向上

B. 向下

C. 向上又向下

D. 不向上也不向下

12. 在比杆赛中，球员提交了记分卡，委员会发现第 17 号洞没有记录成绩，但是，球员在记分卡上记录的总成绩没有错，受到的处罚是（　　）

A. 罚一杆

B. 罚两杆

C. 不罚杆

D. 取消比赛资格

13. 球进入侧面水障碍不可打，按照水障碍区规则补救，受到的处罚是（　　）

A. 不罚杆

B. 罚一杆

C. 罚两杆

D. 罚四杆

14. 规则中允许球员找球的时间是（　　）

A. 10 分钟

B. 5 分钟

C. 20 分钟

D. 15 分钟

15. 标示正面水障碍的桩是（　　）

A. 红桩

B. 白桩

C. 蓝桩

D. 黄桩

三、案例分析题

假设你从发球区发出的球划出一道美丽的弧线飞向了球道的中间，中间位置是下坡而无法准确看到球的停点。球员走到球前才发现球被一个木块挡住了，因为球道是下坡，如果取除木块，球肯定会移动，不取除根本无法击球。以下两种情况你将如何处理：

第一种情况：如果该木块是经过人为加工的，是球场维护所需的材料你将如何处理？

第二种情况：如果该木块是球场中自然折断，且没有任何人工加工的痕迹你将如何处理？

复习题六答案

一、判断题答案

1.√ 2.× 3.× 4.√ 5.√ 6.√ 7.× 8.√ 9.× 10.×
11.√ 12.√ 13.× 14.√ 15.× 16.× 17.√ 18.× 19.√ 20.√
21.√ 22.√ 23.√ 24.× 25.√ 26.√ 27.√ 28.× 29.√ 30.×
31.× 32.× 33.× 34.× 35.√ 36.× 37.× 38.√ 39.× 40.√
41.× 42.× 43.× 44.× 45.√ 46.× 47.√ 48.× 49.√ 50.√

二、选择题答案

1.A 2.A 3.B 4.B 5.B 6.C 7.A 8.C 9.C 10.B
11.C 12.D 13.B 14.B 15.D

三、案例分析题答案

第一种情况:该木块是可移动妨碍物,球员可以将其移走,球动了不受处罚,但必须将球放置回原位。

第二种情况:该木块是散置障碍物,球员可以将其移走,但是此过程中球移动了,球员将被罚一杆,并必须把球放回原位。

复习题七

一、判断题

1.球员向同伴比赛者询问旗杆的位置属于助言。( )

2.球员在找最近补救点的时候,必须要用下一次击球的球杆模拟站位、击球方向和挥杆区域。( )

3.球的一部分接触到水障碍区的线上,另一部分在球道上,此时这个球算是水障碍区中的球。( )

4.标定球的位置时可以用小硬币、mark之类的东西来标定。( )

5.净杆数等于总杆数减去球员的差点杆数。( )

6.被小狗扒开的洞穴属于异常球场状况。( )

7.比洞赛中,球员之间可以有“OK”球。( )

8.球员可以在下一个发球台附近进行短切杆练习。( )

9.球员把球重新放置在球洞区上,但没有取除他的球标,这时风把球吹到了另一个地方静止了,球员必须在新的位置打球。( )

10.水障碍区一般是指拥有水源的区域,否则不能称其为水障碍区。( )

11. 当球的一部分位于发球区以外时，该球为处于发球区外的球。（ ）

12. 一个球离开原来的位置，又滚回原处时，此时也算移动之球。（ ）

13. 球员的球位于鼠类制造的洞穴内，此时可以接受无罚杆的补救。（ ）

14. 当球员的球位于水障碍区时，球员不可以将球杆杆头放置在水障碍区的地面上。（ ）

15. 比杆赛中球员之间的称谓是对手。（ ）

16. 球员在果岭上必须用推杆进行击球。（ ）

17. 当球员的球进入正面水障碍区时，球员必须采取补救，不可以在水障碍区里打球。（ ）

18. 用来标示水障碍区的黄桩本身位于水障碍区内。（ ）

19. 比杆赛中，球员在 11:59 时赶到发球台，他的发球时间是 12:00。此时他被罚两杆。（ ）

20. 在比赛之中球员之间不可以借用诸如衣服、毛巾等物品。（ ）

21. 球员可以在任何时候采取一杆加距离的处罚后，在上一次击球的地点进行下一次击球。（ ）

22. 球员可以因为他的球外部烤漆脱落，宣布该球不可打而去替换一个新球。（ ）

23. 球员不可以打正在运动中的球。（ ）

24. 在果岭上推杆时，如果运动中的球被局外者变向或停止，球员应该取消该次击球并重新击球。（ ）

25. 在果岭上，球员可以授权他的球童，拿起和标定他的球的位置。（ ）

26. 球进入侧面水障碍区时有两种补救方法。（ ）

27. 标示界外的立桩如果妨碍球员的击球，可以将其拔除。（ ）

28. 比杆赛球员在打错球后，必须要在下一个发球区或者最后一个果岭离开果岭之前纠正错误。（ ）

29. 比洞赛中，伙伴可以共用球杆，但总数不可以超过 28 支。（ ）

30. 假如一位球员按照一条规则在球道上采取抛球补救时，球滚上了果岭并且静止在果岭上，此时必须得重新抛球。（ ）

31. 如果一个球的绝大部分都在洞杯的水平面边缘以下，此时这个球算作入洞之球。（ ）

32. 狗刨出的土堆是整修地。（ ）

33. 比洞赛不可以打暂定球。（ ）

34. 一个球员的球座不是在任何时候都被定义为球员的装备。（ ）

35. 在比洞赛中，一名球员在前 3 个洞中全部获胜，然后发现他携带了 15 支球杆，此时他的成绩是一洞领先。（ ）

36. 假如一位球员的球位于被鼠、蛇或者鸟类造成的洞穴内，此时他可以获得无罚杆的补救。（ ）

37. 球员可以捡起位于其推击线上的小树叶，不受处罚。（ ）

38. 人工制造的路面属于不可移动妨碍物。（ ）

39. 当 OB 的界限用线来标示的时候，整体位于线上的球属于界外。（ ）

40. 在比洞赛中，球员如果对他的权利有异议，可以打第二个球。（ ）

41. 沙坑的界限垂直向上下延伸。(　　)

42. 当球员按照规则拿起球时,他总是可以擦拭球。(　　)

43. 当球员认为他给的"OK"球太过于慷慨时,他可以选择撤销。(　　)

44. 当球员认为他的球可能妨碍其他球员打球时,他可以将其拿起。(　　)

45. 假如一个球员在击球的过程中出现连击球,此次击球有效并且需要加罚一杆。(　　)

46. 标定界外的立桩必须是黄色。(　　)

47. 在一轮比赛开始之前,球员迟到 20 分钟,被罚两杆,继续比赛。(　　)

48. 球员完成站位后,把杆头放在紧靠球前面的地面上,而且没有下压任何东西。在球杆接触球后的地面前,球移动了,球员不用受罚。(　　)

49. 球员为了利用球上面的画线或文字指示球洞位置在果岭的表面上翻转球,他没有把球拿起离开地面,因而没有标定球的位置,所以球员不用受罚。(　　)

50. 一个大雨天,发球区水太多,一个球员捡来一堆草,放在发球区的地面上,并站在草堆上打了球,该球员不用受罚。(　　)

二、选择题

1. 比杆赛中,在发球台上球员不按顺序打球,处罚是(　　)

A. No penalty

B. The player loses the hole

C. The player incurs a penalty of two strokes

2. 比杆赛中,球员标定球的过程中,一枚小硬币从口袋里掉出来撞到球使其移动,球员把球放置回原位,处罚是(　　)

A. No penalty

B. One stroke

C. Two strokes

3. 比杆赛中,一名球员偷看同伴比赛者球包里的球杆,以确认其击球时所用的球杆,处罚是(　　)

A. A incurs a penalty of two strokes

B. A is disqualified

C. There is no penalty

4. 在比杆赛中,一名球员在水障碍区中进行了 2 次挥杆练习,每次都触及了水面,该球员受到的处罚是(　　)

A. 罚四杆

B. 不受处罚

C. 罚两杆

5. 下列情况中不能把移动的球放回原位的情况是(　　)

A. 被风移动的球

B. 被鸟移动的球

C. 被自己球童移动的球

复习题七答案

一、判断题答案

1.×	2.√	3.√	4.√	5.√	6.×	7.√	8.√	9.√	10.×
11.×	12.×	13.√	14.√	15.×	16.×	17.×	18.√	19.×	20.×
21.√	22.×	23.√	24.√	25.√	26.×	27.×	28.√	29.×	30.√
31.×	32.×	33.×	34.√	35.√	36.√	37.√	38.√	39.√	40.×
41.×	42.×	43.×	44.×	45.√	46.×	47.×	48.×	49.×	50.×

二、选择题答案

1.A 2.B 3.C 4.C 5.A

复习题八

一、判断题

1.雨是散置障碍物。( )

2."Abnormal Ground Conditions"是击球准备。( )

3. 比赛时,在发球区球员发球前,球童可以弯曲或折断了影响球员挥杆的树枝。( )

4. 比赛时,在发球区球员发球前,球童可以修理发球区地面上的不平整处。( )

5. 比赛时,在发球区内球员发球时第一杆打空了,球童将球座压低后继续让球员打球,没有处罚。( )

6. 在比赛中,球员拿起打进树林中的球,并把球抛到球道上,继续在抛弃的地点击球,加罚一杆后继续比赛。( )

7. 在比赛中,球出界后可以在出界地点抛球继续比赛。( )

8. 在球道上,球员可以向下按压沙了、浮上来改善他(她)球员的球位、站位、挥杆区域、打球线、将要抛球或放置球的区域。( )

9. 在球道上,球员可以向下按压被放回原处的球杆打起的草皮等来改善他(她)球员的球位、站位、挥杆区域、打球线、将要抛球或放置球的区域。( )

10. 球员可以用手、脚、身体、球杆或沙耙弯曲树枝或生长物等来改善他的球员的球位、站位、挥杆区域、打球线。( )

11. 在比赛中,球童可以取除妨碍球员打球的OB桩。( )

12. 在比赛中,球童可以抱着球员去打落在树上的球。( )

13. 球童可以站立在球员打球线后方的延长线上看球员打球。( )

14. 在比杆赛中,A球员要求B不要移除果岭上影响A打球的散置障碍物,而B却移除了该散置障碍物,B将受到两杆的处罚。( )

15. 在果岭上，当球员的球是使用中球时，在取除果岭上的树枝、树叶、松果时，无意中移动了自己的球，不用受罚。（　　）

16. 当球员的球是使用中球时，在取除果岭上的纸屑、废弃的烟盒、塑料袋、烟头时，无意中移动了自己的球，要受罚。（　　）

17. 一对二服务时，当A球员让球童帮助拿球杆，该球童从A的球包中取出球杆，并将两个球包放置在果岭边上，走上前把球杆交给A。此时，B球员正在打球，球正好击中A的球包，B不用受罚。（　　）

18. 比杆赛时，在一轮比赛中，A球员的球童可以帮助B球员拉球包或拿球杆。（　　）

19. 球员在进行击球时，球童可以为其打伞用于遮挡阳光或雨雪。（　　）

20. 球员在规定一轮中可以更换球童。（　　）

21. 在发球台必须用木杆开球。（　　）

22. 在球员进行击球时，为了在果岭上指示球员的推击线，球童可以在果岭上投影。（　　）

23. 球童照管旗杆时，可以建议球员瞄准自己的脚。（　　）

24. 球员在果岭上推球前，球童不可以用球杆接触果岭表面向球员指示推击线。（　　）

25. 在比洞赛中，A球员的球童可以告诉B球员说A打了6杆，实际上A是5杆，B高兴地完成了下一次击球，A没有处罚。（　　）

26. 球员的球半陷入长草区内，提前向对手、记分员或同伴比赛者宣布自己的意图后。球童征得球员的认可，球童帮助球员辨认球，接触了球并进行翻转，之后他确认是自己球员的球，没有处罚。（　　）

27. 球员的球打进长草区，球童找到球后，可以用脚用力踩压球周围的长草使球露出来。（　　）

28. 球员的球打到果岭环上，球周围草上有很多露水，球童为了方便球员击球，可以用推杆把球周围的露水扫掉，没有处罚。（　　）

29. 球员的球打到较大的斜坡上，球童为了防止球员击球时滑倒，可以用手扶住或用脚顶住球员的脚完成击球。（　　）

30. 球员的球打到树林里，球童为了方便球员击球而把一个影响球员挥杆的树枝用手折断，该球员要受到处罚。（　　）

二、选择题

1. 比杆赛中，球童踩平位于球道上的球附近的一小堆沙子，该沙子位于该球员的打球线上，从而改善了打球线，该球员受的处罚是（　　）

A. 没有罚杆

B. 罚一杆

C. 罚两杆

2. 在比赛中，球员的球打上了果岭，球童修复了位于球员推击线上的鞋钉痕，该球员受的处罚是（　　）

A. 没有罚杆

B. 罚一杆

C. 罚两杆

3. A的球打进了沙坑，球童帮助自己的球员在沙坑内找球时留下很多脚印。找到球后，在

A击球前,球童用沙耙耙平了脚印,该球员受的处罚是( )

A. 没有罚杆

B. 罚一杆

C. 罚两杆

4. 在比赛中,球童帮助球员在规则规定的地方进行了抛球,抛球后球员完成了击球,该球员受的处罚是( )

A. 没有罚杆

B. 罚一杆

C. 罚两杆

5. 球童移动了障碍区内的散置障碍物,且球的位置状态和挥杆区域也没有被改善,该球员受的处罚是( )

A. 没有罚杆

B. 罚一杆

C. 罚两杆

6. 在比杆赛中,球员的球打进沙坑,球埋进了沙坑内散落的树叶和松果里,球童在沙坑找球时,不小心踢到一个松果,她捡起松果扔到了一边,该球员受的处罚是( )

A. 没有罚杆

B. 罚一杆

C. 罚两杆

7. 在比杆赛中,球员的球在水障碍区中,该球员的球童取除了该障碍区内的散落的树枝,造成球移动,球员把球放回原位并完成了击球,该球员受的处罚是( )

A. 罚三杆

B. 罚一杆

C. 罚两杆

8. 在比杆赛中,球员的球打进水障碍区内,他的球童在水障碍区内找到自己的球并将覆盖在上面的散置障碍物取除。后来球员决定不从障碍区里打球,按照规则在水障碍区以外罚一杆接受补救,该球员还要受的处罚是( )

A. 没有罚杆

B. 罚一杆

C. 罚两杆

9. A球员的球停在水障碍区里,同组B球员在附近击球,B球员击球打起的草皮正好落在A球员停在水障碍区球的附近,A球员的球童过去捡起草皮扔到一边,该球员受的处罚是( )

A. 没有罚杆

B. 罚两杆

C. 罚一杆

10. A球员的球停在沙坑里,A球员的球童在沙坑边等球员来击球,正好这时头上掉落一个树枝,砸到球童的头部后滚落到沙坑里,停在了球的附近,球童弯腰捡起树枝扔到一边,A球员受的处罚是( )

A. 罚两杆

B. 罚一杆

C. 没有罚杆

11. A 和 B 的球停在相同的沙坑内，B 的球离球洞更远。B 击球后，球停在比 A 更靠近球洞的同一沙坑内，B 击球时留下的脚印和打痕没有影响 A 的下一杆击球，但 A 的球童出于保护球场的目的，在 A 击球前用沙耙整理了沙坑，A 球员受的处罚是(　　)

A. 没有罚杆

B. 罚两杆

C. 罚一杆

12. 在比杆赛中，A 球员和 B 球员的球停在相同的沙坑内，B 的球离球洞更远。B 击球后，球停在比 A 的球更靠近球洞的同一沙坑内，B 击球时留下的脚印和打痕可能影响 A 的下一杆击球，A 的球童在 A 击球前用沙耙整理了沙坑，A 球员受的处罚是(　　)

A. 没有罚杆

B. 罚两杆

C. 罚一杆

13. 在比杆赛中，球童给自己的球员做示范挥杆时，做上挥杆时击到球员挥杆区域的树枝，并造成树枝折断，球员受的处罚是(　　)

A. 没有罚杆

B. 罚一杆

C. 罚两杆

14. 在比杆赛中，球员在三杆洞发球时，将球打到果岭前的沙坑内，认为自己的球不可打之后，他拿起球宣布自己按照规则 28a 处置，重新回发球台击球，这时球童耙平了沙坑，球员受的处罚是(　　)

A. 罚两杆

B. 罚一杆

C. 没有罚杆

15. 错误地替换球的处罚是(　　)

A. 罚两杆

B. 没有处罚

C. 罚一杆

16. 在比杆赛中，A 在沙坑内打球后，他的球飞到界外或遗失了。他的球童平整了沙坑的脚印，并且该球员还在沙坑中空挥杆练习，并且打到了沙子，随后按照规则 27-1 在沙坑进行了抛球，并顺利把球打出沙坑，除了按照规则 27-1 处罚一杆外，球员 A 受的处罚是(　　)

A. 没有罚杆

B. 罚一杆

C. 罚两杆

17. 在比洞赛中，A 的球在沙坑内靠近球洞的地方，而 B 的球在果岭上，B 的球离球洞更远，但 A 却先打了球，把球打出了沙坑，B 要求 A 按照规则 10-1c 重新击球，同时，A 的球童修整了他沙坑内的脚印，A 球员受的处罚是(　　)

A. 罚两杆

B. 罚一杆

C. 没有罚杆

18. 比杆赛中,球员的球停在树上打不到的地方,球童用球杆抛向树木,把球打了下来,打了下一杆,球员受的处罚是(　　)

A. 没有罚杆

B. 罚一杆

C. 罚两杆

19. 在辨认球的时候,球员擦拭了球,受到的处罚是(　　)

A. 没有罚杆

B. 罚一杆

C. 罚两杆

20. 在比杆赛中,A 的球童在比赛中携带一本日记本,里面包括球场全部插图,不同树木、沙坑、水障碍区、果岭走线等详细资料,每一插图上以码数为单位的标尺。使用该册子可以准确估测球与球洞或树木的距离。球童使用该册子指导球员打球,A 球员受的处罚是(　　)

A. 没有罚杆

B. 罚一杆

C. 罚两杆

21. 比杆赛中,球童用带有水平仪功能的手表,放置果岭上帮助球员测试果岭走线,该球员受的处罚是(　　)

A. 没有罚杆

B. 罚两杆

C. DQ

22. 一轮比赛中,球员拒绝遵守规则,受到的处罚是(　　)

A. 没有罚杆

B. DQ

C. 罚两杆

23. 在一轮比赛中,球童用暖手炉或类似的装置使高尔夫球变暖,来增加球的飞行距离或弹性,该球员受的处罚是(　　)

A. 没有罚杆

B. DQ

C. 罚两杆

24. 在比杆赛中,球打到球道上后发现进入了下水管中,该球员受的处罚是(　　)

A. 罚一杆

B. 罚两杆

C. 无处罚补救

25. 球员的球位于沙坑内,试挥杆时碰到了沙并导致球移动,之后把球放回了原位,处罚是(　　)

A. 罚两杆

B. 罚三杆

C. 罚一杆

26. 球员不确定一根草是否为散置障碍物，于是移动了它，发现它是有根连在地上的，把草叶放回了原位，球员受到的处罚是(   )

A. 没有罚杆

B. DQ

C. 罚两杆

27. 球员的球在球道上滚到地下水管里遗失了，球员受到的处罚是(   )

A. 罚一杆

B. 无处罚补救

C. 罚两杆

28. A和B参加一次四球比杆赛，他们两个是伙伴，两人共用一辆球车。在4号洞，B的球掉进了果岭边的沙坑内，B打沙坑球，A则开着车从果岭后方绕过。这时，B在沙坑里的击球出现失误，结果球撞到了球车上。正确的处罚是(   )

A. 因为局外者正在驾驶着球车，所以B不受处罚

B. 当A正在驾驶球车时，规则视此球车为A的装备，因此B不受处罚。

C. B被罚一杆

29. 在四球比杆赛中，B和A是伙伴，他们打完比赛后向委员会提交了记分卡，在卡上的9号洞里B没有填写自己的成绩，而实际上他在这个四杆洞的成绩是5杆。A则正确地填上了自己的真实成绩6杆。但是他们的记分员知道B和A在这个洞的最好成绩。下列正确的选项是(   )

A. 如果委员会能够及时找到相关球员并纠正记分员的错误，它可以接受这张卡上的成绩

B. 委员会应当纠正这个明显的错误，并接受记分员所记录的5杆的正确成绩

C. 一洞的最佳成绩应该由委员会负责，委员会应当把A在这个洞的成绩作为他们这一方在这个洞的成绩

D. A和B这一方要因为提交了错误的记分卡而被取消资格

30. 比杆赛中，A注意到在同组比赛者B的推击线上有一个很大的鞋钉印。出于礼貌，A走过去并用自己的推杆压平了这个鞋钉印。B看到了这一切，感激地冲A点点头并说了声“谢谢”。下列选项中处罚正确的是(   )

A. 因为B没有要求A去帮助他修理鞋钉印，所以他们两个都不受处罚

B. 只有B被罚两杆

C. 只有A被罚两杆

D. A和B都被罚两杆

三、案例分析题(在一次比杆赛中，A和B是同组比赛者，A总是出现一些问题。写出相应的罚杆，不罚写0)

4号洞　　525 yard　　Par5

1. A球员的球位于球场通道上，并且倚靠着许多散置的树枝静止，A认为这些树枝的存在影响他的挥杆，A移走了树枝，球移动了。

2. 果岭旁边有一个沙坑，有一个水障碍区，A攻果岭时，球进入沙坑，在沙坑击球前，A挥

杆练习触碰沙坑 3 次。

3. 沙坑击球很糟糕，由于太过用力，球进入了侧面水障碍区。

5 号洞　　165yard　　Par3

1. A 在发球区打的初始球出界，按照规则 27-1 罚一杆后，他架了另一个球，当 A 做击球准备时，碰到了球，球从球座上掉落。

2. B 在果岭环上切球，A 认为 B 的球一定会越过球洞，在没有 B 的允许下拔了旗杆。

6 号洞　　378 yard　　Par4

1. A 和 B 的球相距很近，B 因为 A 的球造成妨碍而让其拿起球，A 标定了球位后，拿起球。

2. A 的球落在了球场通道的短草区域自己的球痕中又弹了出去，落入 B 的球痕中，A 按照陷入地面的球，拿起球进行了补救。

3. A 和 B 的球同时落入水中，A 最后穿越水障碍区界线的点比 B 的近，A 的球在水中的位置比 B 的球在水中的位置距球洞远一些，于是 A 先进行了击球。

4. A 球员的球停在球洞边缘，A 由于一时冲动一口气将球吹进球洞，他没有将球放回原位击球进洞，在 7 号洞的发球台开了球。

复习题八答案

一、判断题答案

1. × 2. × 3. × 4. √ 5. × 6. × 7. × 8. × 9. × 10. ×
11. × 12. × 13. × 14. √ 15. √ 16. × 17. √ 18. × 19. × 20. √
21. × 22. × 23. × 24. √ 25. × 26. × 27. × 28. × 29. × 30. √

二、选择题答案

1. C 2. C 3. C 4. B 5. C 6. C 7. C 8. C 9. A 10. A
11. A 12. A 13. C 14. C 15. A 16. A 17. C 18. C 19. B 20. A
21. C 22. B 23. B 24. C 25. A 26. A 27. B 28. C 29. C 30. D

三、案例分析题答案

球洞	题号	罚杆	球洞	题号	罚杆	球洞	题号	罚杆
4号洞	1	1	5号洞	1	0	6号洞	1	0
	2	2		2	2		2	2
	3	0					3	0
							4	DQ

复习题九

一、判断题

1.比洞赛中,对手取除球洞区上影响球员打球的可移动妨碍物没有处罚。(　　)

2.球员在宣布不可打之后拿起球,才发现球在整修地内,如果球员没有按照规则28处理,不可以不受处罚地按照整修地规则补救。(　　)

3.球员的球落在了十几米深悬崖的底部不可打,球员可以该点正上方位置的两杆范围内进行抛球。(　　)

4.委员会可以制定当地规则允许在比洞赛中打第二个球。(　　)

5.球员的球在树上不可打,球员宣布球不可打,可以在球与地面垂点的两杆范围内进行抛球补救。(　　)

6.在一轮比赛中球员可以通过调节杆头角度来改变打球性能。(　　)

7.球员开球打到了树下,在树下打了一杆没打到球,然后宣布不可打后他可以返回发球台打球。(　　)

8.在初始球可能遗失和出界的情况下,球员不可以打暂定球。(　　)

9. 球员的球可能在水障碍区内遗失,而打了一个暂定球,这个暂定球立刻成为了使用中球。(　　)

10.球员打了按照规则抛的另一个球,又在规定的5分钟内找到了初始球,但必须打所抛的球,因为所抛的球变成了使用中球,初始球按遗失处理。(　　)

二、选择题

1.球员的球进入临时积水之后,球员不可以选择的是(　　)

A.现有位置打球

B.按照临时积水补救

C.用毛巾把水吸干

2.球员在果岭上移除可乐瓶导致球移动了,正确的处理方法是(　　)

A.不受处罚,把球放回原位

B.罚一杆,把球放回原位

C.不受处罚,现有位置打球

3.球员把球打到球道上,球员随手扔烟头,结果烟头把球碰动,正确的处理方法是(　　)

A.罚一杆,放回原位

B.不受处罚,放回原位

C.罚一杆,现有位置打

4.不可以擦拭球的情况是(　　)

A.辨认球

B.宣布不可打

C. 按照不可移动妨碍物规则补救时

5. 球员在果岭推击时，球打到球童拔除旗杆时带出了的正在移动的洞杯，球员将受到的处罚是(　　)

A. 罚一杆

B. 现有位置打球

C. 无罚杆，取消该次击球，必须重新放置球

6. 比杆赛中，一名比赛者多次在球洞区拿起球后，从新放置球时总是放置在更靠近球洞的地方，提交积分卡后，处罚是(　　)

A. 罚四杆

B. 不受处罚

C. DQ

7. 比赛者提交没有签名的记分卡后，处罚是(　　)

A. 成绩有效

B. 处罚两杆

C. DQ

8. 比洞赛中，除找球时外，球员的球被对手移动了，对手将受到的处罚是(　　)

A. 罚一杆

B. 不受处罚

C. 该洞负

9. 在比杆赛中，A 和 B 共用一个球童，球童没有按照 B 的指示行动，结果无意中移动了 A 的球，A 急忙把球放回原位，完成了击球，A 将受到的处罚是(　　)

A. 罚一杆

B. 不受处罚

C. 罚两杆

10. 比杆赛中，球员推击后球悬停在洞边，球员走到洞边等 10 秒后球没进，球员还在洞边慢慢等待风把球吹进球洞内，处罚是(　　)

A. 罚两杆

B. 第一次罚一杆，第二次罚两杆

C. DQ

三、案例分析题(在一次比杆赛中，A 和 B 是同组比赛者，A、B 总是出现一些问题。写出相应的罚杆，不罚写 0)

4 号洞　　596 码　　Par5

1. A 球员的球位于球场通道上，并且倚靠着塑料袋静止，A 认为这些塑料袋的存在影响他的挥杆，A 移走了塑料袋，球移动了。

2. 果岭旁边有一个沙坑，A 攻果岭时，球进入沙坑，并陷入了沙坑，在沙坑击球前，A 没有标定球位就拿起球辨认，接着把球放回原位，挥杆把球击出沙坑。

3. 由于太过用力，球进入了果岭后方的长草区，找到球后决定在长草区打球，站位时用杆头压弯并用力向下按压长草，并完成了击球。

4. A 击出的球撞到了他球童刚刚放置好的球车。

5号洞　　105码　　Par3

1. A在发球区打的初始球进入了水障碍区，按照规则26-1a罚一杆，他架了另一个球，当A重新击球时打空了，之后杆头碰到了球，球从球座上掉落在发球台上，球员捡起球，把球放置在了球座上重新开了球。

6号洞　　388码　　Par4

1. A和B的球都打进了球道沙坑中，B先打球，但球下面有一个水泥块妨碍他打球，他取除了水泥块后球移动了，他在球停的地点打了下一杆。A的球陷入了沙坑，他宣布不可打后，拿起球在沙坑内两支球杆的范围内，不靠近球洞的地方抛球，并打出了沙坑。

2. A的球落在了球场通道的短草区，停在了别人的球痕中，还有一片打起的草皮挨着球上，他走过去不假思索地捡起草坪扔到一边，但这时才发现草皮还有一部分连在地上的草根。B的球停在水井盖上，他按照不可移动妨碍物进行了补救，找到了最近补救点并拿起球在一杆范围内，不靠近球洞的地方进行了补救。

复习题九答案

一、判断题答案

1. √　2. ×　3. ×　4. ×　5. √　6. ×　7. ×　8. ×　9. ×　10. √

二、选择题答案

1. C　2. A　3. A　4. A　5. C　6. C　7. C　8. A　9. A　10. B

三、案例分析题答案

球洞	题号	罚杆	球洞	题号	罚杆	球洞	题号	罚杆
4号洞	1	0	5号洞	1	1	6号洞	1B	2
	2	1					1A	1
	3	2					2A	2
	4	1					2B	0

复习题十

一、判断题

1. 球陷入球道长草区，不可以无罚杆补救。（　　）

2. 球员的球打到了大树下面，树木阻碍了击球，球位旁有掘穴动物的遗弃物妨碍了球员的挥杆，球员可以接受规则25-1b的无处罚补救。（　　）

3. 当一个从球洞区上击出的球正在运动中时，球员不得进行击球。（　）

4. 在比杆赛中，球员返回上一个球道取回遗落的球杆时，延误了打球，球员违反了规则 6-7(不当延误、缓慢打球)。（　）

5. 唾液可以根据球员的意愿定义为异常球场状态或散置障碍物。（　）

6. 球在树上无法辨认时，宣布不可打后，可以采用任何方式取回球，包括晃动树木。（　）

7. 球员击球后，球粘在球杆杆面上，击球挥杆停止后球杆停止的地点抛球。（　）

8. 球员在球道抛球前可以用脚平整地面后再抛球。（　）

9. 球道辨认球时移开影响球位的散置障碍物后，必须把散置障碍物放回原位，否则罚一杆，障碍区中罚两杆，比洞赛该洞负。（　）

10. 球道上草坪车辆碾压的沙子泥土混合成潮湿的泥土块，看似块状但一拿就碎的，不是散置障碍物。（　）

二、选择题

1. 清除果岭上的落叶时，使球移动，处罚是（　）

A. 罚一杆

B. 罚两杆

C. 不罚杆

D. 取消比赛资格

2. 下列不属于助言的选项是（　）

A. 旗杆的位置

B. 向右边打

C. 用 5 号铁杆

D. 肩膀的转动

3. 下列不属于局外者的选项是（　）

A. 记分员

B. 观察员

C. 球场的作业车

D. 球员的球童

4. 下列属于散置障碍物的选项是（　）

A. 动物的粪便

B. OB 桩

C. 陷入地面的石块

D. 球车道

5. 下列不属于异常球场状况的选项是（　）

A. 整修地

B. 狗挖的坑穴

C. 鼠洞

D. 临时积水

6. 打球线延伸的方向是（　）

A. 向上
B. 向下
C. 向上又向下
D. 不向上也不向下

7. 在比赛中,一组球员开球的时间是(　　)
A. 12 分钟
B. 8 分钟
C. 20 分钟
D. 15 分钟

8. 在高尔夫球场中,一般标示正面水障碍桩是(　　)
A. 红桩
B. 白桩
C. 蓝桩
D. 黄桩

9. 如果球员携带了一只不符合规则的一号木杆开球,处罚是(　　)
A. 不罚杆
B. 罚两杆
C. 罚一杆
D. DQ

10. 球进入侧面水障碍无法打,处罚是(　　)
A. 无罚杆
B. 罚一杆
C. 罚两杆
D. 罚四杆

复习题十答案

一、判断题答案

1. √　2. ×　3. √　4. √　5. √　6. √　7. √　8. ×　9. √　10. ×

二、选择题答案

1. C　2. A　3. D　4. A　5. B　6. A　7. A　8. D　9. D　10. B

第六部分

模 拟 试 题

模拟试题一

一、选择题

1. 球员在果岭上,推球之前他修复了推击线上的鞋钉印,处罚是(　　)

A. 不受处罚

B. 罚两杆

C. 罚一杆

2. 下列说法中正确的选项是(　　)

A. 当球的一部分出界,这个球即为界外球。

B. 当球的一部分在果岭上,一部分在果岭外时,可以拿起球做标定。

C. 整修地内的树不属于修地内。

3. 下列推球的方式,不受处罚的选项是(　　)

A. 球员用杆头的背部推球

B. 球员用球杆的杆柄把球推进

C. 球员将球杆平放,把球扫进球洞

4. 下列是局外者的选项是(　　)

A. 球员的伙伴

B. 球员的同组比赛者

C. 球员的球童

5. 在打暂定球之前,球员需要做的是(　　)

A. 找到初始球

B. 给暂定球做上标记

C. 宣布他要打暂定球的意图

6. 有关散置障碍物,下列说法中不正确的是(　　)

A. 只有球在果岭上,球员才可以移走果岭上的散置障碍物

B. 松散的沙子只有在果岭上才属于散置障碍物

C. 树枝、树叶属于散置障碍物

7. 比洞赛球员在2号洞开球前发现自己携带了15支球杆,受到的处罚是(　　)

A. 他被扣除一个球洞

B. 他被扣除两个球洞

C. 他被取消资格

8. 在高尔夫球场中,标示侧面水障碍一般用(　　)

A. 红桩

B. 白桩

C. 蓝桩

D. 黄桩

9. 清除沙坑中的落叶时使球移动了，受到的处罚是（　　）

A. 罚一杆

B. 罚三杆

C. 不罚杆

D. 罚两杆

10. 比杆赛中，A球员的推杆失误，暴怒之下折弯推杆，随后借用了推杆完成击球，处罚是（　　）

A. 罚两杆

B. DQ

C. 免罚杆

11. 在比杆赛中，一名球员在一个洞的发球区，他为了防止地面湿滑，从包里拿出一块垫子垫在地上，然后双脚踩在上面开了球，该球员受到的处罚是（　　）

A. 罚一杆

B. 不受处罚

C. 罚两杆

12. 在果岭环上，下列不是散置障碍物的选项是（　　）

A. 蠕虫

B. 泥土

C. 工作人员留下的土块

13. 清除果岭上的落叶时，使球移动，受到的处罚是（　　）

A. 罚一杆

B. 罚两杆

C. 不罚杆

D. 取消比赛资格

14. 下列不属于助言的选项是（　　）

A. 旗杆的位置

B. 向右边打

C. 用5号铁杆

D. 肩膀的转动

15. 如果球员的球砸入西红柿，他可以选择的方式是（　　）

A. 西红柿属于散置障碍物，可以将它拿走

B. 球员只能按不可打处理

C. 球员可以在现有位置打球，也可以按不可打之球处理

16. 下列不是球员的装备的选项是（　　）

A. 非机动高尔夫球车

B. 使用中球被拿起后，未投入使用状态

C. 球员打的暂定球

17. 有关在发球区外开球，以下错误的说法是（　　）

A. 比洞赛中，如果球员在错误的发球区开球，他的对手可以取消该次击球。球员不受处罚

B. 比杆赛中，如果球员在错误的发球区开球，他必须在下一个发球区开球前或者在最后一个球洞离开果岭前纠正错误

C. 无论比洞赛还是比杆赛在发球区外开球都要受到处罚

18. 一名球员在果岭上推球时，他一手扶着旗杆，一手用推杆推球，下列判罚中正确的是（　　）

A. 该球员不受处罚

B. 该球员受到两杆处罚

C. 该球员严重违反规则，应取消资格

19. 球员在发球区架好球后，球从球座上落下，下列说法中正确的是（　　）

A. 他不受处罚，可以重新架球

B. 他应接受一杆的罚杆

C. 他应被罚两杆

20. 球员在打完一个球洞后，在下一个洞比赛开始前更换了自己的球，下面判罚中正确的是（　　）

A. 他不受处罚

B. 他应被罚两杆

C. 他应被取消比赛资格

21. 下列球员不受处罚的选项是（　　）

A. 球员在看线时，没做标记移动了自己的球

B. 球员做好击球准备后，他的球动了

C. 球员的球被散置障碍物覆盖，找到球后，再把散置障碍物放回原位时球移动了

22. 球员打了一个暂定球，由于初始球位极差，他找到初始球后决定不打初始球，于是对暂定球进行了击打，下列说法中正确的是（　　）

A. 他被罚两杆

B. 他不受处罚

C. 他被取消比赛资格

23. 比杆赛中：一名球员把球打进了被标定为侧面水障碍区的湖里，明显不可打。他的球童走到水旁，用球杆把这个球捞出来，然后随手把这个球扔到最后入水点三支球杆左右的地方，球员接下来在这个地方打了他的球，处罚是（　　）

A. 因为不是球员本人抛球并且把球抛在了错误的地方，这个球员要被罚三杆

B. 这个球员从错误地方打球，罚两杆

C. DQ

24. 球员的球打上了错误的果岭，正确的选择是（　　）

A. 在现有位置打球

B. 他可以在现有位置打球或接受无处罚的补救

C. 他必须按照错误的果岭接受无处罚的补救

25. 下列不属于异常球场状况的是（　　）

A. 临时积水

B. 整修地

C. 狗制造的坑穴

26. 比杆赛中，小张的球停在一个沙坑内，他打算移走球边的一片树叶，但在此过程中却不小心移动了自己的球，处罚是(　)

A. No penalty

B. One stroke

C. Two strokes

27. 球员为了提高一号木杆的性能，使用了在杆头上粘贴铅皮的一号木，处罚是(　　)

A. No penalty

B. Two strokes

C. Disqualified

28. 比杆赛中，一名球员因故迟到了3分钟，处罚是(　　)

A. One stroke

B. Two strokes

C. Disqualified

29. 球员的球进入了沙坑，下列(　　)行为不受处罚

A. 球员拾起沙坑内的几片树叶

B. 球员在试挥杆时，球杆触及了沙坑内的沙子

C. 从沙坑击球上果岭后，他用沙耙耙平了他制造的脚印

30. 下列需要重抛球选项是(　)

A. 球员从球车路上补救时，球抛到了极差的位置

B. 球员接受临时积水补救抛球后，球滚上了果岭

C. 球员接受临时积水的补救时，在一杆范围内抛球后，球又滚动了一杆的距离

31. 在果岭环上，下列不是散置障碍物的选项是(　)

A. 打球时打起的草皮

B. 松散的泥土

C. 蠕虫

32. 下列不属于妨碍物的是(　)

A. 标定界外的立桩

B. 人工道路

C. 人造冰

33. 以下不属于局外者的是(　　)

A. 记分员

B. 观察员

C. 球场的作业车

D. 球童

34. 以下属于散置障碍物的是(　　)

A. 动物的粪便

B. OB桩

C. 陷入地面的石块

D. 球车道

35. 有关打第二个球,说法正确的选项是( )

A. 只有在比杆赛中才可以打第二个球

B. 只有比洞赛可以打第二个球

C. 无论是比洞赛还是比杆赛都可以打第二个球

36. 一场比洞赛,小黄使用一根很长的塑料球座在果岭上标定自己的球位置。他的对手小夏在几英尺外地方推球,结果撞到了球座,因此没有进洞,正确的处置是( )

A. 无人受罚,但小夏必须在现有位置打球

B. DQ

C. 小夏被罚两杆

37. 有关测量抛球距离,下列说法中正确的是( )

A. 球员必须用一号木来测量

B. 球员可以用任意一支球杆来测量

C. 球员必须用下一次击球的球杆来测量

38. 下列属于妨碍物的选项是( )

A. 动物的粪便

B. OB 桩

C. 石块

D. 水管

39. 下列属于助言的选项是( )

A. 旗杆的位置

B. 向右边打

C. 前方有沙坑

D. 果岭在左边

40. 下列不属于散置障碍物的是( )

A. 霜和露水

B. 树枝、树叶

C. 雪和自然冰

41. 在一轮比赛期间,球员在下列( )地方练习不会受到处罚

A. 长草区

B. 刚打完球洞的果岭

C. 短草区

42. 按照规则,下列( )不能用来标定球的位置

A. 硬币

B. 杆头

C. 心里记住

43. 一场比洞赛中,小张从果岭上推球,球撞上了对手在果岭上的球,处罚是( )

A. 不受处罚

B. 罚一杆

C. 罚两杆

44. 一场比洞赛中，小张按照某条规则抛了一个球，球落地后滚动了一段距离，为了确定球的滚动是否超过了两杆的距离，小张决定用球杆去测量，在测量过程中不小心碰到并移动了这个球，处罚是（　　）

A. 罚一杆

B. 罚两杆

C. 不受处罚

45. 在向委员会提交记分卡后，发现某洞的杆数少于实际的杆数，处罚是（　　）

A. 罚一杆

B. 罚两杆

C. 取消比赛资格

46. 小马的球停在球场通道的一片整修地内。小马决定补救，他在最近补救点一支球杆的范围内不更靠近球洞地方抛了球，抛下去的球停在了整修地外，但是小马需要站在整修地内才能打这个球，小马正确的选择是（　　）

A. 小马必须重新抛球

B. 不需要重新抛球，即使需要站在整修地内，小马也可以在现有位置打球

C. 不需要重新抛球，但是小马必须宣布不可打

47. 静止的球被风移动后，球员的正确选择是（　　）

A. 不受处罚，放回原位

B. 罚一杆，现有位置打

C. 不受处罚，现有位置打

48. 一次比杆赛，小米在等待前组球员完成果岭上的击球。前组球员打得很慢，于是小米练了几下推杆，正确的处罚是（　　）

A. 不受处罚

B. 被罚两杆

C. 取消比赛资格

49. 当球在沙坑里时，下列正确的选项是（　　）

A. 可以移走掉在沙坑里面的苹果

B. 可以移走小石子

C. 移走一个易拉罐

50. 打球线垂直延伸的方向是（　　）

A. 向上

B. 向下

C. 向上又向下

D. 不向上也不向下

二、判断题

1. 抛球必须抛 3 次。（　　）

2. 风和水是局外者。（　　）

3. 观察球童是局外者。（　　）

4. 记分员也是裁判员。(　　)
5. 推击线不越过球洞。(　　)
6. 罚杆不影响打球顺序。(　　)
7. 水障碍区必须含有水。(　　)
8. 露水和霜是散置障碍物。(　　)
9. 比杆赛在障碍区中打错球罚两杆。(　　)
10. 记分员一定是同组比赛者。(　　)
11. 错误的果岭不包括练习果岭。(　　)
12. 沙坑的界线垂直向上下延伸。(　　)
13. 标定界外的立桩属于妨碍物。(　　)
14. 对手或伙伴可以标定球的位置。(　　)
15. 球员可以向自己的球童请求助言。(　　)
16. 比杆赛中,同伴比赛者是局外者。(　　)
17. 一名球员不能携带超过 14 支球杆。(　　)
18. 规则规定球员找球的时间为 5 分钟。(　　)
19. 发球区属于障碍区。(　　)
20. 球员在果岭上必须用推杆进行击球。(　　)
21. 人工制造的路面属于不可移动妨碍物。(　　)
22. 静止在果岭的球被狂风移动不受处罚。(　　)
23. 球员不可以站在界外打位于界内的球。(　　)
24. 球员可以在比赛过程中穿插打其他的洞。(　　)
25. 规则认为球员在击球时有看到球的权利。(　　)
26. 球员可以站在发球区外打发球区内的球。(　　)
27. 净杆数等于总杆数减去球员的差点杆数。(　　)
28. 观众找球的时间不算作 5 分钟找球时间里。(　　)
29. 告诉同组比赛者关于打球方法不算是助言。(　　)
30. 在果岭上进行测量时,不可以触及推击线。(　　)
31. 比杆赛中,改善预期站位的处罚是罚两杆。(　　)
32. 来标定正面水障碍区的立桩或线必须是黄色的。(　　)
33. 球员在任何时候都可以宣布他的球不可打。(　　)
34. 球可能在水障碍内遗失,球员可以打暂定球。(　　)
35. 错球不包括比杆赛中按规则 3-3 打的第二个球。(　　)
36. 球员需要抛球或重新放置球时必须由球员本人操作,不得求球童或他人代替。(　　)
37. 球员可以在一个球洞比赛中练习。(　　)
38. 球场工作人员堆积在场内不准备移走的草屑属于整修地。(　　)
39. 委员会可以要求球员修改记分卡。(　　)
40. 球童代替球员抛球时,球员击打球后,球员将受罚一杆。(　　)
41. 有明显的证据证明球进入水障碍区时可以打暂定球。(　　)
42. 抛球时,球下落时碰到自己的装备,他会被罚一杆。(　　)

43.球员利用印在高尔夫球上的商标来瞄准方向是允许的。(　　)

44.静止在球场通道上的球被鸟叼走,该球员要被罚一杆。(　　)

45.比洞赛中,如果球员用错误的顺序击球,则他该洞负。(　　)

46.比洞赛中,球员可以在任何时候向对手认输该场比赛。(　　)

47.一名在雨中打球的球员短推时,不能让其他人为他打伞。(　　)

48.沙子和松散的泥土在球场的任何地方均属于散置障碍物。(　　)

49.球员按照不可移动妨碍物补救时,补救抛球后击球时如果继续打到该妨碍物则受罚。(　　)

50.雪和霜可以根据球员的意见视为临时积水或散置障碍物。(　　)

51.同组两名比赛者无法区分各自的球,则这两个球均告遗失。(　　)

52.在比洞赛中,球员如果对他的权利有异议,可以打第二个球。(　　)

53.当球的一部分位于发球区以外时,该球为处于发球区外的球。(　　)

54.比杆赛中,当球员按照规则抛球后,球滚出了规定的抛球区域并打了球时,他将被罚两杆。(　　)

55.在球场的任何地方打自己的球时,球员均可以碰触长草和地面。(　　)

56.球员用手和推杆的杆头去除了位于自己推击线上的沙子不受处罚。(　　)

57.球员在球道上试挥时不小心用球杆移动了球,这不算作一次击球。(　　)

58.标定球的位置时可以用小硬币、mark之类的东西来标定球的位置。(　　)

59.四球赛是指两个人为一方对抗另外一方,每一方各打一个球的比赛。(　　)

60.如果球员的运动中球打到他自己,他被罚两杆并在现有的位置打球。(　　)

三、填空题

1.打球的速度应保持__________的原则,切勿拖延时间。

2.一套下场打球的高尔夫球杆一般不超过__________支。

3.球童在服务的过程中,不能向客人提供__________协助。

4.局外者包括______、______、______、______、______等。

5.球员可以站在界外打位于______的球。

6.障碍区是指______和______。

7.询问同伴比赛者或告知同伴比赛者所使用的球杆,则罚______杆。

8.球童在服务的过程中,可以向客人提供______,但不能向客人提供______协助。

9.雪和自然冰可以依球员视为__________或__________。

10.A球员打第一杆时球出界,当他再打下一杆,球又落入前方的正面水障碍中不能打,然后他到球的入水处补球一杆上了果岭,在果岭上推了三杆球才入洞,A球员在该洞共打______杆。

11.球进入侧面水障碍无法打,应罚______杆。

12.水是__________。

13.球杆的总长度必须不少于__________英寸,除推杆外,必须不超过__________英寸。

14.球员将球打入长草区,在找球时间超过5分钟后该球自动成为__________,该球员应接受______杆处罚后重返上次击球的地点。

15.球在沙坑中时,清除沙坑中的树叶罚______杆,使球移动罚______杆。

四、简答题

1. 当球员的球位于困难的球位中时球员有哪些选择？

2. 在发球区以外发了球，该怎样处理？

3. 球员打球时应遵循的四大原则是什么？

4. 当球员的球从球道上的 A 点打入正面水障碍区，并在水障碍区的 B 点停住(最后越过该水障碍区界线的点为 C 点)时，有几种补救方法？

5. 当球员的球位于整修地中接受补救时的处理程序是什么？

6. 如果一球员的球出界了，该怎样处理？

7. 球员的球位于错误的果岭上，该怎样处理？

五、案例分析

1. 球员大宝的球陷入了球道上自己的球痕中，他按照规则 25-2 拿起这个球，但是在抛球之前，他修理了那个球痕，规则允许这样做吗？

2. 一位球员把球打到了树枝上，在够不到球又不想被罚杆的情况下，他想出了一个“好办法”让球童把球车开到树下，他站在球车上正好可以击打到球。试分析该球员如果这样做了会违反规则吗？如果犯规了，又违反哪项规则？罚几杆？

3. 一位球员从发球区发出的球划出一道美丽的弧线飞向了球道的中间，中间位置是下坡而无法准确看到球的停点，球员走到球前才发现球被一个木块挡住了，这是非常令人尴尬的情形，因为球道是下坡，如果取除木块，球肯定会移动，不取除根本无法击球。如果该木块是经过人为加工的，是球场维护所需的材料，你将如何处理？

4. 规则 17-4 要求，如果移走旗杆后球滚向球洞外侧，球员必须将其放置在球洞边缘。如果球员没有把球放置回球洞边缘，而是在此球的新位置推进球洞，该如何判决？

5. 比杆赛中，一名球员从发球区外开了球，但他在下一发球区前纠正了错误，怎样判罚？

6. 一名球员在果岭上推球时，他一手握着旗杆，另一只手拿着推杆把球打进洞，怎样判罚？

7. 球员马瑞卡打出去的球意外地撞到了自己的球童并滚到了界外，该如何处理？

8. “即使移动了自己的球也不用受罚”请举 4 个例子说明。

模拟试题一答案

一、选择题答案

1. B	2. B	3. A	4. B	5. C	6. A	7. A	8. A	9. D	10. B
11. C	12. B	13. C	14. A	15. C	16. C	17. C	18. A	19. A	20. A
21. C	22. A	23. A	24. C	25. C	26. C	27. C	28. B	29. C	30. B
31. B	32. A	33. D	34. A	35. A	36. A	37. B	38. D	39. B	40. A
41. B	42. C	43. A	44. C	45. C	46. A	47. C	48. B	49. C	50. A

二、判断题答案

1.× 2.× 3.√ 4.× 5.√ 6.√ 7.× 8.× 9.√ 10.×
11.× 12.× 13.× 14.√ 15.√ 16.√ 17.√ 18.√ 19.× 20.×
21.√ 22.√ 23.× 24.× 25.× 26.√ 27.√ 28.√ 29.× 30.×
31.√ 32.√ 33.× 34.× 35.√ 36.√ 37.× 38.× 39.× 40.√
41.× 42.× 43.√ 44.× 45.× 46.× 47.√ 48.× 49.√ 50.×
51.√ 52.× 53.× 54.√ 55.× 56.√ 57.√ 58.√ 59.× 60.×

三、填空题答案

1.慢打快走
2.14
3.物理协助
4.观察球童、裁判员、观察员、观众、球场草坪机械
5.界内
6.沙坑和水障碍区
7.2
8.助言、物理协助
9.临时积水、散置障碍物
10.8
11.1
12.球场一部分
13.18、48
14.遗失球、一
15.2、1

四、简答题答案

1.当球员的球位于困难的球位中时球员有哪些选择?
答:(1)球员如果不想接受罚杆就只能在球的现状态下击球。
(2)球员要罚一杆的情况下,可以有以下3种补救方法:
①回到上一次击球位置打一个球。
②在困难球位远离果岭方向,两杆范围内抛球。
③在球洞与球位连线后方延长线上抛球。
2.在发球区以外发了球,该怎样处理?
答:①比洞赛中,并不受处罚,对手可以立即要求该球员取消此次击球重新从发球区打球。
②比杆赛中,要被加罚两杆,然后必须重新从发球区内打球。
3.球员打球时应遵循的四大原则是什么?
答:①除规则中另有规定外,球员一定要在球的现状态下打球。
②不能改变球场的现有的打球环境。
③球员必须用球杆的杆头正确地击打球,而绝不可以采用推、拨或挖的方式。
④在障碍区内,球杆的任何部位都不能触及障碍区。

4. 当球员的球从球道上的A点打入正面水障碍区，并在水障碍区的B点停住(最后越过该水障碍区界线的点为C点)时，有几种补救方法？

答：①B点能打则打不罚杆。

②罚一杆后，在尽可能接近上一次打初始球的地点A点打一个球。

③罚一杆后，在球洞与初始球最后越过该水障碍区界线处的C点连线后方抛球，抛球范围没有限制。

5. 当球员的球位于整修地中接受补救时的处理程序是什么？

答：(1)球员应在整修地外采取正常的站位进行试挥杆以此来找到一个最近补救点，它应同时满足以下三点才是NPR：

a. NPR是在球场上距离球最近的一个点。

b. 它不比球原来的停点更靠近球洞。

c. 如球位于此点，妨碍将不复存在。

(2)以试挥杆的杆头触地的那个点为基准点远离果岭方向在一杆范围内抛球打即可。

6. 如果一球员的球出界了，该怎样处理？

答：球员必须接受球出界罚一杆(规则27-1)后回到上一杆打球的地点再打下一杆。

7. 如果一球员的球位于错误的果岭上，该怎样处理？

答：他必须不受处罚地拿起球，在距补救的最近点一杆范围内且不较该点更靠近球洞的地方抛球。

五、案例分析题答案

1. 不允许。大宝在他将要抛球的区域消除了地面的不平整状态，因此违反了规则13-2。他要在比洞赛中该洞负、比杆赛中被罚两杆。

2. 该球员犯规了，他的行为属于“制造站位场所”，他若在击球前纠正了，则不罚杆，否则要罚两杆。

3. 木块是经过人为加工的，所以是可移动妨碍物，所以可以免罚杆地移除该木块，如果球移动没有罚杆，把球放回原位即可。

4. 球员要受到一般性处罚，即比洞赛中该洞负、比杆赛中被罚两杆，但是球进洞有效。

5. 罚两杆。比杆赛中，如果球员在发球区外开球，该球员被罚两杆。然后必须在发球区内打一个球。

6. 不受处罚；只要他已经把旗杆拔出球洞，从而确保球在进洞时不会撞到旗杆，他这样做就没有任何问题。否则，如果球在进洞时撞到旗杆，该球员将违反规则17-3a。

7. 这属于运动中的球被球员自己一方变向或停止，马瑞卡要被罚一杆(规则19-2)外，还必须接受球出界再罚一杆(规则27-1)后回到上一杆打球的地点再打下一杆。

8. (1)在测量球到球洞的距离过程中无意间移动了球。

(2)移动可移动妨碍物的时候。

(3)果岭取除散置障碍物或可移动妨碍物的过程中移动了球。

(4)在规则允许的情况下放置球或重新放置球的过程中移动了球。

模拟试题二

一、选择题

1. 当同组的所有球员击球入洞之后,球员正确的选择是(　　)

A. 在果岭上记分

B. 练习上次失误的推击

C. 立即离开果岭

2. 下列说法正确的是(　　)

A. 后一组有责任跟上前一组

B. 上一组有责任不让后一组跟上

C. 上一组有责任不让后一组超过

3. 下列是散置障碍物的是(　　)

A. 陷入地面的石块

B. 活着的蠕虫

C. 连接着树的树枝

4. 下列说法正确的是(　　)

A. 在正常站位时可以改善预期挥杆区域

B. 在正常站位时不得改善预期挥杆区域

C. 在正常站位时不得改善球位

5. 雪和自然冰是(　　)

A. 临时积水,但不是散置障碍物

B. 临时积水或散置障碍物

C. 散置障碍物,但不是临时积水

6. 可以宣布球为不可打之球的人是(　　)

A. 球员本人

B. 伙伴

C. 球员授权的人

7. 当球在沙坑中受掘穴动物挖的坑穴影响时,下列正确补救的选项是(　　)

A. 不罚杆,在沙坑外打

B. 罚一杆,在沙坑外打(或不罚杆,在沙坑内)

C. 不罚杆,重打该洞

8. 球打到界外或遗失下一杆补打的位置是(　　)

A. 在球的停点位置打

B. 返回上次击球的位置打

C. 两杆范围打

9. 抛球时球撞到自己的球包,受到的处罚是(　　)

A. 不受罚

B. 罚一杆

C. 罚两杆

10. 球员以低于肩以下的方式进行抛球并打了球,受到的处罚是(　　)

A. 不罚杆

B. 罚一杆

C. 罚两杆

11. 下列说法正确的是(　　)

A. 在按照规则需要将球放回原位时,应先标定球的位置再拿起球

B. 球员必须对球标定位置

C. 球员应该对每一个球进行标定

12. 比洞赛中,一个球员从果岭上将球击出后进洞撞到了旗杆,处罚是(　　)

A. 不受处罚

B. 罚一杆

C. 该洞负

13. 下列需要重抛球的选项是(　　)

A. 抛下的球首次触及球场地面,停在一杆范围以内

B. 抛下的球首次触及球场地面,滚出一杆范围以外

C. 抛下的球首次触及球场地面,滚出两杆范围以外

14. 果岭上有异常球场状况需要补救时,球员正确的选项是(　　)

A. 抛在最近补救点处

B. 放在最近补救点处

C. 抛或者是放在最近补救点处

15. 比杆赛中,球员在错误的发球区发了球,受到的处罚是(　　)

A. 不罚杆

B. 罚一杆

C. 罚两杆

16. 球员在沙坑中不小心摔倒时,用手撑着沙坑中的地面,处罚是(　　)

A. 不罚杆

B. 罚一杆

C. 罚两杆

17. 下列正确的选项是(　　)

A. 只有球员可以标定球的位置

B. 球员或球员授权的人可以标定球的位置

C. 对手或伙伴可以标定球的位置

18. 球位于沙坑中时,球员清除沙坑中的散置障碍物,受到的处罚是(　　)

A. 罚一杆

B. 不罚杆

C. 罚两杆

19. 即使妨碍球员击球也不能移动的界桩是(　　)

A. 水障碍桩

B. 码数桩

C. 界外桩

20. 当球员的球妨碍另一球员击球时，球员未做 mark 就将球拿起，受到的处罚是(　　)

A. 不罚杆，将球放回原位

B. 罚一杆，将球放回原位

C. 罚两杆，将球放回原位

21. 球员可以在一号木杆上贴上一块铅片的时间是(　　)

A. 一轮比赛开始前

B. 一轮比赛过程中

C. 任何时候都可以

D. 任何时候都不可以

22. 小吴的球停靠在一堵墙旁边。当地规则规定这堵墙为不可移动妨碍物，因此拿起这个球准备补救。但是他的同组比赛者小马却认为小吴因为违规拿起这个球而应被罚一杆。正确的判决是(　　)

A. 小吴可以在最近补救点一支球杆范围内无处罚地抛这个球

B. 如果小吴把这个球放置回原位的话，他不会受到处罚

C. 小吴没有标定这个球的位置就将其拿起，他要被罚一杆

D. 小吴没有标定这个球的位置就将其拿起，他要被罚两杆

23. 下列不受处罚的选项是(　　)

A. 在水障碍区击球之前杆头碰到水

B. 发球区开球出界

C. 果岭上移动树枝导致球移动

24. 下列项陈述正确的选项是(　　)

A. 球员不可以从伸进沙坑的木质台阶处得到无处罚补救

B. 球员不可以从发球区旁边竖起来的金属网处得到无处罚的补救

C. 球员不可以从树桩处得到无处罚的补救

D. 球员不可以从球洞指示牌处得到无处罚的补救

25. 球员要因为移动他的球而遭到处罚的选项是(　　)

A. 在测量哪一个球距离球洞更远的时候

B. 在果岭上标定球的位置的时候

C. 在果岭上移走球旁边的树叶的时候

D. 在长草中找他的球的时候

26. 比洞赛中，老马站在沙坑内等待打下一杆，在此过程中他不小心用身体倚靠着挖起杆休息了一下，虽然他的挖起杆触及了地面，但显然老马并没有测试该障碍区状况的意图。球员受到的处罚是(　　)

A. 不受处罚

B. 被罚一杆

C. 被罚两杆

D. 该洞负

27. 下列属于局外者的是(　　)

A. 风

B. 四球赛中伙伴的球

C. 球员自己的球包

D. 一只松鼠

28. 老马的球停在球场通道的一片临时积水内。正确的补救是(　　)

A. 在球最后穿越临时积水界线的点两支球杆范围内不更靠近球洞的地方抛这个球

B. 在最近补救点两支球杆范围内不更靠近球洞的地方抛这个球

C. 在最近补救点一支球杆范围内不更靠近球洞的地方抛这个球

D. 在最近补救点抛这个球,但是不得更靠近球洞

29. 老马的球停在果岭上,他看到自己的推击线上有一小块鸟粪。他可以用来移走这些散置障碍物的工具是(　　)

A. 球座

B. 毛巾

C. 推杆

D. 以上所有的工具都可以

30. 比杆赛中,球员到1号洞发球台,委员会将记分卡交给他们。委员会错误地把小王差点记成11,而小王差点本应是9,这个错误影响到小王要接受差点杆数。大家没注意错误,直到小王打完这一轮后在记分卡上签名并将其交给委员会后,才有人发现,比赛还未结束,正确的处理是(　　)

A. 因为是委员会自己的错误,因此它应该接受这一张记分卡,上面的成绩有效

B. 委员会应当主动纠正自己的错误,把小王的差点改过来并重新计算他的成绩

C. 如果小王之前知道这个错误,他要被取消资格;否则,小王不受处罚

D. 无论小王之前是否注意到这个错误,他都要被取消比赛资格

31. 比杆赛中,小王将旗杆从洞中拔出并放在球洞旁边的地上。当他把球推出去后,小球径直向球洞方向滚去,此时他的球童担心球撞到旗杆,于是跑过去把旗杆拿到一边。受到的处罚是(　　)

A. 不受处罚

B. 罚两杆

C. 罚一杆

32. 下列表述错误的选项是(　　)

A. 抛球时如果球滚上果岭,球员不受处罚,但是必须重抛这个球

B. 抛球时如果球滚进障碍区,球员不受处罚,但是必须重抛这个球

C. 抛球时如果球滚到距离最初触及球场的点一支球杆范围以外,球员不受处罚,但是必须重抛这个球

D. 抛球时如果球滚的更靠近球洞,球员不受处罚,但是必须重新抛这个球

33. 下列表述错误的选项是（　）

A. 果岭上，球员在修理旧洞埋迹时可以触及其推击线

B. 果岭上，球员在抹平前一组球员留下的鞋钉印时可以触及其推击线

C. 果岭上，球员在修理球痕时可以触及其推击线

D. 球员在移走散置障碍物时可以触及其推击线

34. 下列被规则定义为妨碍物的是（　）

A. 堆积起来准备移走的树叶

B. 界外桩

C. 标定水障碍区的立桩

D. 球员自己的高尔夫手推车

35. 下列禁止球员擦拭拿起的使用中球的情况是（　）

A. 球员因为确定该球是否为不适于使用之球而将其拿起

B. 辨认球时，将球擦拭至超出辨认所需的程度

C. 因为这个球有助于或妨碍他人打球而将其拿起

D. 以上所有情况均包含在内

36. 有关球员准备击球正确的陈述是（　）

A. 即使球员已经摆好站位，如果他还没有把球杆放在紧靠球前或球后的地面上，他也没有完成击球准备

B. 球员习惯性地把球杆放在球后的地面上，但是尚未把双脚放在打球时的位置，此时规则认为他尚未完成击球准备

C. 在果岭上，球员把球杆放在紧靠球后的地面上，但是随后他又走开，此时规则视为他尚未完成击球准备

D. 在沙坑内，球员只要摆好站位，规则即视为他已经完成击球准备

37. 下列陈述错误的选项是（　）

A. 一个球如果触及标定水障碍区的立桩，该球即位于这个水障碍区之内

B. 一个球如果触及标定整修地的立桩，该球即位于这片整修地之内

C. 一个球如果触及标定界外的线，该球即出界

D. 一个球如果触及果岭，该球即在这个果岭之上

38. 比杆赛中，小李在沙坑内移动了一个塑料袋但是并没有移动他的球，处罚是（　）

A. 不用受罚

B. 被罚一杆

C. 被罚两杆

D. 在该洞负

39. 一个球陷入球场通道短草区域自己的球痕中后，除了在现有位置打这个球外，球员正确的选择是（　）

A. 拿起并擦拭这个球，然后在陷入地面的位置一支球杆范围内不更靠近球洞的地方放置这个球，不受处罚

B. 拿起并擦拭这个球，然后在球陷入地面的位置一支球杆范围内不更靠近球洞的地方抛这个球，不受处罚

C. 拿起并擦拭这个球，然后在尽量接近球陷入地面的位置，并且不更靠近球洞的地方放置这个球，不受处罚

D. 拿起并擦拭这个球，然后在尽量接近球陷入地面的位置，并且不更靠近球洞的地方抛这个球，不受处罚

40. 遗失球之后正确的处理方式是(　　)

A. 罚一杆，回到上一次击球地点再打一个球

B. 罚两杆，在遗失地点打一个球

C. 罚三杆，在果岭上直接推

41. 下列不属于妨碍物的选项是(　　)

A. 一片坚果壳

B. 木质的铅笔

C. 一个可回收的纸袋

D. 一块人造冰

42. 小马在长草中找了 2 分钟后终于发现了自己的球，此后他走出去拿自己的球杆，这个过程又耽误了 1 分钟。但是当他走回来的时候，却怎么也找不到自己的球了。现在他还剩的找球时间是(　　)

A. 5 分钟

B. 3 分钟

C. 2 分钟

D. 没有时间了

43. 小马在发球区的开球越过前方的水障碍区后进入了果岭后面的沙坑，他在沙坑内的击球打薄了，球穿过果岭进入了水障碍区内不见了，被罚一杆后，规则允许的选择是(　　)

A. 在球穿越水障碍区界线的果岭一侧的点两支球杆范围内抛一个球

B. 到发球区一侧，在球洞和初始球的最后入水点的连线后方抛一个球

C. 在沙坑内初始球原来的停点处放置一个球

D. 回到发球区打第 4 杆

44. 小吴的球停在果岭旁边，他准备用推杆推球，但是在他的打球线上却有两小堆沙子，一堆在果岭环上，一堆在果岭上。下列处置正确的是(　　)

A. 不得移走任何一堆沙子

B. 可以把这两堆沙子移走，因为沙子是散置障碍物

C. 只能移走果岭上的沙子

D. 只能移走果岭环上的沙子

45. 比洞赛中，小吴和小张的球停在一个沙坑里，两个球距离很近。小吴先打球，他打完球从沙坑里走出来后突然发现自己的球还在沙坑里。小吴恍然大悟：原来自己刚才打了错球。下列正确的处罚是(　　)

A. 因为错球是在沙坑内打的，所以小吴不会受到处罚

B. 罚一杆

C. 罚两杆

D. 该洞负

46.下列陈述错误的是(　　)

A.如果附近有雷电风暴的话,球员可以暂停比赛

B.两个洞的打球之间,球员可以离开球场迅速上趟洗手间

C.只要没有不当延误比赛,球员可以回到上一洞的发球区去取自己遗忘在那里的球杆

D.比杆赛中,如果遇到短时大雨,比赛者可以找到一个避雨的地方躲避不超过10分钟的时间

47.比杆赛中,小王在发球区的开球撞到前边一棵树上反弹了回来,正好又落在这个发球区内。小王在击球前,狠狠在球后面的地面上跺了一脚,踩平了上面的一些草,然后顺利地把这个球打了出去。正确的处罚是(　　)

A.不受处罚

B.罚一杆

C.罚两杆

D.小王被罚一杆并且必须重新在发球区内开球

48.小王和小李在一个洞的开球都打进湖水中,那里被标定为侧面水障碍区。因两人开球距离差不多,且这次失误时的击球方向也相差无几,所以他们没有办法知道到底谁的球开得更远一些。不过,小王的球的最后入水点比小李的球的最后入水点距离球洞更远。接下来先打球的是(　　)

A.通过抽签来决定

B.小王先打球

C.小李先打球

D.他们按照规则26-1抛球后,谁的球距离球洞更远,就由谁先打下一杆

49.小王和小李打一场比洞赛,在5号洞,小王用四杆把球打进洞中,收获一个PAR。此时小李正准备一个5码的推杆,如果推进,他的成绩也是一个PAR。小李推球前,小王突然善意地提醒他说:"洞口是左边高,你推的时候要注意。"对于小王的这次助言,规则正确的判罚是(　　)

A.小王因为提供助言在该洞负

B.因为小王已经完成该洞,所以要判他在下一个洞负

C.因为小王已经完成该洞,所以他不受处罚

D.两人在这个洞打平

模拟试题二答案

一、选择题答案

1.C	2.A	3.B	4.C	5.B	6.A	7.B	8.B	9.A	10.B
11.A	12.C	13.C	14.B	15.C	16.A	17.B	18.C	19.C	20.B
21.A	22.A	23.C	24.C	25.D	26.D	27.D	28.C	29.D	30.D
31.A	32.C	33.B	34.C	35.D	36.A	37.C	38.A	39.D	40.A
41.A	42.B	43.B	44.C	45.D	46.D	47.A	48.A	49.D	

模拟试题三

一、判断题

1.上杆属于击球的一部分。(　　)
2.狗刨的洞穴是整修地。(　　)
3.球员可以打运动中的球。(　　)
4.发球区标志一直是固定的。(　　)
5.旗杆的横断面可以呈圆形。(　　)
6.沙坑界限垂直向上下延伸。(　　)
7.比赛者是指比洞赛的球员。(　　)
8.对手是指比杆赛中的球员。(　　)
9.整修地界限垂直向上下延伸。(　　)
10.障碍区分为任何沙坑或水障碍。(　　)
11.侧面水障碍区的桩必须为红色。(　　)
12.用来标定界外的桩必须是白色的。(　　)
13.沙子和松散的泥土为散置障碍物。(　　)
14.黏附于球上的草屑是散置障碍物。(　　)
15.标定整修地的立桩为可移动妨碍物。(　　)
16.打球线是打球之后,球的运动路线。(　　)
17.比洞赛中,从发球区外打球为该洞负。(　　)
18.有关规则和距离方面的信息是助言。(　　)
19.侧面水障碍区界限垂直向上下延伸。(　　)
20.标定正面水障碍区的立桩必须为黄色。(　　)
21.打球时可以在握柄上缠绕毛巾或手帕。(　　)
22.比洞赛打球顺序错误的处罚为该洞负。(　　)
23.球员不可以站在界外打位于界内的球。(　　)
24.球出界回上一杆击球地点打球,罚一杆。(　　)
25.击球时,可以让球童位于球后方延长线上。(　　)
26.用线来标定水障碍区时,这条线本身位于水障碍区内。(　　)
27.球座的长度可以超过4英寸(101.6毫米)。(　　)
28.比杆赛,球员在发球区外开的球是使用中球。(　　)
29.比杆赛形式有:个人赛、三球赛、三人二球赛。(　　)
30.妨碍物是任何人造物体,包括标定界外的物体。(　　)
31.准备移走的堆积物和草坪人员所做的坑穴为整修地。(　　)
32.击球是指意在打球并将其移动而使球杆向后的运动。(　　)
33.球在沙坑里,当球员完成站位后即为完成击球准备。(　　)

34. 当球整体位于发球区以外时，即为发球区以外的球。(　　)

35. 当球的一部分位于果岭上时，这个球即为果岭上的球。(　　)

36. 雪和自然冰可以根据球员的选择是临时积水或局外者。(　　)

37. 一个球洞直径必须为 $4\frac{1}{4}$ 英寸(108 毫米)。(　　)

38. 必须用球杆的杆头击球，不得采用推带、拨扫或舀动作。(　　)

39. 当球位于沙坑里时，不可以移动位于这个沙坑里的香蕉皮。(　　)

40. 当球整体位于水障碍区时，该球即位于这个侧面水障碍区内。(　　)

41. 比赛中，球员可以询问对手或同组比赛者、旗杆的位置。(　　)

42. 球场通道上，球员可以用一号木击球。(　　)

43. 用来标定球位置或抛球范围的小物品，如硬币或球座不是装备。(　　)

44. 一个球只要离开了原来的位置并静止在任何其他地点即为球移动了。(　　)

45. 暂定球是球可能在水障碍区里遗失或有可能出界时按照规则 27-2 打的球。(　　)

46. 球童是指按照规则帮助球员的人，他的工作可以包括在球员打球过程中为其携带或管理球杆. (　　)

47. 掘穴动物是指出于习性或藏身需要而制造坑穴的动物，诸如兔子、土拨鼠、蠕虫或昆虫和其类似物。(　　)

48. A 的第二杆攻上果岭。B 也一样。A 然后问 B 第二杆使用的是什么球杆，A 没有违反规则 8-1。(　　)

二、选择题

1. 比洞赛中，一个球员按照规则抛了一个球，这个球意外地被对手或对手的球童变向了。正确的处置是(　　)

A. 没有处罚。这个球必须重抛

B. 受到一杆处罚。这个球必须重抛

C. 没有处罚。现有位置打这个球

D. 受到两杆处罚。现有位置打球

2. 下列错误果岭造成妨碍的是(　　)

A. 当球位于错误果岭上

B. 这个错误果岭妨碍了球员的站位

C. 这个错误果岭妨碍了球员的预期挥杆区域

D. 这个错误果岭介于球员的打球线上

3. 比洞赛中，一个球员的球意外地打到一个站在界外的对手身上，这个球在界外静止，正确的处置是(　　)

A. 罚两杆，回上一次击球地点打一个球

B. 罚一杆，回上一次击球地点打一个球

C. 没有处罚，回到上一次打球地点打一个球

D. 现有位置打球

4. 比杆赛中，一个球员在沙坑里打了一个错球，随后发现了这个错误。在纠正错误之前，他耙平了沙坑，然后在上一次击球地点抛球后打了球。正确的处置是(　　)

A. 因为打错球受到两杆处罚

B. 测试障碍区受到两杆处罚

C. 不受处罚

D. 打错球罚两杆，测试障碍区罚两杆，一共受到四杆处罚

5. 当旗杆被照管时，一个球员的球击打了依附旗杆上的旗布。正确的处置是（　　）

A. 受到一杆处罚，现有位置打球

B. 不受处罚，现有位置打

C. 受到两杆处罚，现有位置打

D. 不受处罚，该次击球取消

6. 在球员比赛中，如果球员携带了一只不符合规则的一号木杆开球，处罚是（　　）

A. 罚两杆

B. 罚一杆

C. DQ

7. 比杆赛中，一名球员的球落在了水障碍区内，他试挥两次均碰到了水面，他应受到的处罚是（　　）

A. 罚两杆

B. 罚四杆

C. 取消比赛资格

8. 在比杆赛中，比赛者在比赛后提交的记分卡不是该轮开始前委员会发的那张记分卡，原因是，记分卡丢失，潮湿字迹模糊，填写错误等，新的记分卡写有比赛者的名字和分数，并有本人和记分员签名。处罚是（　　）

A. 不受处罚

B. 罚两杆

C. 取消资格

9. 有关临时积水，下列说法不正确的是（　　）

A. 临时积水在站位前和站位后是可见的

B. 雪和自然冰可以根据球员的选择为临时积水或散置障碍物

C. 霜和露水为临时积水

10. 以下属于错球的选项是（　　）

A. 暂定球

B. 使用中球

C. 被遗弃的球

D. 比杆赛中按规则打的第二球

11. 下列取消资格的选项是（　　）

A. 未击球进洞

B. 替换球

C. 宣布不可打

12. 下列将受到一杆处罚的选项是（　　）

A. 当球在沙坑内移动了树枝

B. 移动了自己的使用中球

C. 记分卡填写错误

13. 下列球员不可以替换球的选项是(　　)

A. 宣布不可打

B. 按照水障碍区规则补救

C. 按照不可移动妨碍物补救

14. 球在洞边悬停，球员可以等待的时间是(　　)

A. 12 秒钟

B. 8 秒钟

C. 10 秒钟

D. 15 秒钟

15. 比洞赛中，球员打出去的球意外地撞到了对手的球童后又撞到了自己的球车，下列说法中正确的选项是(　　)

A. 他可以在现有位置打球，不受处罚

B. 他可以取消该次击球，不受处罚

C. 无论怎样做，他都要被罚一杆

16. 当球进入水障碍区，错误的处理方式是(　　)

A. 罚一杆，在最后入水点与球洞的反向延长线上抛球

B. 宣布不可打，在球停点两支球杆抛球

C. 罚一杆，回上一次击球地点

17. 有关水障碍区，下列说法中错误的选项是(　　)

A. 水障碍区的界限垂直向上下延伸

B. 标定侧面水障碍区的立桩必须是红色

C. 标定水障碍的桩不位于水障碍区内

18. 球员的球悬在洞边，他走到球洞附近，在那里等了半分钟后，球终于掉进洞中，正确计算他这个球洞的杆数是(　　)

A. 这个球入洞有效，但他要被罚一杆

B. 这个球入洞有效，他不受处罚

C. 这个球入洞无效

19. 对风的正确说法是(　　)

A. 妨碍物

B. 局外者

C. 球场的一部分

20. 球员从发球区上击球之后，球即成为(　　)

A. 遗失球

B. 暂定球

C. 使用中球

D. 错球

21. 一名球员开球后，他的球打到了球童然后撞到了自己的身上，正确的处理是(　　)

A. 被罚一杆，并需把球放到自己变向的地方

B. 不受处罚，他需要把球放到被球童变向的地方

C. 被罚一杆，并在现有位置打球

22. 球在树上宣布不可打后的正确处置是(　　)

A. 罚一杆，回上一次击球地点打球

B. 不可以宣布不可打

C. 罚两杆，在树下抛球

23. 以下属于不适于使用之球状况的是(　　)

A. 球上有明显可见切痕、裂缝

B. 表面有划痕

C. 涂漆损坏

24. 以下不属于助言的选项是(　　)

A. 向右边瞄

B. 球距果岭 40 码

C. 用 5 号铁杆

D. 肩膀再转 15°

25. 球员的球打到自己球童开的球车，受到的处罚是(　　)

A. 不罚杆

B. 罚一杆

C. 罚两杆

D. 罚三杆

26. A 和 B 从发球区开球，都落在了整修地内，虽然 A 的球距离球洞远一些，但是他们都选择补救，正确的打球顺序是(　　)

A. A 在 B 之前

B. B 在 A 之前

C. 抽签决定

27. 比杆赛中，球员在发球区用错误顺序打球，他在发球区打了另一个球来纠正错误，球停在了球道上，再打的是(　　)

A. 第二杆

B. DQ

C. 第三杆

D. 第四杆

28. 以下确定打球顺序正确的是(　　)

A. 可以在上一次击球地点以外打一个球时，以上一次打初始球地点确定打球顺序

B. 可以在上一次击球地点以外打一个球时，初始球静止位置决定

C. 抽签决定

模拟试题三答案

一、判断题答案

1.× 2.× 3.× 4.× 5.× 6.× 7.× 8.× 9.× 10.√
11.√ 12.× 13.× 14.× 15.√ 16.× 17.× 18.× 19.√ 20.√
21.√ 22.× 23.× 24.√ 25.× 26.√ 27.× 28.× 29.× 30.×
31.√ 32.× 33.× 34.√ 35.√ 36.× 37.√ 38.√ 39.√ 40.×
41.√ 42.√ 43.√ 44.√ 45.× 46.√ 47.√ 48.√

二、选择题答案

1.A 2.A 3.C 4.A 5.C 6.C 7.A 8.A 9.C 10.C
11.A 12.B 13.C 14.C 15.B 16.B 17.C 18.A 19.C 20.C
21.C 22.A 23.A 24.B 25.B 26.A 27.D 28.B

模拟试题四

一、判断题

1.球员从妨碍物接受补救时不可以抛在球场通道上。(　　)

2.球员可以不使用用来确定"最近补救点"的球杆进行下一次击球。(　　)

3.球员没有采用在确定补救的最近点所推荐的程序,但抛球地点符合规则 24-2b 的要求,球员不受罚。(　　)

4.在取除球标时球移动球员不用受罚,因为球标属于可移动妨碍物。(　　)

5.球员可以取除界外妨碍球员站位的可移动妨碍物。(　　)

6.被人遗弃的球是可移动妨碍物。(　　)

7.通常整修地都用英文 GUR 表示。(　　)

8.正面水障碍区只有两种补救方式。(　　)

9.球倚靠旗杆静止即被视为该球进洞。(　　)

10.相邻球道的发球台属于错误果岭。(　　)

11. 在比杆赛中,A 球员在果岭推球时,同组比赛者 B 没有经 A 同意,取除了影响 A 打球的散置障碍物,B 将被罚两杆。(　　)

12.球员按照规则放置球时,可以在放置球前,移动放置点周围的散置障碍物。(　　)

13.昆虫在沙坑内的球上,球员挥动手或毛巾将其赶跑,球员将被罚两杆。(　　)

14.球被意外变向是指静止球被局外者移动。(　　)

15.球员可以在打球过程中听音乐来缓解自己的压力。(　　)

16.比杆赛对某个程序有疑义时可以打两个球。(　　)

17.球员可以请观众帮忙去除一个人移动不了的可移动妨碍物。(　　)

18.球员的球撞到他要求照管的旗杆不受处罚。(　　)

19.任何时候球员都可以拿起自己的使用中球不受处罚。(　　)

20.最后入水点是球最先穿过水障碍区界限的点。(　　)

21.比杆赛球员打错球后没纠正错误处罚为 DQ。(　　)

22.打球前,球员不可以让人照管举起或移走旗杆。(　　)

23.球员可以在下一个发球台附近休息半个点。(　　)

24.用来标定水障碍区的黄桩本身位于水障碍区内。(　　)

25.比洞赛中双方正在比赛之洞使用的球不是局外者。(　　)

26.任何时候球员的球击打到旗杆都要受到两杆处罚。(　　)

27.在发球区开球之前,球员可以向下按压发球区地面。(　　)

28.球员可以捡拾位于其推击线上的小树叶,不受处罚。(　　)

29.整修地包括不准备移走的堆积物和球场工作人员制造的坑穴。(　　)

30.当球整体位于沙坑内时,该球即位于这个沙坑内。(　　)

31.在果岭上,球员可以授权他的球童来替他推球。(　　)

32. 一个球离开原来的位置，又滚回原处时，此时也算移动之球。(   )

33. 辨认球时可以擦拭球，但是不能将球擦拭至辨认所必须的程度。(   )

34. 球员意外地移动了自己的使用中球，罚两杆必须把球放回原位。(   )

35. 当球的任何一部分触及临时积水时，这个球即位于临时积水中。(   )

36. 标定球的位置时可以用小硬币、mark 之类的东西来标定球的位置。(   )

37. 球员抛球之后，球滚出首先接触地面的点两杆范围以外必须重抛球。(   )

38. 比洞赛中，寻找球时。球员意外地移动了对手的球，不用受罚。(   )

39. 球在果岭上，球员可以把手放在果岭的草上，不受处罚。(   )

40. 委员会暂停比赛时，球员应立即停止比赛。(   )

41. 在比赛过程中，球员可以使用测距仪。(   )

42. 静止球被局外者移动，不用受罚，但必须将该球在原来位置上方抛。不更靠近球洞。(   )

43. 球员一方或他们的球童在开始找球后 5 分钟内没有找到或无法辨认出是自己的球而遗失。(   )

44. 球员在打错球后，罚两杆，可以不在下一个发球区或者最后一个球洞区离开果岭之前改正错误。(   )

45. 在比洞赛中，一名球员在前 3 个洞中全部获胜，然后发现他携带了 15 支球杆，此时他的成绩是一洞领先。(   )

46. A 和 B 的球都在果岭上，两个球基本在一条线的位置，A 的球比 B 的球更远离球洞，轮到 A 先推，为了避免被 B 的 mark 影响，A 要求 B 按规则先把 mark 移开到一边去，但 B 坚持认为 A 的球不可能碰到他的 mark，就是不同意移动，B 可以不移走这个 mark。(   )

47. A 正上杆准备击球，站在其不远处的 B 不小心掉了一个球在地上，滚到了很接近 A 的球的位置，A 被吓了一跳，打出一剃头球。A 不能以受到“干扰”为理由要求重新击球。(   )

48. 张某正准备击球，李某在旁边好意提醒：你的站位太宽了，此属于主动提供助言，比洞赛本洞负、比杆赛罚两杆。(   )

49. 在长草中假装为了找球的需要，故意将球位附近的长草或荆棘扒拉开后猛往下压，以在挥杆站位时比较方便，这种行为将受到两杆的处罚。(   )

50. 张某击球后觉得有可能会上山，没有宣布“打暂定球”便又打了一个球，跑过去一看，第一个球还在，他还可以打第一个球。(   )

二、选择题

1. 当球员触及推击线时，他将受到一般性处罚的选项是(   )

A. 在推击线上向下按压了鞋痕

B. 在推击线上修复了球痕

C. 在推击线上用毛巾移走了散置障碍物

D. 他向下按压了同组比赛者在他推击线上留下的球痕

2. 比杆赛中，在沙坑击球后，球碰到站在沙坑边同组球员的球童，弹回沙坑时又滚到了自己的脚边碰到了脚上，把脚挪开时球又滚动了半码左右，把球捡起来放回了原位，他受到的处罚是(   )

A. 罚两杆
B. 罚一杆
C. 罚三杆
D. 罚四杆

3. 在比杆赛中，球员没有在第一轮比赛的记分卡上签字，在最后一轮发现错误。他将受到的处罚是(　　)

A. 罚一杆
B. 罚两杆
C. DQ
D. 不罚杆

4. 比洞赛中，球员在进入水障碍区的过程中为了防止摔倒，球杆接触了水障碍区的地面，正确的裁决是(　　)

A. 没有处罚
B. 罚两杆
C. 罚一杆
D. 该洞负

5. 比杆赛中，在发球区开球之前球员移动了发球区标志，正确的裁决是(　　)

A. DQ
B. 罚两杆
C. 不受处罚 放回原位
D. 罚一杆

模拟试题四答案

一、判断题答案

1. ×	2. √	3. √	4. √	5. √	6. √	7. √	8. √	9. ×	10. ×
11. √	12. √	13. ×	14. ×	15. ×	16. √	17. ×	18. ×	19. ×	20. ×
21. √	22. ×	23. ×	24. √	25. √	26. ×	27. √	28. √	29. ×	30. ×
31. ×	32. ×	33. √	34. ×	35. √	36. √	37. √	38. √	39. √	40. ×
41. ×	42. ×	43. √	44. ×	45. √	46. ×	47. √	48. √	49. √	50. ×

二、选择题答案

1. A　2. B　3. C　4. A　5. B

模拟试题五

一、判断题

1.松散的土块是散置障碍物。（　　）

2.球洞区外的松散的泥土不是散置障碍物。（　　）

3.牢固嵌入地面的橡树果是散置障碍物。（　　）

4.球员的球座不总是定义为他的装备。（　　）

5.被剪下来的草总是被认定为整修地。（　　）

6.蚯蚓排出地上的土堆是散置障碍物。（　　）

7.比杆赛中，测试障碍区的罚杆为两杆。（　　）

8.委员会可以禁止球员在整修地内打球。（　　）

9.抛球滚到了界外重抛没有处罚。（　　）

10.一个球当它任何一部分位于界外时，该球即在界外。（　　）

11.部分钻入地下的蚯蚓是散置障碍物，可以取除。（　　）

12.球员在果岭上标定球的位置或拿起球时移动了球没有处罚。（　　）

13.使用中球包括替换球，无论是否被允许替换。（　　）

14.一个球员可以在打球时候带太阳镜来防止刺眼的阳光。（　　）

15.当寻找球的时候球员不可以触及或弯曲长草。（　　）

16.水障碍区的立桩妨碍球员打球时不可以移动。（　　）

17.小螃蟹的尸体是散置障碍物，在沙坑内不可以取除，否则罚两杆。（　　）

18.委员会可以认定一个侧面水障碍区为水障碍区。（　　）

19.一个球的表面有划痕则视为这个球不可以使用。（　　）

20.类似昆虫的生物，如蜘蛛被视为昆虫，是散置障碍物，蜘蛛网视为昆虫的遗弃物，即使附在另一物体上，也属于散置障碍物。（　　）

21.死的蛇是散置障碍物，活的蛇是局外者。（　　）

22.助言包括能够影响球员球杆选择的劝告或建议。（　　）

23.比洞赛中在比赛结束之前，球员都可以认输该洞。（　　）

24.只要球员在发球区开球之后，该球即为使用中球。（　　）

25.可以附加在球杆表面上任何物体来影响击球效果。（　　）

26.掘穴动物是为了隐蔽或藏身需要而制造洞穴的动物。（　　）

27.球员在打球之前可以折断妨碍他挥杆的树枝。（　　）

28.球员在选择不可打时候可以替换球。（　　）

29.比洞赛中，一个球员在错误的地方打球，他将被罚两杆。（　　）

30.一个球可以不在上面做识别标记。（　　）

31.在果岭上拿起的球可以被替换。（　　）

32.不允许他的球童在打球过程中为其指示打球线。（　　）

33. 委员会可以禁止在上一个打完的果岭周边练习推击或切击。(　　)

34. 静止的球被局外者移动了,不受处罚把球放置回原位。(　　)

35. 在果岭上,一个球员可以触及推击线在他标定球位置的时候。(　　)

36. 如果静止的球被风移动,那么要在现有位置打球。(　　)

37. 沙坑中,吃了一半的水果是散置障碍物,不可以移动。(　　)

38. 一个球员的球杆在正常的打球过程中损坏,他不可以继续使用这支球杆。(　　)

39. 球场通道,不可移动妨碍物影响了球员的打球线,球员有权接受补救。(　　)

40. 比杆赛中,球员在开始一个球洞时在发球区外的任何击球都不计算成绩,但他要因在发球区外打球,被罚两杆,并且必须纠正错误,在发球区内发球。(　　)

41. 球员在果岭上标定球后,在拿开手时球标粘在手上,掉落在了果岭上的另外地方,静止了下来,球员重新把球标放回原处,没有处罚。(　　)

42. 在有差点的比杆赛中。如果一名球员使用的差点高于他所实际享有的差点。他将被DQ。(　　)

43. 在比洞赛中,如果一个球员用错误的顺序打了球。他的对手可以立即取消这次击球。(　　)

44. 如果一个球员在他杆头触及球之前多次检查他的下挥杆。则不视为一次击球。(　　)

45. 在辨认球时,一个球员必须给他的对手、记分员或同组比赛者去观察他拿起球、辨认球的机会。(　　)

46. 在障碍区里,一个球员在上挥杆时不可以触及任何妨碍物。(　　)

47. 比洞赛中,一个球员在寻找对手的球时,意外地移动了这个球,不受处罚。(　　)

48. 重抛球时,球滚进障碍区,需要重新抛球,不受处罚。(　　)

49. 如果一个球静止在异常球场状况当中,球员可以宣布不可打。(　　)

50. 比杆赛中,一名球员提交的记分卡的杆数高于他实际的杆数,提交的成绩成立。(　　)

二、选择题

1. 比杆赛中,在球场通道上一个球员想要抛球,抛球区域是一些被打断的草皮,球员(　　)

A. 不受处罚,把草皮移走

B. 罚两杆,直接抛球

C. 罚两杆,把草皮移走

D. 罚一杆,把草皮移走

2. 比杆赛中,17 号洞比赛中,为了节省一些时间,球员先到 18 号发球区开球之后,返回 17 号果岭推球入洞,球员受到的处罚是(　　)

A. DQ

B. 罚一杆

C. 罚两杆

D. 不受处罚

3. 下列正确的选项是(　　)

A. 标定界外的立柱是可移动妨碍物

B. 球车道是妨碍物

C. 标定正面水障碍区的立柱为红色

D. 倒下的树连着树根是散置障碍物

4. 比杆赛中，比赛者在记分卡上的错误位置签名，即球员 A 字签在了记分员的位置，记分员 B 字签在了球员的位置。正确的裁决是（　　）

A. A 罚一杆，B 不受处罚

B. A 和 B 均不受处罚

C. A 取消资格，B 不受处罚

D. A 和 B 均受罚两杆

5. 比洞赛中，罚一杆的是（　　）

A. 辨认球时过度擦拭球

B. 当球在沙坑中时移走树枝

C. 在果岭上修补鞋钉印

D. 在果岭上击球撞到旗杆

模拟试题五答案

一、判断题答案

1. √	2. √	3. ×	4. √	5. ×	6. √	7. √	8. √	9. √	10. ×
11. √	12. √	13. √	14. √	15. ×	16. ×	17. √	18. √	19. ×	20. √
21. √	22. √	23. √	24. √	25. ×	26. √	27. ×	28. √	29. ×	30. √
31. ×	32. √	33. √	34. √	35. √	36. √	37. √	38. ×	39. ×	40. √
41. √	42. √	43. √	44. √	45. √	46. ×	47. √	48. √	49. √	50. √

二、选择题答案

1. A　2. A　3. B　4. B　5. A

模拟试题六

一、判断题

1. 蚂蚁巢是散置障碍物。(　　)

2. 比杆赛中,拒绝遵守规则罚两杆。(　　)

3. 球员必须在球上做标记。(　　)

4. 不可以打正在摇晃的球。(　　)

5. 吃过的苹果是妨碍物。(　　)

6. 可以用树叶标定球的位置。(　　)

7. 球员可以在一轮比赛中多次更换球童,但必须保证同一时间内只有一名球童。(　　)

8. 球童可以宣布球员的球不可打。(　　)

9. 被风移动的物体是局外者。(　　)

10. 在比洞赛中,未经对手许可就标定并拿起对手的球,将被罚一杆。(　　)

11. 球员在标定球后,拿起球时无意中掉落的球打到了球标,并使球标发生了移动,球员被罚一杆,并必须放置回原位。(　　)

12. 球童找到位于灌木丛中的球并直接将球拿起,球员随后宣布不可打,按照一杆加距离处理,球员不会因为球童拿起球被罚。(　　)

13. 球员的球妨碍同组球员打球,应同组球员的要求去拿起球时,无意中踢到了自己的球并发生了移动,球员没有处罚。(　　)

14. 比洞赛中违规擦拭球该洞负。(　　)

15. 按照规则标定球时,必须由球员本人标定,否则罚一杆。(　　)

16. 在比杆赛中,球员雇用多名球童的处罚是每洞罚两杆,一轮最多罚四杆。(　　)

17. 球员击球后,球正在运动时,他空挥杆时打起的草坪改变了球的运动,受罚一杆。(　　)

18. 比洞赛中,在打自己的球时不小心移动了对手的球,将受到一杆的处罚。(　　)

19. 击球准备后球移动,没有罚杆。(　　)

20. 当球杆放置在长草上时位于长草上的球移动了,球员将被罚一杆,必须把球放置回原位。(　　)

21. 在果岭上球员没有标定球,通过翻转球来瞄线,但没有离开原位,不受罚。(　　)

22. 球员提前宣布在树上的球不可打,之后通过摇晃树木使树上的球掉落下来,进行辨认和进行不可打之球的处理,不会受到规则 18-2a 的处罚。(　　)

23. 球员击球进洞后,不许延误比赛,去下一个发球区。(　　)

24. 球员在推球时可以把手套夹在腋下。(　　)

25. 在比杆赛中,比赛者未经比赛者同意就拿起了比赛者的球,没有处罚,必须重新放置回原位。(　　)

26. 球标被局外者移动,必须把球标放置在尽可能接近其原来位置的地点,没有处罚。(　　)

27. 球员授权球童拿起果岭上的球，球童可以把这个球放置回原位，没有处罚。（ ）

28. 可以使用杆头、帽子或毛巾扫除球道上球附近的沙子。（ ）

29. 抛球时，球员抛球时没有将臂伸直罚两杆。（ ）

30. 球员击球之后，打到了自己的球童不受处罚。（ ）

31. 拿起球之前没有标定球的位置一定受到处罚。（ ）

32. 果岭上所有的补救都要放置球。（ ）

33. 球员可以在比赛中雇用球童以外的人负责拿雨伞或打伞，不属于雇用两名球童。（ ）

34. 标定球位置的球标被风和临时积水移动，球员没有处罚，但必须重新放置回原位。（ ）

35. 对手是指比洞赛中球员一方对抗的另一方成员。（ ）

36. 在比杆赛中，球童携带着球员的手套返回发球台时，同组另外的球童或局外者运送球员的球杆，不会因为雇用两名球童而被罚杆。（ ）

37. 未被草覆盖的沙坑的侧壁或内缘是沙坑的一部分。（ ）

38. 球员可以根据自己的需要决定是否移走散置障碍物。（ ）

39. 裁判员不应照管旗杆站在球洞旁边或指示球洞位置。（ ）

40. 另一个从果岭上击出的球正在运动时，球员不得击球。（ ）

41. 果岭上球员的球被对手或同组比赛者的球标变向，不受处罚，且必须在现状态下打球。（ ）

42. 球员意外地移动了自己的使用中球，罚一杆现有位置打。（ ）

43. 在球道上，球员打球之前可以试挥杆。（ ）

44. 球员可以在发球区内移除露水或霜，消除地面不平整状态。（ ）

45. 球员用不正确姿势抛球后，准备击球时球移动了，将要被罚一杆，即使按照规则 20-6 允许重新抛球。（ ）

46. 在球场通道上，一个昆虫停在球上，球员可以用手把昆虫拿起。（ ）

47. 当球正在运动时，不得移走可能影响该球运动的妨碍物（被照管、移走或举起的旗杆例外）。（ ）

48. 当球正在运动时，不得移走可能影响该球运动的散置障碍物。（ ）

49. 委员会可以制定当地规则宣布沙坑里的小石头是可移动妨碍物。（ ）

50. 任何时候球员都可以被罚一杆后，在尽量接近上一次打初始球的地点打一个球。（ ）

二、选择题

1. 比杆赛中，一名比赛者在不知道规则的情况下在沙坑里练习挥杆，每一次都触及了沙坑的地面，正确的裁决是（ ）

A. 罚两杆

B. 不受处罚

C. DQ

D. 罚四杆

2.下列受到一杆处罚的选项是(　　)

A.测试障碍区

B.违规擦拭球

C.触及推击线

D.打球顺序错误

3.比洞赛中,A迟到了1分钟,B迟到了2分钟。他们将受到的处罚是(　　)

A.A第一洞负,B领先一洞

B.A和B在第一洞打平,在第二洞开球正式比赛

C.没有处罚,从第一洞开始比赛

4.球员的球打上了果岭,他擦拭完球后将其放置回原位,这个球已经静止。但是当他准备击球时,一阵大风把球吹得滚下果岭,正确的裁决是(　　)

A.在球的新位置打球

B.必须把球放回原位

C.可以选择现有位置打或者把球放回原位

D.找最近补救点补救

5.下列选项说法正确的是(　　)

A.如果球员的球移动了直接归因于在球员把球放回原位之后移走球标时,无处罚

B.如果一个球员的伙伴在他的球被局外者移动后,重新放置了球员的球,则将受到处罚

C.如果在果岭重新放置的球被风吹下果岭时,他在现有位置打球,有处罚

D.如果他的球陷入地面,按照规则补救的时候,放置了他的球,没有处罚

三、简答题

请列举5个"按规则补救时可以替换球"的例子。

模拟试题六答案

一、判断题答案

1.√	2.×	3.×	4.×	5.×	6.√	7.√	8.×	9.√	10.√
11.√	12.×	13.×	14.×	15.×	16.√	17.√	18.×	19.×	20.√
21.×	22.√	23.√	24.×	25.√	26.√	27.√	28.×	29.×	30.×
31.×	32.×	33.√	34.√	35.√	36.√	37.√	38.√	39.√	40.√
41.√	42.√	43.√	44.√	45.√	46.√	47.√	48.√	49.√	50.√

二、选择题答案

1.A　2.B　3.B　4.A　5.A

三、简答题答案

"按规则补救时可以替换球"的5个例子:

1. 球出界或宣布不可打之球时；
2. 球落入不可移动妨碍物内遗失时；
3. 球落入水障碍区内并按照规则规定处置时；
4. 球落入水障碍区内无法取回时；
5. 球停在毒蛇或其他危险动物出没的地方时。

模拟试题七

一、判断题

1.水障碍区内不可以接受不可移妨碍物的免罚杆补救。(　　)

2.球员按照规则放置球时,可以向下用力按压地表面使球静止。(　　)

3.一个松果从树上掉落停在沙坑内球的附近,球员可以不受处罚地移除。(　　)

4. 一方是指一个球员或两个以上互为伙伴的球员。(　　)

5.球员在球道长草中的球,被同组球员无意中踩进了球道泥土里,没有处罚,球移动后,必须放置回原位。(　　)

6.在比赛中,球员在果岭推击球后,球撞到了被照管的旗杆,该球员被罚两杆。(　　)

7.在沙坑内,向后挥杆时碰到了掘穴动物在沙坑内的土堆,球员没有处罚。(　　)

8.静止球被局外者移动,应该罚一杆然后抛球。(　　)

9.人工制造的路面属于不可移动妨碍物。(　　)

10. 在果岭上球员不可以用揉搓球的方式对球进行擦拭清洁,即使没有测试果岭,也要罚两杆。(　　)

11.球员在障碍区内练习挥杆时,球杆碰到了长草,没有处罚。(　　)

12.球员在击球时未被允许有看到球的权利。(　　)

13.球员在沙坑用脚用力踩踏,把沙子踩低方便站位,没有处罚。(　　)

14.位于沙坑内的妨碍物上的球,由于沙坑的界线向下延伸,所以该球不属于沙坑内的球。(　　)

15.在果岭上重新放置的球,没有取除球标,球员刚做好击球准备,球被风移动了,必须在新的位置打球,没有处罚。(　　)

16.球员在长草中移除了球附近的一个大的折断干死的树枝,但当他移开后才发现树枝还有一小部分死树皮和树木根部相连着,球员将被罚两杆。(　　)

17.自然因素是指阳光、风、雨。(　　)

18.球员的球位于沙坑内,当同组球员在沙坑内打完球后,他的球位被改变,他可以恢复球静止时的球位和沙坑状态,没有处罚。(　　)

19.球被重新放置时,球员可以用球上的商标或线指示打球线。(　　)

20.拿起球或放置球回原位时球员可以触及推击线。(　　)

21.如果没有被标示或宣布为整修地,非掘穴动物造成的坑穴不属于异常球场状况。(　　)

22.球员按规则 25-2 抛球时球陷入了地面,球员还可以抛球,如果两次抛球都陷入地面,第三次可以放置球。(　　)

23.球员在初始球可能的位置或较该位置更靠近球洞的地点击打了暂定球则初始球遗失。(　　)

24.在界外的不可移动人造物体的任何部分是妨碍物。( )

25.暂定球是指球可能在水障碍区外遗失或可能出界时按规则打的球。( )

26. 球员的球打进了灌木丛无法击球的情况下,球员说球车路妨碍他站位,他可以按照球车路妨碍进行补救。( )

27.球员抛球时可以移开抛球区域的生长的树枝。( )

28.球员可以打正在水中运动的球,但不可以等待时机,利用水流的作用打球。( )

29.在一轮比杆赛中,A 球员的球童可以长时间帮助 B 球员拉球包或拿球杆。( )

30.球员在 8:16 时赶到发球台,他的发球时间是 8:00。此时他被罚两杆。( )

31.球员在遇到交通事故,帮助他人提供救助服务或目击证据,委员会可以免除因违反规则 6-3a 而施于取消资格的处罚。( )

32.在比赛中,委员会公布了记载比赛者差点、姓名和日期的记分卡。比赛者的差点是 8,委员会错误地记为 9,该记录影响了他接受的杆数。在记分卡提交之后,才发现错误。比赛者将被 DQ。( )

33.球员可以修复一半在果岭上一半位于果岭环上的球痕。( )

34.一个球员在比洞赛中,报告了一洞错误的分数,在完成 3 洞后发现了错误,该球员在该洞负。( )

35.在比杆赛决赛中的加洞赛中,向同组比赛者报告了错误的杆数信息没有处罚。( )

36.球员的球位于沙坑内,在向后挥杆时不小心碰到了沙坑内的松树叶子,球员没有处罚。( )

37.球员在水障碍区内取除覆盖在以为是自己球的错球上的散置障碍物,同样要受到处罚。( )

38.比杆赛中,假如球员记录的其中一洞的成绩高于实际所打的成绩,则记分卡的成绩保持不变。( )

39.一个大雨天,球道水太多,一个球员捡来雨衣,穿在腿上,并跪着打了球,该球员不用受罚。( )

40.球员的球打到果岭环上,球员可以做标记拿起球擦拭球。( )

41.水障碍区边上的立桩即使实质上影响了球员的站位,球员也不可以取除此立桩(无论球在哪里)。( )

42.比洞赛中,球员在错误的发球区打的球没有被取消,但 OB 了,球员按照规则 27-1 补救时,罚一杆后,必须在打上一杆的错误发球区补打,但不能架球。( )

43.球在沙坑内的不可移动妨碍物上,不可以接受免罚杆补救。( )

44.球员的球位于沙坑边沿的沙耙边,此时球员应当首先拿起球,移开沙耙,然后接近球的原位置抛球。( )

45.球打进垃圾箱里只能宣布不可打。( )

46.在沙坑内打球时,上杆时无意触及沙坑内的临时积水,没有处罚。( )

47.球员的球位于水障碍区,他的球杆当长草被往下压到可以承受起球杆重量时,他将受到规则 13-4b 处罚。( )

二、选择题

1. 在比杆赛中，球童照管旗杆时建议球员瞄准自己的脚击球，正确的裁决是（　　）

A. 罚一杆

B. 罚两杆

C. DQ

D. 不罚杆

2. 在寻找沙坑内被沙子覆盖的球时，球的隐藏状态被改变，正确的处置是（　　）

A. 罚一杆

B. 罚两杆

C. DQ

D. 不罚杆，但必须恢复到仅可以看到球的一部分的程度

3. 球员为了辨认球，提前向对手或记分员宣布自己辨认球的意图后，在没有标定球的情况下，接触球并进行翻转来辨认球，并确认是自己的球。正确的裁决是（　　）

A. 罚一杆

B. 罚两杆

C. DQ

D. 不罚杆

4. 在判断落球区的位置处，球员找到了一个和自己的球相同商标和相同号码的球，但上面没有规则 12-2 规定的辨认标记，球员还是断定此球是他的球并进行了击打。正确的裁决是（　　）

A. 罚一杆

B. 罚两杆

C. DQ

D. 不罚杆

5. 球员的球位于被雨水冲出沙坑的沙子上，该球员击球前杆接触了沙子。该球员受到的处罚是（　　）

A. 罚一杆

B. 罚两杆

C. DQ

D. 不罚杆

6. 球员要因为移动他的球而遭到处罚的选项是（　　）

A. 在测量哪一个球距离球洞更远的时候

B. 在果岭上标定球的位置的时候

C. 在果岭上移走球旁边的树叶的时候

D. 在长草中找他的球的时候

三、简答题

请列举 5 个“重抛球”的例子。

模拟试题七答案

一、判断题答案

1.√ 2.× 3.× 4.√ 5.√ 6.√ 7.× 8.× 9.√ 10.×
11.√ 12.√ 13.× 14.× 15.√ 16.√ 17.√ 18.√ 19.√ 20.√
21.√ 22.√ 23.√ 24.× 25.√ 26.× 27.× 28.√ 29.× 30.×
31.√ 32.√ 33.√ 34.× 35.× 36.× 37.√ 38.√ 39.√ 40.×
41.× 42.√ 43.× 44.× 45.× 46.√ 47.√

二、选择题答案

1.B 2.D 3.A 4.B 5.D 6.D

三、简答题答案

请列举 5 个“重抛球”的例子：

1.该球滚入并静止在障碍区中。

2.该球滚出并静止在障碍区外。

3.该球滚上并静止在球洞区。

4.该球滚出并静止在界外。

5.按照规则 24-2b(不可移动妨碍物)、规则 25-1(异常球场状况)、规则 25-2(错误的球洞区)或当地规则(规则 33-8a)采取了补救，但已抛之球又滚到并静止在仍然受到以上状况妨碍的位置;或者按照规则 25-2(陷入地面的球)把球拿起后，抛球时该球又滚回了它下落造成的球痕内。

模拟试题八

一、判断题

1. 在比赛中球员故意踩踏对手或同组比赛者的推击线，来改变球员的推击线，没有处罚。(　　)

2. 球员在规定一轮中可以更换球童，但同一时间只能有一名球童。(　　)

3. 在比赛中，球童可以取除妨碍球员打球的OB桩。(　　)

4. 在比赛中，球员可以让球童修补有助于他打球的鞋痕。(　　)

5. 记分卡上有修改成绩时必须要有记分员签字。(　　)

6. 球员在进行击球时，球童可以为其打伞用于遮挡太阳光或雨雪。(　　)

7. 在比赛中，球童可以站立在球员打球线后方的延长线上看球员打球。(　　)

8. 球员在果岭上击球前，球童可以用球杆接触果岭表面向球员指示推击线。(　　)

9. 男球员在打球过程中可以携带女杆。(　　)

10. 球员按整修地补救要被罚一杆。(　　)

11. 当球的一部分触及了沙坑，同时球的另一半触及水障碍区，这个球属于沙坑里的球。(　　)

12. 比赛时，在发球区球员发球前，球童可以弯曲或折断了影响球员挥杆的树枝。(　　)

13. 球童在照管旗杆的时候不可以再去帮球员擦拭球。(　　)

14. 任何时候只能球员自己来宣布球不可打。(　　)

15. 比赛者可以自行更正记分卡上的错误。(　　)

16. 在果岭上，当球员的球是使用中球时，球员在取除果岭上的树枝、树叶、松果时，无意中移动了自己的球，不用受罚。(　　)

17. 当球员的球是使用中球时，在取除果岭上的纸屑、废弃的烟盒、塑料袋、烟头时，无意中移动了自己的球，要受罚。(　　)

18. 一对二服务时，当A球员让球童帮助拿球杆，该球童从A的球包中取出球杆，并将两个球包放置在果岭边上，走上前把球杆交给A。此时，B球员正在打球，球正好击中A的球包，B要被罚两杆。(　　)

19. 在球员进行击球时，为了在果岭上指示球员的推击线，球童可以在果岭故意投影。(　　)

20. 等待攻果岭时在球道上用多颗松果练习短切不违反规则。(　　)

21. 球员的球半陷入长草区内，提前向对手、记分员或同伴比赛者宣布自己的意图后，辨认球，接触了球并进行翻转，之后他确认是自己的球，没有处罚。(　　)

22. 球员的球打进长草区，球童找到球后，可以用脚用力踩压球周围的长草使球露出来。(　　)

23. 下杆时杆头被树枝缠住这不算一次击球。(　　)

24. 球员的球打到较大的斜坡上，球童为了防止球员击球时滑倒，可以用手扶住或用脚顶

住球员的脚完成了击球。( )

25.球员的球打到树林里,球员为了击球而把一个影响挥杆的树枝用手拉到一边,但在球员击球前,意识到不应该这样做,马上松开了树枝,并使树枝恢复原样,该球员不用受罚。( )

26.委员会可以制定当地规则,宣布一个可移动妨碍物为不可移动妨碍物。( )

27.比洞赛中,如果一名球员在应由对手打球的时候打了球,他不用受罚。( )

28.球员可以因为他的球外部烤漆脱落,宣布该球不可打而去替换一个新球。( )

29.当球员的球位于水障碍区时,球员不可以将球杆放置在水障碍区的地面上。( )

30.球员在7:56时赶到发球台,他的发球时间是8:00。此时他被罚两杆。( )

31.比杆赛中,球员故意跨立或踏立推击线将被罚两杆。( )

32.沙坑内没有击球准备( )

33.比杆赛中,球员用推杆扫除了果岭上生长的蘑菇,将受罚两杆。( )

34.球的一部分接触到水障碍区的线上,另一部分在球道上,这个球是水障碍区中的球。( )

35. 比洞赛中,球员之间可以有"OK"球。( )

36.球员在找最近补救点的时候,必须用下 次击球的球杆模拟站位、击球方向和挥杆区域。( )

37.寻找位于妨碍物中的球时,如果在寻找的过程中球被意外地移动,球员要受到相应的处罚。( )

38.球员接受一杆加距离的处罚,回到上一杆打球的地方击球,他可以替换一个球。( )

39.无论球员是否做好站位,只要球员将其球杆放在紧靠球前或球后的地面上,该球员即完成了击球准备。( )

40.比杆赛中,球员在发球区外开球,他必须在下一个球洞开球前或最后一个球洞离开果岭前纠正错误,否则被取消比赛资格。( )

二、选择题

1.比杆赛中,球童踩平位于球道上的球附近的一小堆沙子,该沙子位于该球员的打球线上,从而改善了打球线,该球员受的处罚是( )

A. 没有罚杆

B. 罚一杆

C. 罚两杆

2.在比赛中,球员的球打上了果岭,球童修复了位于球员推击线上的鞋钉痕,该球员受的处罚是( )

A. 没有罚杆

B. 罚一杆

C. 罚两杆

3.球员的球打进了沙坑,球童帮助自己的球员在沙坑内找球时,在球附近留下很多脚印。找到球后,在球员击球前,球童用沙耙耙平了脚印,该球员受的处罚是( )

A.罚两杆

B.罚一杆

C.罚三杆

4.在比赛中,球童帮助球员在规则规定的地方进行了抛球,抛球后球员完成了击球,该球员受的处罚是(　　)

A. 没有罚杆

B. 罚一杆

C. 罚两杆

5.球员移动了障碍区内的散置障碍物,且球的位置状态和挥杆区域也没有被改善,该球员受的处罚是(　　)

A. 没有罚杆

B. 罚一杆

C. 罚两杆

6.在比杆赛中,球员的球打进沙坑,球埋进了沙坑内散落的树叶和松果里,球童在沙坑找球时,不小心踢到一个松果,她捡起松果扔到了一边,该球员受的处罚是(　　)

A. 没有罚杆

B. 罚一杆

C. 罚两杆

7.在比杆赛中,球员的球在水障碍区中,该球员的球童取除了该障碍区内的散落的树枝,造成球移动,球员把球放回原位并完成了击球,该球员受的处罚是(　　)

A. 罚三杆

B. 罚一杆

C. 罚两杆

8.球员的球被局外者移动之后,在现有位置打了球,受到的处罚是(　　)

A. 罚两杆

B. 罚一杆

C. 没有罚杆

9.在比杆赛中,球员的球打进水障碍区内,他的球童在水障碍区内找到自己的球并将覆盖在上面的散置障碍物取除。后来球员决定不从障碍区里打球,按照规则在水障碍区以外罚一杆接受补救,该球员受的处罚是(　　)

A. 没有罚杆

B. 罚一杆

C. 罚两杆

10.A 球员的球停在水障碍区里,同组 B 球员在附近击球,B 球员击球打起的草皮正好落在球员 A 停在水障碍区的球附近,球员 A 的球童过去捡起草皮扔到一边,该球员受的处罚是(　　)

A. 没有罚杆

B. 罚两杆

C. 罚一杆

11.比杆赛中,球员打错球的处罚是(　　)

A. 罚两杆

B. 罚一杆

C. 没有罚杆

12. 在比杆赛中，球童给自己的球员做示范挥杆时，做上挥杆时击到球员挥杆区域的树枝，并造成树枝折断，球员受的处罚是（ ）

A. 没有罚杆

B. 罚一杆

C. 罚两杆

13. 同组球员的球在沙坑里，球员向同组球员示范切杆动作，球员受的处罚是（ ）

A. 罚两杆

B. 罚一杆

C. 没有罚杆

14. 球员让球童照管旗杆之后，球员的球碰到了旗杆，受到的处罚是（ ）

A. 无罚杆

B. 罚两杆

C. 罚一杆

15. 在比杆赛中，A 在沙坑内打球后，他的球飞到界外或遗失了，他的球童平整了沙坑的脚印，并且该球员还在沙坑中空挥杆练习，并且打到了沙子，随后按照规则 27-1 在沙坑进行了抛球，并顺利把球打出沙坑，除了按照规则 27-1 罚一杆外，A 球员受的处罚是（ ）

A. 没有罚杆

B. 罚一杆

C. 罚两杆

16. 在比洞赛中，A 的球在沙坑内靠近球洞的地方，而 B 的球在果岭上，B 的球离球洞更远，但 A 却先打了球，把球打出了沙坑，B 要求 A 按照规则 10-1c 重新击球，同时，A 的球童修整了他沙坑内的脚印，A 球员受的处罚是（ ）

A. 该洞负

B. 罚一杆

C. 没有罚杆

17. 在比杆赛中，球员的球停在了树上打不到的地方，球童用球杆抛向树木，把球打了下来，球员接着按不可打之球罚一杆处理，打了下一杆，球员受的处罚是（ ）

A. 没有罚杆

B. 罚一杆

C. 罚两杆

18. 在比杆赛中，在一对二服务时，A 在击球前球童用 B 的球杆给 A 放在地上进行瞄准，但在 A 击球前移开了 B 的球杆，A 球员受的处罚是（ ）

A. 没有罚杆

B. 罚一杆

C. 罚两杆

19. 比杆赛中，球员的球在正面水障碍区里，这时球员选择的种类是（ ）

A. 3 种

B. 2 种

C. 1 种

20. 比杆赛中，球员的球在侧面水障碍区里，这时球员选择的种类是(　　)

A. 3 种

B. 2 种

C. 5 种

21. 在比杆赛中，球员在果岭上标定了球的位置，拿起球递给球童擦拭，球童擦拭后等到球员击球时，球童把球错误地放到前组遗留下的相同的 Mark 处，球员从错误的地点击球进洞，该球员受的处罚是(　　)

A. DQ

B. 没有罚杆

C. 罚两杆

22. 比洞赛中，球员把球打出界后的处罚是(　　)

A. 罚两杆

B. 该洞负

C. 罚一杆

23. 在一对二服务时，打完一洞后，球童不小心把 A 的球递给了 B，B 在发球台对 A 的球进行了击球，B 球员受的处罚是(　　)

A. 没有罚杆

B. DQ

C. 罚两杆

24. 在比杆赛中，A、B 完成击球进洞后，球童发现 A 使用 B 的球击球进洞，B 则使用 A 的球击球进洞，球员 A 和 B 受的处罚是(　　)

A. 罚一杆

B. 没有罚杆

C. 罚两杆

25. 不属于异常球场状况的选项是(　　)

A. 临时积水

B. 整修地

C. 沙坑

26. 不是掘穴动物的选项是(　　)

A. 兔子

B. 土拨鼠

C. 狗

27. 比杆赛中，被罚两杆的选项是(　　)

A. 运动中球打到自己的装备

B. 球员在错误地方打球

C. 需要放回原位的球没做标记就拿起来

28. 比杆赛中，在发球台上球员不按顺序打球，需要接受的处罚是(　　)

A. No penalty

B. The player loses the hole

C. The player incurs a penalty of two strokes

29. 在比洞赛中，球员的双脚站在了错误的果岭上打球，处罚是(　　)

A. No penalty

B. The player loses the hole

C. The player incurs a penalty of two strokes

30. 比杆赛中，一名球员偷看同伴比赛者球包里的球杆，以确认其击球时所用的球杆。处罚是(　　)

A. A incurs a penalty of two strokes

B. A is disqualified

C. There is no penalty

三、案例分析题(在一次比杆赛中，A和B是同组比赛者，A总是出现一些问题。写出相应的罚杆，不罚写0)

4号洞　　525码　　Par5

1. A球员的球位于球场通道上，并且倚靠着许多散置的树枝静止，A认为这些树枝的存在影响他的挥杆，A移走了树枝，球移动了。

2. 果岭旁边有一个沙坑，有一个水障碍区，A攻果岭时，球进入沙坑，在沙坑击球前，A挥杆练习触碰沙坑3次。

3. 沙坑击球很糟糕，由于太过用力，球进入了侧面水障碍区。

4. A罚一杆按水障碍区补救，抛球时，球在碰到球场一部分之前撞到了球员的装备。

5号洞　　165码　　Par3

1. A在发球区打的初始球出界，按照规则27-1，他架了另一个球，当A做击球准备时碰到了球，球从球座上掉落。

2. B在果岭环上切球，A认为B一定会越过球洞，在没有B的允许下拔了旗杆。

6号洞　　378码　　Par4

1. 球场通道上A和B的球相距很近，B没有因为A的球造成妨碍而让其拿起球，A标定了球位后，拿起球。

2. A和B的球同时落入水中，A最后穿越水障碍区界线的点比B的近，A的球在水中的位置比B的球在水中的位置距球洞远一些，于是A先进行了击球。

模拟试题八答案

一、判断题答案

1. ×	2. √	3. ×	4. ×	5. √	6. ×	7. ×	8. ×	9. √	10. ×
11. ×	12. ×	13. ×	14. √	15. ×	16. √	17. ×	18. ×	19. ×	20. ×
21. ×	22. ×	23. ×	24. ×	25. √	26. √	27. √	28. ×	29. ×	30. ×
31. √	32. √	33. √	34. √	35. √	36. √	37. ×	38. √	39. √	40. √

二、选择题答案

1. C　2. C　3. A　4. B　5. C　6. C　7. C　8. A　9. C　10. A
11. A　12. C　13. A　14. B　15. A　16. C　17. B　18. A　19. A　20. C
21. C　22. C　23. A　24. C　25. C　26. C　27. B　28. A　29. A　30. C

三、案例分析题答案

球洞	题号	罚杆	球洞	题号	罚杆	球洞	题号	罚杆
4号洞	1	1	5号洞	1	0	6号洞	1	1
	2	2		2	2		2	0
	3	0						
	4	0						

模拟试题九

一、选择题

1. 按照某一规则补救时，球员在更靠近球洞的地方抛了球并打了球，正确的裁决是（　　）

A. 罚一杆

B. 不受处罚

C. 罚两杆

2. 下列可以替换球的情况是（　　）

A. 被局外者移动

B. 进入整修地

C. 进入水障碍区

3. 下列不受处罚的选项是（　　）

A. 球员抛球方式错误

B. 球员没授权给球童，但是在静止时球童移走了果岭上的旗杆

C. 球员没授权给球童，但是球童替球员标定了球位并拿起了球

4. 球员在错误的地方用错误的方式抛球，正确的裁决是（　　）

A. 不受处罚，在打球之前纠正错误

B. DQ

C. 受到三杆的处罚

5. 雪和自然冰正确的选项是（　　）

A. 临时积水，但不是散置障碍物

B. 临时积水或散置障碍物

C. 散置障碍物，但不是临时积水

6. 可以宣布球为不可打之球的人是（　　）

A. 球员本人

B. 伙伴

C. 球员授权的人

7. 球打界外或遗失后的处理方法是（　　）

A. 在球的停点位置打

B. 罚一杆后，返回上次击球的位置打

C. 两杆范围打

8. 抛球时球撞到球包，受到的处罚是（　　）

A. 不受罚

B. 罚一杆

C. 罚两杆

9. 下列说法正确的选项是(　　)

A. 在按照规则需要将球放回原位时,应先标定球的位置再拿起球

B. 球员必须对球标定位置

C. 球员应该对每一个球进行标位

10. 比洞赛中,一个球员从果岭外将球击出后进洞撞到了旗杆,他受到的处罚是(　　)

A. 不受处罚

B. 罚一杆

C. 该洞负

11. 一名球员的球停在水障碍区之内,但是并没有落入水中,此时球员被规则允许的行为是(　　)

A. 移走他的球之前的一块石头

B. 击球前,把他带进障碍区的多余的球杆放在障碍区内的地面上

C. 站位时轻轻把球杆放在球后的地面上

D. 击球前在水中清洗他的球杆。

12. 下列有关发球区的陈述正确的选项是(　　)

A. 发球区是由草坪工作者准备的供球员开始各球洞打球过程的所有区域。其起始处为摆放在各个地方的发球区标志

B. 发球区是一个长方形区域,纵深一支球杆,其前端和两侧由两个发球区标志的外侧边缘决定

C. 发球区是一个长方形区域,纵深两支球杆,其前端和两侧由两个发球区标志的外侧边缘决定

D. 发球区是一个长方形区域,其前端和两侧由两个发球区标志的外侧边缘决定,球员可以在发球区标志后方任意距离的地方架球

13. 下列行为属于正常打球过程中损坏的球杆是(　　)

A. 出于愤怒把球杆摔坏

B. 用球杆寻找球

C. 球员为了玩耍把球杆打到了石头

14. 球员在沙坑中不小心摔倒时,用手撑着沙坑中的地面,正确的裁决是(　　)

A. 不罚杆

B. 罚一杆

C. 罚两杆

15. 当球在运动中,下列可以移动的选项是(　　)

A. 一个树叶

B. 一个易拉罐

C. 被照管的旗杆

16. 当球静止在沙坑里时,一个昆虫静止在了球上,球员正确的处置是(　　)

A. 用手拿走昆虫

B. 用毛巾扇走

C. 替换球

17. 即使妨碍球员击球也不能移动的界桩是( )

A. 水障碍桩

B. 码数桩

C. OB 桩

18. 比杆赛中,一名比赛者的球在果岭上先撞到了一名同组比赛者的球,违反了规则 19-5a,之后又撞到了另一名同组比赛者的球,同样违反了规则 19-5a。处罚是( )

A. 罚两杆

B. 罚四杆

C. 罚一杆

19. 比杆赛中,一名比赛者考虑把他的球从沙坑中推出来,他耙平了沙坑内打球线上的一个脚印,正确的裁决是( )

A. 罚三杆

B. 罚四杆

C. 罚两杆

20. 比洞赛中的一般性处罚是( )

A. 罚一杆

B. 罚两杆

C. 该洞负

21. 比杆赛中的一般性处罚是( )

A. 罚一杆

B. 罚两杆

C. 该洞负

22. 球员在果岭上不可以做的选项是( )

A. 修复球痕

B. 修复旧洞埋迹

C. 修复鞋痕

23. 从之前某次击球地点进行下一次击球时正确的处置是( )

A. 在发球区,必须从发球区内打要打的球

B. 在障碍区,必须放置要打的球

C. 在果岭上,必须抛要打的球

24. 经常有球员在果岭沙坑内击球时把一些沙子溅出来,这些沙子有些落在果岭环上,有的在果岭上,球员正确的处置是( )

A. 都可以移走

B. 都不可以移走

C. 只能移走果岭上的沙子

25. 球落在球场通道的毛巾上,正确的处置是( )

A. 将球标定拿起,把毛巾拿开,在尽量接近原来所在位置的正下方抛球,不能靠近球洞

B. 将球标定拿起,把毛巾拿开,在尽量接近原来所在位置的正下方放球,不能靠近球洞

C. 将球标定拿起,把毛巾拿开,在尽量接近原来所在位置的一杆置范围内抛球,不能靠近球洞

26. 当球员做击球准备时，球杆不小心碰到了球，但是球没发生位移，正确的裁决是(　　)

A. 不受处罚

B. 罚一杆

C. 罚两杆

27. 当球员击球准备时，一阵风把球吹动，正确的裁决是(　　)

A. 罚一杆，现有位置打

B. 不受处罚，放回原位

C. 不受处罚，现有位置打

28. 球员可以把球放置回原位的情况是(　　)

A. 球被风吹动

B. 球在水里被水流带动

C. 球被小鸟碰动

29. 一次挥杆过程中，球杆连续3次击打到了球，正确的裁决是(　　)

A. 罚一杆

B. 罚两杆

C. 罚三杆

30. 球员在宣布不可打后可以不用找到这个球的情况是(　　)

A. 选择回到上一次地点打球

B. 在球停点与球洞反向连线上

C. 在球停点两杆范围抛球

二、判断题

1. 球员可以携带一根棍子来帮助自己校正挥杆动作。(　　)

2. 在比洞赛中，对手的球童拿起球员的球，并告知球员该球出界，如委员会同意球在界内，对手将被罚一杆。(　　)

3. 很多球员喜欢在果岭上用手把球杆悬吊起来，将其当作铅垂线来确定果岭的坡度。这样做违反了规则14-3。(　　)

4. 球员不可以因为握把湿为理由来更换球杆。(　　)

5. 在球场上，一块不好的草地，必须询问裁判是否是整修地才能接受补救。(　　)

6. 裁判员就是惩罚球员的人。(　　)

7. 裁判员为了节省时间可以给水障碍区设立抛球区。(　　)

8. 球员的球进水之后，按照规则补救之前，必须确认最后入水点。(　　)

9. 在按照整修地补救时球员不可以擦拭球。(　　)

10. 球在果岭环上，球员修补了球边上的球痕不受处罚。(　　)

模拟试题九答案

一、选择题答案

1. C　2. C　3. B　4. A　5. B　6. A　7. B　8. A　9. A　10. A
11. B　12. C　13. B　14. A　15. C　16. B　17. C　18. A　19. C　20. C
21. B　22. C　23. A　24. C　25. A　26. A　27. C　28. C　29. A　30. A

二、判断题答案

1. ×　2. √　3. ×　4. √　5. √　6. ×　7. √　8. ×　9. ×　10. ×

模拟试题十

一、判断题

1. A competitor who has incurred a penalty must inform his marker as soon as possible; otherwise, he has given wrong information. (　　)

2. Loose impediments include natural objects such as stones, leaves, twigs and branches. (　　)

3. Snow is a loose impediment. (　　)

4. Stakes defining ground under repair are in such ground under repair. (　　)

5. A player must start a stipulated round with fourteen clubs. (　　)

6. A tee may be no longer than 108 mm. (　　)

7. The line of play extends vertically upwards but does not extend beyond the hole. (　　)

8. A marker must be a fellow-competitor. (　　)

9. A Committee may define a lateral water hazard as a water hazard. (　　)

10. Two players exchange balls in error after holing out, with each playing the other's ball from the next teeing ground; they have each played a wrong ball with penalty. (　　)

11. A coin used to mark the position of a ball is part of the players equipment. (　　)

12. If a player starts with fewer than fourteen clubs, he may add any number provided his total does not exceed fourteen. (　　)

13. In stroke play, there is no penalty for playing a wrong ball that is in a hazard. (　　)

14. Leaves, twigs and branches which are not fixed or growing are loose impediments. (　　)

15. In stroke play, if a competitor plays a ball from a wrong place, the penalty is one stroke. (　　)

16. A player may always test the condition of a hazard when his ball lies in a similar hazard. (　　)

17. If a player's ball in play has been lifted, it is again in play when dropped or placed. (　　)

18. A ball is in bunker when it lies in or any part of it touches the bunker. (　　)

19. Once a competition has started, the Committee may alter the conditions of competition in very exceptional circumstances. (　　)

20. The margin of a water hazard extends vertically upwards and downwards. (　　)

21. If a player drops a ball under a Rule and it strikes his glove that was used to mark the area in which the ball is to be dropped, he must re-drop the ball. (　　)

22. A ball to be drop under the rules can be drop by himself or any other he had authorized. (　　)

23. A ball is in play as soon as the player has teed a ball within the teeing ground. (　　)

24. All ground or water within the margin of a water hazard is part of the hazard. (　　)

25. When a ball is in motion, a loose impediment that might influence the movement of the ball can be removed. (　　)

26. Information on matters such as the location of the hole on the putting green during play is not advice. (　　)

27. The Committee may not make a Local Rule granting relief from aeration holes. (　　)

28. The margin of a bunker extends vertically downwards but not upwards. (　　)

29. A ball is deemed to have moved if it leaves its position and comes to rest in any other place. (　　)

30. A ball is outside the teeing ground when part of it lies outside the teeing ground. (　　)

31. The Committee should not modify the penalty of disqualification for failure of a competitor to hole out in stroke play. (　　)

32. Even when it is obvious that a dropped ball will roll into a hazard or out of bounds, the player may not place the ball instead of dropping it. (　　)

33. A ball is "holed" provided most of it is below the level of the lip of the hole. (　　)

34. Information such as the position of hazards or the flagstick on a putting green is advice. (　　)

35. A player is entitled to place his clubs in a bunker when his ball lies in the same bunker. (　　)

36. An outside agency removed a movable gallery control rope without the player's authority that worsened the position of his ball; the player may re-install the rope. (　　)

37. If a player plays any strokes in a hazard with a wrong ball there is no penalty. (　　)

38. A ball is in a bunker when any part of it touches the bunker. (　　)

39. A player is entitled to discontinue play if he believes there is danger from an electrical storm. (　　)

40. A player must determine his nearest point of relief by using the club with which he expects to play his next stroke. (　　)

41. In stroke play, if a player misses a short putt and holes the ball with the handle end of the club, the ball is holed with a penalty of two strokes. (　　)

42. A given part of a body of water may be defined as a water hazard in the play of one hole and a lateral water hazard in the play of another hole. (　　)

43. A referee does not have to act on a breach, which is reported to him. (　　)

44. A player's ball is deep in thick rough. The player may move the grass round about the ball so that he can play his shot. (　　)

45. If both finalists in a match play competition are disqualified for agreeing to waive the Rules, the event may conclude without a winner. (　　)

46. Stakes defining ground under repair are in such ground under repair. (　　)

47. A leaf adhering to the ball is a loose impediment. (　　)

48. Snow and natural ice are either loose impediments or casual water at the option of

the player. (　　)

49. Parts of immovable artificial objects which lie out of bounds are considered to be obstructions. (　　)

50. When a player's ball lies in a hazard he must not touch or move a loose impediment lying in or touching the hazard. (　　)

51. A club is not unfit for play solely because the lie or loft has been been altered. (　　)

52. A player moves his ball that is at rest on the fairway when making his practice swing. The stroke counts. (　　)

53. Anyone who attends the flagstick is considered to be a caddie. (　　)

54. A player throws his ball to his caddie and there is a question whether this resulted in the ball being cleaned; any doubt should be resolved against the player. (　　)

55. A player's ball lies on top of a towel through the green. The player may remove the towel and drop the ball as near as possible to the spot where the ball lay on the towel, but not nearer the hole. (　　)

56. A wrong ball includes another player's ball, an abandoned ball, and the player's original ball when it is no longer in play. (　　)

57. In four-ball stroke play, balls belonging to the same side may be played in the order the side considers best. (　　)

58. Stakes defining the margins of water hazards are obstructions. (　　)

59. The Committee may not make a Local Rule granting relief from aeration holes. (　　)

60. An old hole plug which has sunk below the level of the surface of the green is a hole made by a green keeper and therefore ground under repair. (　　)

61. When out of bounds is defined by a line on the ground, the line itself is out of bounds. (　　)

62. A boundary fence gate, when closed, is part of the boundary fence and may not be opened to play a stroke. (　　)

63. Information on the Rules of Golf is sometimes considered advice. (　　)

64. A sprinkler head does not interfere with the lie of the ball, stance, or area of swing; a player may not take relief under the obstruction Rule for mental interference. (　　)

65. In a stroke play hole-by-hole play-off, Player A unintentionally gives incorrect information as to the number of strokes he has taken which causes Player B to lift his ball from the putting green without marking its position. Player A incurs a penalty. (　　)

66. Equipment of the player includes his golf cart whether or not it is motorized. (　　)

67. An outside agency removed a movable gallery control rope without the player's authority that worsened the position of his ball; the player may re-install the rope. (　　)

68. A ball to be lifted under the Rules may be lifted by the player, his partner or another person authorized by the player. (　　)

69. An observer should attend the flagstick, stand at or mark the position of the hole, or lift the ball or mark its position. (　　)

70. An outside agency includes a referee, a marker, a forecaddie and wind. ( )

71. A provisional ball is a ball played under Rule 27-2 for a ball that may be lost outside a water hazard or may be out of bounds. ( )

72. A ball is on the putting green when any part of it touches the putting green. ( )

73. Stakes or lines used o define the margin of or identify a lateral water hazard should be red. ( )

74. A player was unable to find his ball because another player played it; even if his search had lasted more than five minutes, he does not have a lost ball. ( )

75. If a player plays when his opponent should have played. There is one penalty stroke. ( )

76. If a ball when placed fails to come to rest on the spot on which it was placed, it must be replaced without penalty. ( )

77. In the rain, a player holds an umbrella over his head with one hand while holing a short putt with his putter held in the other hand; there is no penalty. ( )

78. A ball lying on an obstruction in a bunker is not considered to lie in the bunker since the margin of the bunker does not extend vertically upwards. ( )

79. A player concedes a hole to his opponent and then learns that the opponent has played a wrong ball from a bunker; there is no penalty and the concession stands. ( )

80. In a bunker, a player lifts his ball under the interference Rule and a fellow-competitor alters the original lie; he must place his ball in a nearby similar lie. ( )

81. In a foursome match, a player drove off the next tee while his partner was practicing putting on the previous putting green; the side lost the next hole. ( )

82. If a player's ball is accidentally deflected or stopped by himself, his partner or either caddies or equipment, the player incurs a penalty of one Stroke. ( )

83. The Rules entitle a player to place his feet firmly in taking his stance. ( )

84. Hazards on the course include both bunkers and water hazards. ( )

85. A player played a stroke with his ball that lay out of bounds; he played a stroke with a wrong ball and is penalized loss of hole in match play. ( )

86. In four-ball match play, a player practiced putting after he and his partner holed out, but before the opponents have completed play; the player is penalized. ( )

87. A player may purposely touch his ball in play with his club in the act of addressing it without penalty. ( )

88. When a player's ball is farther from the hole than an opponent's ball, the player is said to have the honor. ( )

89. A player's ball is deep in thick rough. The player may move the grass round about the ball so that he can play his shot. ( )

90. If a player starts a round with 14 clubs and loses a club during the round, he may add one club to his total. ( )

91. A player does not remove his ball-marker when he replaces his ball on the putting

green and the wind moves his ball to a new position; he must replace his ball. (   )

92. A player places his ball on top of a plastic bottle when teeing off at the 3rd hole. He is disqualified. (   )

93. Snow and natural ice are either loose impediments or casual water at the option of the player. (   )

94. In an individual stroke play event, after holing out a player may smooth the ragged edges of the hole as a courtesy to following players without penalty to anyone. (   )

95. The Committee may not enlist the help of the players in removing casual water from the putting green if they have not finished the hole. (   )

96. If a player takes his stance without a club in a hazard, he has addressed the ball. (   )

97. Based on information given by a spectator, a player was able to identify his ball; his ball should not be deemed lost in these circumstances. (   )

98. A threesome is a match in which one plays against two, and each side plays one ball. (   )

99. A marker must be a fellow-competitor. (   )

100. If a player finds it impossible to repair an old hole plug, he may not discontinue play and request the Committee to raise or lower the plug. (   )

101. Sand and loose soil are loose impediments on the putting green but not elsewhere. (   )

102. A competitor was doubtful of his rights and played a second ball; if neither ball is played in accordance with the Rules, the original ball must count in all situations. (   )

103. A given part of a body of water may not be defined as a water hazard if another part of the same body of water is defined as a lateral water hazard. (   )

104. In a foursome match, a player drove off the next tee while his partner was practicing putting on the previous putting green; the side lost the next hole. (   )

105. A stipulated round is a minimum of 18 holes. (   )

106. A stake defining out of bounds is a movable obstruction. (   )

107. A marker is one who is appointed by the Committee to record a player's score and may include an opponent in match play. (   )

108. A ball is knocked off a tee on the teeing ground with a stroke; if it still lies within the teeing ground, it may be re-teed without penalty. (   )

109. If a competitor is disqualified from a primarily handicap competition for playing off a higher handicap than he was entitled to, he may still claim the gross prize. (   )

110. The out of bounds line extends vertically upwards and downwards. (   )

111. In stroke play, there is no penalty for playing a wrong ball that is in a hazard. (   )

112. A player may purposely touch his ball in play with his club in the act of addressing it without penalty. (   )

113. The line of play is the direction which a player wishes his ball to take after a stroke

plus a reasonable distance on either side. (   )

114. A competitor was doubtful of his rights and played a second ball; if neither ball is played in accordance with the Rules, the original ball must count in all situations. (   )

115. In four-ball stroke play, balls belonging to the same side may be played in the order the side considers best. (   )

116. If a competitor purposely alters the line of putt of a fellow-competitor, he is penalized two strokes unless the Committee decides to impose the penalty of disqualification. (   )

117. A referee is an outside agency. (   )

118. A player may stand on his golf cart in order to play a ball that is stuck up a tree. (   )

119. In a foursome match, a player drove off the next tee while his partner was practicing putting on the previous putting green; the side lost the next hole. (   )

120. A marker is one who is appointed by the Committee to record a player's score and may include an opponent in match play. (   )

121. A score card is a loose impediment. (   )

122. A ball is only in ground under repair when all of it lies in the ground under repair. (   )

123. The spare golf balls in a player's bag are part of his equipment. (   )

124. A player must put an identification mark on his ball. (   )

125. A player may remove leaves in the area that he is to drop a ball on the fairway. (   )

126. Loose impediments are unattached natural objects such as stones, leaves, twigs and branches. (   )

127. Manufactured ice is an obstruction. (   )

128. Soft, mushy earth is casual water whether or not water is visible. (   )

129. A foursome is a match in which two play against two, and each side plays two balls. (   )

130. A player may strike his ball with the grip end of his club. (   )

131. If a player declares his ball which lies in a bunker unplayable, he may drop a ball within two club-lengths of where it lies, not nearer the hole but it must be dropped in the bunker. (   )

132. If any point in dispute is not covered by the Rules, the decision should be made in accordance with equity. (   )

133. In stroke play, a competitor taps down spike marks on the putting green on his line of putt. There is no penalty. (   )

134. A ball is out of bounds when all of it lies out of bounds. (   )

135. The player who is to play first from the teeing ground is said to have the Hon-our. (   )

136. In match play, if a player plays a stroke with a wrong ball anywhere on the course he shall lose the hole. (   )

137. A player may employ two caddies at the same time during a round. (　)

138. A ball is lost if a player has played a provisional ball from a point nearer the hole than where the original ball is likely to be. (　)

139. In stroke play, the penalty for dropping a ball in an incorrect manner is two strokes. (　)

140. All ground or water within the margin of a water hazard is part of the hazard. (　)

141. If a player's club strikes the ball more than once in the course of a stroke the player shall replace the ball and incurs a two stroke penalty. (　)

142. The flagstick may be non-circular in cross-section. (　)

143. Material piled for removal by a green keeper is ground under repair. (　)

144. A forecaddie is not an outside agency. (　)

145. A player must start a stipulated round with fourteen clubs. (　)

146. In both match and stroke play, if the player accidentally touches his ball in play, he incurs a penalty stroke. (　)

147. A competitor played from the tee, lifted his ball which he erroneously thought was out of bounds, and played the ball again from the tee; he now lies three. (　)

148. A player played a wrong ball thinking it was his provisional ball; there is no penalty for playing a wrong ball if the provisional ball does not become the ball in play. (　)

149. A player's ball is accidentally moved by an opponent's caddie; unless the caddie was searching for the player's ball, the opponent is penalized one stroke. (　)

150. If a player plays any strokes in a hazard with a wrong ball there is no penalty. (　)

151. A marker is one who is appointed by the Committee to record a player's score and may include an opponent in match play. (　)

152. A player is entitled to discontinue play if he believes there is danger from an electrical storm. (　)

153. A ball is in a bunker when any part of it touches the bunker. (　)

154. The position of a ball must be marked with a ball marker, a small coin or other similar object. (　)

155. A hole made by a dog is an abnormal ground condition. (　)

156. A caddie is one who assists the player in accordance with the Rules. (　)

157. If a player plays a stroke with a wrong ball in a four-ball match, his partner incurs no penalty even if the wrong ball belongs to him. (　)

158. A water hazard must contain water. (　)

159. In repairing an old hole plug, the player presses down a spike mark within the hole plug; the player incurs no penalty. (　)

160. A player may ground his club in sand in a bunker when his ball lies outside the bunker. (　)

模拟试题十答案

1. ×	2. √	3. √	4. √	5. ×	6. √	7. √	8. ×	9. √	10. ×
11. ×	12. √	13. ×	14. √	15. ×	16. ×	17. √	18. √	19. √	20. √
21. √	22. ×	23. ×	24. √	25. ×	26. √	27. ×	28. √	29. √	30. ×
31. √	32. √	33. ×	34. ×	35. √	36. √	37. ×	38. √	39. √	40. √
41. √	42. √	43. ×	44. ×	45. √	46. √	47. ×	48. √	49. ×	50. √
51. √	52. ×	53. ×	54. √	55. √	56. √	57. √	58. √	59. ×	60. ×
61. √	62. √	63. ×	64. √	65. ×	66. √	67. √	68. √	69. ×	70. ×
71. √	72. √	73. ×	74. ×	75. ×	76. √	77. √	78. ×	79. ×	80. ×
81. √	82. √	83. √	84. √	85. √	86. ×	87. √	88. ×	89. ×	90. ×
91. ×	92. √	93. √	94. √	95. ×	96. ×	97. √	98. √	99. ×	100. ×
101. √	102. ×	103. ×	104. √	105. √	106. ×	107. ×	108. ×	109. √	110. √
111. ×	112. √	113. √	114. ×	115. √	116. √	117. √	118. ×	119. √	120. ×
121. ×	122. ×	123. √	124. ×	125. √	126. √	127. √	128. ×	129. ×	130. ×
131. √	132. √	133. ×	134. √	135. √	136. √	137. ×	138. √	139. ×	140. √
141. ×	142. ×	143. √	144. ×	145. ×	146. √	147. √	148. ×	149. √	150. ×
151. ×	152. √	153. √	154. √	155. ×	156. √	157. √	158. ×	159. √	160. √

附录　规则英文词汇

A

a ball 一个球

address 瞄球

advice 助言

abnormal ground conditions(缩写 AGC)异常球场状况

addressing the ball 击球准备

again 重新击球，play again 的缩写

against logy 加一杆赛

against par 标准杆

attendant 照管

authority 权利

aid 帮助

angle 角度

against 反对

aside 旁边

approximately 大约

allowed 允许

against wind 逆风、顶风

arc 杆头弧线，挥杆时，杆头经过的轨道

B

ball holed or holed 球进洞或进洞

ball in play 使用中球

best-ball 最佳球赛

burrowing animal 掘穴动物

briefly 短暂

broken line 虚线

back 朝后、向后

back sole 杆头底部朝后

back spin 倒旋球

back swing 上杆

bad luck 球运欠佳
balance 平衡
ball mark 球痕
best ball 好球
birdie 小鸟球,或博蒂,低于标准杆一杆
blind 盲点,目标由于树木或地形起伏看不见的时候
blind hole 盲洞
bogey "柏忌",高于标准杆一杆
booby "BB"奖、倒数第一,精神奖
bunker 沙坑

C

casual water 临时积水
caddie 球童
course 球场
committee 委员会
competitor 比赛者
considered 认为
clod 土块
complying 遵守
covered 覆盖
concession 承认
claims 声称
claim 抗议
caddie fee 球童费
card 记分卡
cart 球车
chip 低飞球
chip shot 打出滚地球让球滚进球洞
circuit 巡回赛
close 朝内
close tee 球停在草坪地带短草上
closed stance 关闭式站姿势
club 球杆
club face 杆面:杆头击球面
club handicap 俱乐部名人赛:各俱乐部登记的高得分者,不被公开赛所认可
club head 杆头
club house 俱乐部会所
club length 杆长:测定球位置距离的标准
cock 屈腕挥杆

competition 比赛
cut 切击
cut in 切入
cut up 高抛球
D
dormice 等洞方
daffy 4 号木杆
dig in 挖地
digging 杆头击中地面
dipping 倾斜
disqualify 取消比赛资格
divot 杆头削去草皮、草痕
dog leg 狗腿洞
double eagle 双老鹰,低于标准杆三杆
double bogey 双柏忌,高出标准杆二杆
down swing 下杆
draw 左曲球
drive 发球
driver 木杆
driving range 练习场
disregarded 忽视
damage 损坏
dislodged 驱逐
deliberately 故意
declare 宣布
E
effort 费力
equidistant 等距离
eliminate 消除
expect 预期
edge 果岭及障碍物球洞等四周边缘
entrance fee 入场费
extra hole 延长比赛用球洞
F
forms of stroke play 比杆赛的形式
forms of match play 比洞赛的形式
foursome 四人两球赛
four-ball 四球赛
face 杆面

fairway 球道

fairway banker 球道沙坑

fairway wood 球道木

fellow competitor 同伴比赛者

finish 比赛结束

follow wind 顺风(也可以说 fallow)

fore 看球!

fore caddie 观察球童

foursome 一组二人同他组对抗,各组相互击出一个球

fried egg 荷包蛋(陷入沙坑内的球)

full set 整组球杆(14 支)

full swing 全挥杆

fails 失败

flagstick 旗杆

G

green keeper 果岭管理员

green keeping staff member 球场管理员

ground under repair(缩写 GUR) 整修地

general rule 基本规则

gloves 手套

green 果岭

green guard bunker 果岭边缘的沙坑

grip 基本握杆法

grooved swing 正确挥杆动作

gross 总杆

ground address 杆头触地

H

half 半场

half swing 轻挥杆(打击一半距离的方法)

handicap 差点:与赛者的实力与标准杆之差数。例如:某人实力 92 杆,其与标准杆 72 杆差 20 点,则其差点为 20

hazard 障碍区:指水障碍区和沙坑

head 杆头

hole 球洞

holed 球进洞

hole down 净负洞数

hole in one 一杆进洞

honor 优先击球权

hook 左曲球

I

intended 意图

improved 改变

improper manner 方式(或不适当方式)

inapplicable 不适用

intention 目的

inspect 检查

ignore 忽视

in play 进行比赛中:指开球到球进洞而言

in playable 死球(球进入不能打击处)

in side 内侧

invitation watch 邀请赛

iron 铁杆

J

jigger 10 号铁杆或 11 号铁杆

L

line of play 打球线

line of putt 推击线

lost ball 遗失球

loose impediments 散置障碍物

loose impediment 散置障碍物,如球场内树叶、石块等

last crossed the outermost limits 最外侧边缘点

last crossed the margin of the hazard 最后入水点

lady tee 女子发球区

last hole 最后一洞,决定胜负的最后一洞

lateral water hazard 侧面水障碍

length 长度:球场距离

lie 球位:杆柄和球杆底部的角度

lift 挑高球,将球击高

line 指推球线,球与洞中的连线

links 海滨球场

lip 洞边:球洞边缘

local rule 当地规则或特殊规则

loft 球杆的倾斜度、击球面的角度

long putt 推杆距离

M

may 可以

must 必须

marker 记分员

mental 精神
meaning of elements 自然环境
measured 尺寸
move or moved 移动或被移动

N

nearest point of relief(NPR)最近补救点
nine 9 洞的高尔夫球场
nine-iron 9 号铁杆
nineteenth-hole/19th hole 第 19 洞、指高尔夫球场或俱乐部的酒吧——打完球后喝一杯的场所
no return 未提交记分卡，弃权
number 号码，球杆的杆号

O

obtaining 获得
outside agency 局外者
obstructions 妨碍物
observer 观察员
opportunity 机会
oscillate 晃动
overhanging 悬停
obliged 迫使
opponent 对手
out of bounds(缩写 OB)界外
OB 界外——见 out of bound
obstruction 妨碍物
official competition 正式比赛
on 球上果岭
opponent 比洞赛中的对手
out 18 洞高尔夫球场中前 9 洞的俗称
out course 18 洞球场中的前 9 洞
over spin 上旋
over swing 过度挥杆

P

prevent 防止
procedures 程序
possible 合理
provision 规定
provisional ball 暂定球
putting green 果岭

penalty stroke 罚杆

partner 伙伴

pairing 比杆赛中两个球员一起打球的编组

par break 打出较标准杆低的成绩

park\parkland 短草区域较多、只有少部分长草区的球场

pass 先行通过

PGA 职业高尔夫球员协会的简称——全称为 professional golfers' association

PGA tour 职业巡回赛

pitch 切击

pitch-in 直接切击入洞

place 1.地点,场所　　2.放置球

point 点,得分

R

R & A(royal and ancient) 英国高尔夫球协会正式名称应为[皇家古代高尔夫球俱乐部(royal & ancient golf club)]

roll in 推击入洞

recalled 取消

rakes 沙耙

repair 修理

referee 裁判员

rule or rules 规则

rub of the green 球被意外变向

S

should 应当

spin 旋转

solely 单独

saliva 口水

starts 开始

solid line 实线

shade 阴影

substitutes 替换

subsequently 随后

stray ball 遗弃的球

side 一方

stipulated round 规定一轮

stance 站位

stroke 击球

substituted ball 替换球

single 个人赛

T

the ball 该球,此球

teeing ground 发球区

through the green 果岭区通道或球场通道

threesome 三人两球赛

three-ball 三球赛

take away 上挥杆

tee 球座

take back 后摆杆;上挥杆

tee-shot 发球区上的第一杆,在发球区上的第一次击球

thin 打“薄”了——指在击球时球杆杆头打在球中心的上部

three-putt 三推击

trolley 手推车

top 上面

towel 毛巾

U

unless 除非

unplayable 不可打

V

virtually 实际

vertical 垂直

W

wrong putting green 错误的果岭

water hazard 水障碍区

wrong ball 错球

高尔夫球规则课程标准(仅供参考)

一、课程定位

高尔夫球规则课程是高尔夫运动技术专业的核心课程，是高尔夫俱乐部商务管理专业、高尔夫球场服务与管理专业的必修课程，满足高尔夫赛事运作管理、球童培训、高尔夫运动队训练等工作需要，以高尔夫球场案例实训，结合高尔夫裁判员、高尔夫教练员、高尔夫赛事运作管理、高尔夫球童、高尔夫球员比赛中实际案例进行模拟实训，使学生掌握高尔夫赛事裁判、执裁、临场案例处理等核心职业能力，并为学习后续课程高尔夫专业技术、高尔夫战术策略、高尔夫竞赛组织与管理奠定坚实的基础。

二、学习目标

能够灵活运用规则处理临场案例，为球员发生的案例及时提供解决方法建议，及时处理发生的案例，并做出正确判罚，能够按照规则要求合理设置比赛场地，组织小型比赛，进行球童规则培训，能进行赛事裁判工作。

1.专业能力

(1)具有运用规则条款及判例判罚的标准和操作程序，进行正确处理案例的能力；

(2)具有运用规则完成赛事场地的设置、赛事组织的能力；

(3)具有运用规则条款进行案例处理，球员投诉的处理的能力；

(4)具有进行高尔夫规则教学、进行员工规则培训的能力；

(5)具有独立策划高尔夫商业赛事的能力；

(6)具有赛事执裁的基本能力，具有监控、处理赛事运作中突发事件的能力。

2.方法能力

(1)具有自学掌握高尔夫球规则定义、条款内容、案例操作方法的能力；

(2)具有进行高尔夫球规则案例分析判断的能力；

(3)具有分析和解决实际规则案例中的一般问题、突发事件的能力；

(4)具有独立制订赛事组织计划与组织实施的能力；

(5)具有自勉和完善自我的能力。

3.社会能力

(1)具有良好的沟通和语言表达能力；

(2)具有良好的人际沟通和自我推销能力；

(3)具有良好的组织与协调能力；

(4)具有良好的创新意识和团队合作精神；

(5)具有良好的职业道德和敬业精神；

(6)具有良好的适应环境和适应社会能力。

三、学习内容

《高尔夫球规则》课程共计:80 学时。

主要学习内容有：

(1)高尔夫球场礼仪；

(2)规则定义(行为用语、人的用语、球的用语、物件用语、球场用语)；

(3)规则条款(规则 1～34、当地规则)；

(4)案例实训(发球区判例、球洞区通道判例、障碍区判例、果岭区判例实训)；

(5)现场模拟比赛；

(6)赛事执裁。

四、学习情境设计

学习情境 1:“球员”在发球区、球洞区通道比赛。

参考学时:6 学时。

学习目标:通过球场真实情境模拟比赛,设置各种案例情景,模拟球员打球、裁判执裁、球童服务,熟练案例操作,掌握案例操作程序。

场地设备及工具条件要求:高尔夫球场地或练习场,具有沙坑、果岭、水障碍区等条件,准备高尔夫球杆、球、球座、mark、毛巾等。

教学组织与方法建议：

(1)教师现场模拟案例,学生模拟球员或裁判员现场解决问题,先说出思路,再实际操作,让学生分析判断对错。

(2)学生设置案例情景,学生解决问题,教师点评。

(3)教师设置案例情景与学生设置疑难案例情景相结合,教师解决疑难案例。

(4)师生共同采用角色扮演(球员、裁判员、球童、局外者等)模拟真实情境比赛、裁判。

(5)学生点评与教师点评相结合。

学习情境 2:“球员”在障碍区、果岭区比赛。

参考学时:4 学时。

学习目标:通过球场真实情景模拟比赛,布设各种案例情景,模拟球员打球、裁判执裁、球童服务,熟练案例操作,掌握案例操作程序。

场地设备及工具条件要求:高尔夫场地障碍区或练习果岭,具有沙坑、果岭、水障碍区等条件,准备高尔夫球杆、球、球座、mark、毛巾等。

教学组织与方法建议：

(1)教师现场模拟比赛球员或学生模拟球员或裁判员现场解决问题,先说出案例分析的思路,再实际操作,让学生分析判断提出裁判方法并做出裁定。

(2)学生设置案例情景,学生解决问题,教师点评。

(3)教师设置案例情景与学生设置疑难案例情景相结合,教师解决疑难案例。

(4)师生共同采用角色扮演(球员、裁判、球童、局外者等)模拟案例实训。

(5)学生点评与教师点评相结合。

学习情境3:球场比赛现场执裁。

参考学时:4学时。

学习目标:通过球场比赛现场执裁,比赛中布设各种综合案例情景,教师模拟球员打球、裁判执裁、球童服务,熟练案例操作,掌握案例操作程序。

场地设备及工具条件要求:高尔夫球场或具有发球区,果岭,沙坑、果岭、水障碍区等条件的练习场地,准备高尔夫球杆、球、tee、mark、毛巾等。

教学组织与方法建议:

(1)教师球场比赛,学生模拟球员打球或裁判员现场解决问题,先说出解决问题的思路,包括几种选择,现场分析每种选择的利弊,实际操作,让学生分析判断并做出裁定。

(2)学生设置比赛中的情景,学生分析判断选择,解决问题,教师点评。

(3)教师设置案例情景与学生设置疑难案例情景相结合,教师解决疑难案例。

(4)师生共同采用角色扮演(球员、裁判、球童、局外者等)模拟案例实训。

(5)学生点评与教师点评相结合。

学习情境4:模拟比赛执裁。

参考学时:12学时。

学习目标:通过现场模拟比赛执裁实训,布设各种现场模拟比赛执裁案例情景,模拟球员打球、裁判执裁、球童服务,熟练案例操作,掌握案例操作程序。

场地设备及工具条件要求:高尔夫球场,准备高尔夫球套杆、球、tee、mark、毛巾等。

教学组织与方法建议:

(1)学生4人一组进行比赛"球员",安排4个人做"球童",安排2人做"局外者",其他同学做"裁判员"。

(2)打球过程中发生案例,"裁判员"学生模拟球员打球或裁判员现场解决问题,先由"球员"说出处理方法。

(3)再由"裁判员"给出解决问题的思路,包括有几种选择,现场分析每种选择的利弊,在实际操作中,让"裁判员或球员"分析判断对错。

(4)"裁判员或球员"点评与教师点评相结合。

五、考核方案

本课程除了学生对高尔夫球规则定义、规则条款的掌握程度,还要考核对规则案例的分析判断能力等专业能力进行考核,还要兼顾裁判能力,规则判例的学习能力的评价,加大高尔夫球规则实践项目考核的比重,突出过程性评价。考核内容尽量按高尔夫球规则的实际要求来进行,注重考核学生的综合应用能力和综合素质。在考核过程中,对定义和规则条款进行理论考核,对实操训练进行实操考核。为了鼓励学生学习,对考取中国高尔夫球协会裁判证书的学生给予期末考试加分奖励,裁判考核成绩可以替代期末考核成绩。对考取国家级裁判员证书的学生给予企业奖学金奖励,具体考核办法:

第一学期:理论(56学时)考核方案:

(1)考勤及平时表现占15%;

(2)其中理论考试占 20%；

(3)期末考核占 65%。

第二学期：实操考核(24 学时)考核方案：

(1)考勤及平时表现占 15%；

(2)期末实操考核占 85%；

(3)对考取中国高尔夫球协会裁判证书的学生给予期末考试加分奖励。

六、实施建议

1. 情境设计及项目、任务选取建议

情境设计要结合高尔夫球场比赛的具体情形进行设计，具有可操作性，体现教学改革的创新性和先进性。项目任务的选取要体现高尔夫职业岗位实际技能需求，不宜过难、过多，项目要由易到难、由浅入深、循序渐进，具有真实性(常见性)、典型性。

以典型案例分析为基础，依据实际的裁判操作流程，设计三个基本教学环节(多媒体教学、模拟、现场案例、执裁实训)、三个辅助教学环节(赛事实习、专项执裁实训、裁判员职业资格培训考核)的六个教学情境。

2. 教学资源利用建议

将《高尔夫球规则》课程设计为若干个实训工作任务，如高尔夫球童工作中遇到的规则案例处理方法、高尔夫球员比赛中遇到的规则判例的处理方法、高尔夫裁判员处理规则判例的方法，学生分别模拟球员、裁判员、球童等在不同的比赛形式中处理各种规则案例的方法，掌握高尔夫球规则判例的分析处理基本方法和技能，使学生在真实的案例环境中分析处理规则问题。

教学过程中，根据高职学生特点和实际情况灵活采用多种教学方法，充分利用多媒体教学设备、有效调动学生学习的兴趣。多使用情境模拟、案例讨论、案例实训、球场实训、赛事实践等教学组织形式，采用教、学、练三者结合以练为主的教学方式，以自主学习、小组讨论和网络学习、案例分析等方式来训练学生的独立思考能力、协作攻关能力、解决问题能力和创新能力等。

3. 教材及参考资料使用建议

教材应突出实用性，应具有前瞻性，避免将职业能力单纯地理解为技能操作。教材应图文并茂，突出重点，重在激发学生的主动性与积极性。教材中的活动设计应具有可操作性。建议使用的教材、参考资料，包括中国高尔夫球协会裁判员培训考核规程、培训考核方式题型等。

校企合作建设与本课程相配套的教学资源库，包括学生学习指导手册、教师教学指导手册、教案、多媒体课件、教学录像、案例库、试题库、技能训练库、工学结合特色教材等。必须依据本课程标准编写教材；教材应充分体现注重实践的特点，要以任务引领，以实践导向，通过实际案例，情景模拟和课后拓展作业等多种手段，采用递进和并列相结合的方式来组织编写，使学生在实训中学会本领，形成裁判能力。

七、其他相关说明

本课程标准按照工作岗位能力培养要求，结合高尔夫球规则要求，联合全国高尔夫多家高尔夫院系规则教师与铁岭龙山高尔夫培训俱乐部等企业专家合作开发完成。

推荐课时安排(第一学期)

周次	课次	授课内容	教学形式	课时
一	1	下场学规则	球场参观	2
	2	下场学规则	球场实践	2
二	3	下场学规则	球场实践	2
	4	现场执裁体验	球场实践	2
三	5	高尔夫术语定义(一)	理论	2
	6	高尔夫术语定义(二)	理论	2
四	7	高尔夫术语定义(三)	理论	2
	8	高尔夫术语定义(四)	理论	2
五	9	高尔夫术语定义(五)	理论	2
	10	高尔夫术语定义(六)	理论	2
六	11	高尔夫术语定义(七)	理论	2
	12	高尔夫术语定义(八)	理论	2
七	13	规则 1～3	理论	2
	14	规则 4～6	理论	2
八	15	规则 7～8	理论	2
	16	规则 9～11	理论	2
九	17	规则 12～13	理论	2
	18	规则 14～15	理论	2
十	19	规则 16～17	理论	2
	20	规则 18～19	理论	2
十一	21	规则 20	理论	2
	22	复习	理论	2
十二	23	规则 21～23	理论	2
	24	规则 24～25	理论	2
十三	25	规则 26	理论	2
	26	规则 27～28	理论	2
十四	27	规则 29～34、当地规则 1～4、业余规则	理论	2
	28	复习	理论	2
合计				56

推荐课时安排(第二学期)

周次	课次	授课内容	教学形式	课时
一	1	中高协裁判员考试安排介绍	理论	2
二	2	发球台、球道规则	理论	2
三	3	沙坑规则、水障碍区规则、球洞区规则	理论	2
四	4	发球台、球道模拟案例实训	球场实操	2
五	5	沙坑模拟案例实训	球场实操	2
六	6	水障碍区模拟案例实训	球场实操	2
七	7	球洞区模拟案例实训	球场实操	2
八	8	现场综合模拟案例实训	球场实操	2
九	9	比赛执裁实践	执裁实践	2
十	10	比赛执裁实践	执裁实践	2
十一	11	比赛执裁实践	执裁实践	2
十二	12	实操考核	球场实操	2
合计				24

注：课时安排仅供参考。

参 考 文 献

[1] R&A 和 USGA. 2012—2013 年《Decisions on the Rules of Golf》.
[2] 李今亮. 高尔夫规则细解. 北京:法律出版社,2012.
[3] 黄民隆. 话说高尔夫规则判例. 北京:中国作家出版社,2008.
[4] 黄民隆. 高尔夫规则裁定集. 北京:中国作家出版社,2008.
[5] 裴勇. 高尔夫实战法则. 北京:新星出版社,2006.

沙坑中的散置障碍物

霜——不是散置障碍物

水障碍区内的球

异常球场状况——鸟制造的坑

整修地

正在修理的沙坑——整修地

标定为异常球场状况的球场部分

不可打之球

不可移动妨碍物 1

不可移动妨碍物 2

不可移动妨碍物之内的球

发球区标志——发球后成为可移动妨碍物

果岭上陷入地面的球

果岭鼠洞

果岭鼠洞——异常球场状况

可移动妨碍物 1

可移动妨碍物 2

码数点影响打球可以按照整修地补救

球痕

球童

散置障碍物——蜜蜂

散置障碍物——蜻蜓

散置障碍物——蠕虫

散置障碍物——蛇

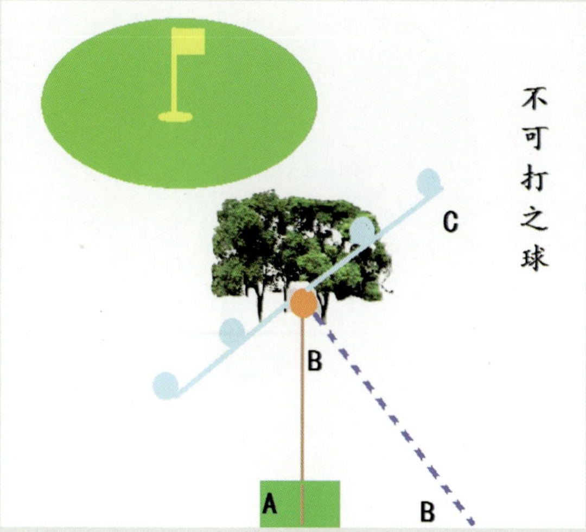

不可打之球

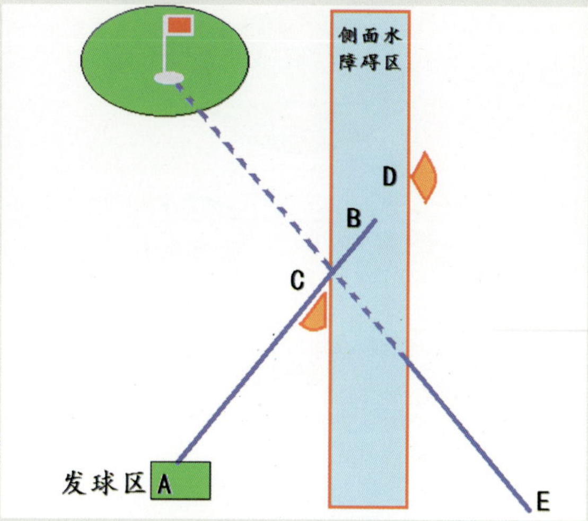

侧面水障碍区 1

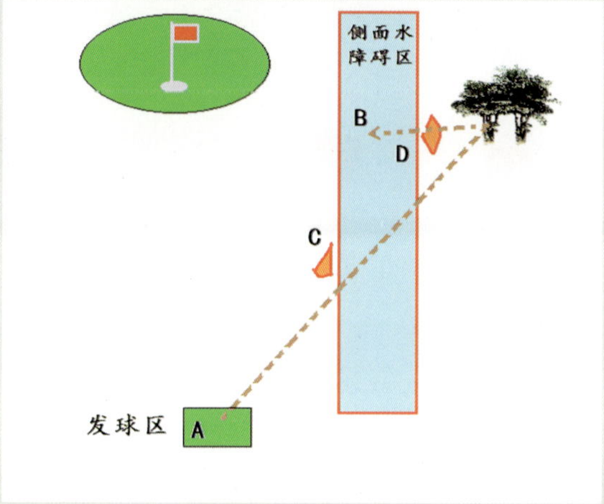

侧面水障碍区 2

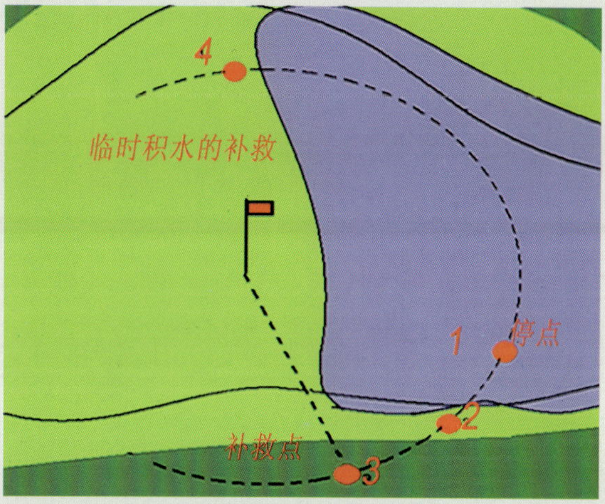

果岭临时积水补救

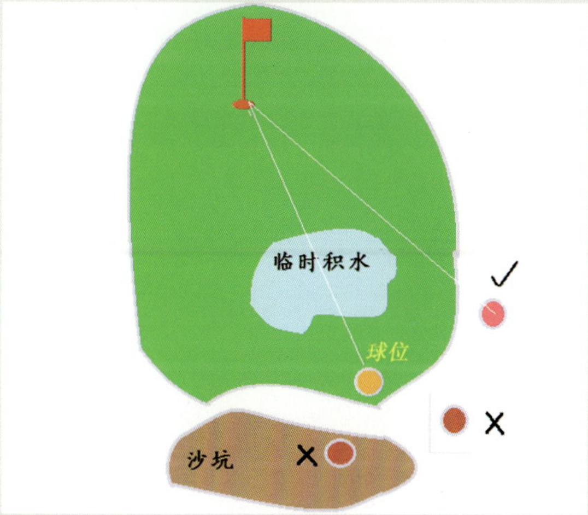

果岭上临时积水的补救

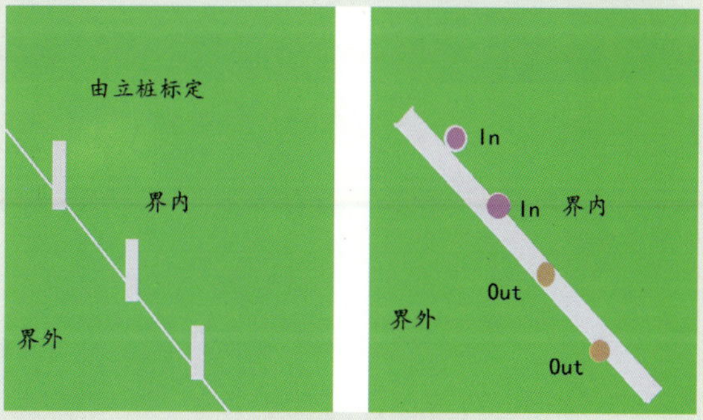

界内、界外

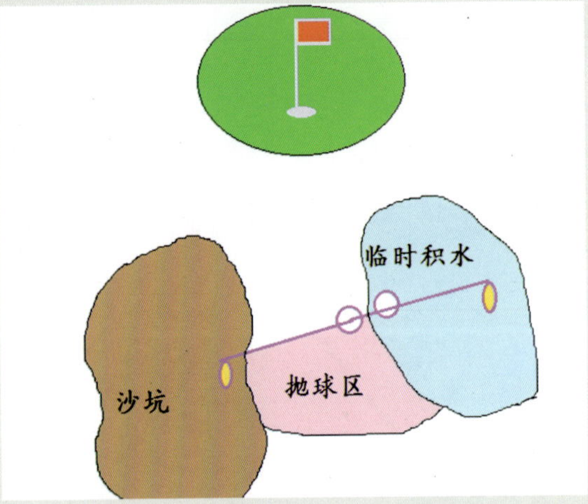

临时积水

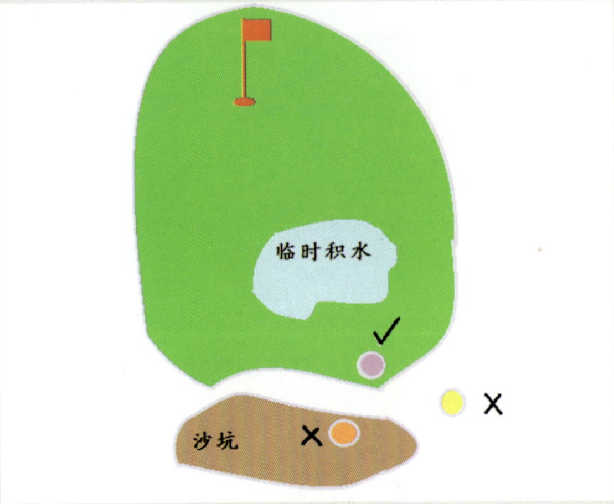

临时积水、沙坑

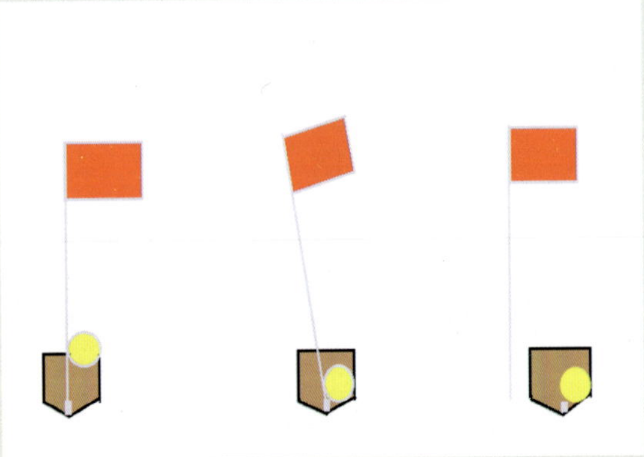

球进洞 1

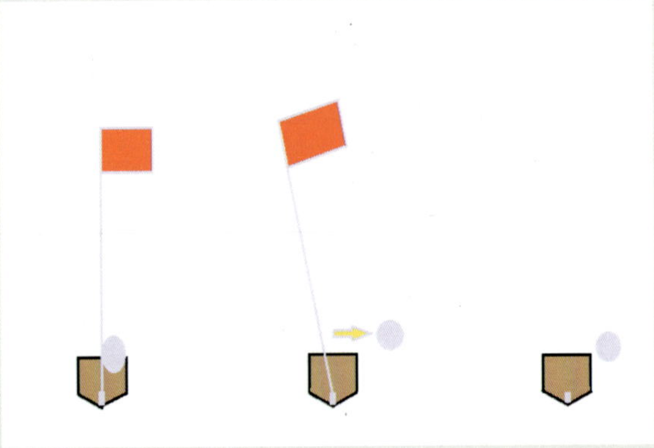

球进洞 2

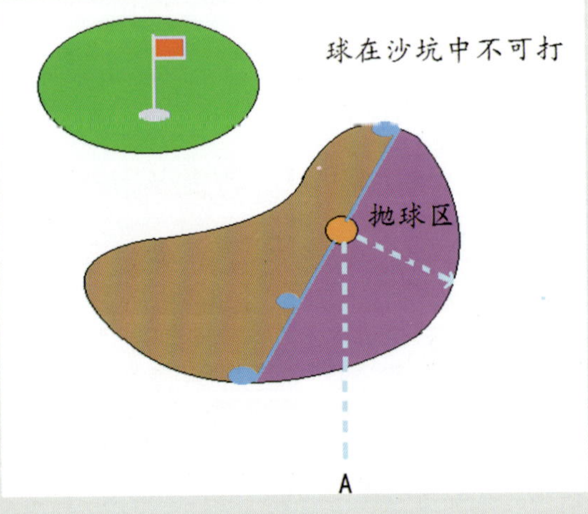

球在沙坑中不可打

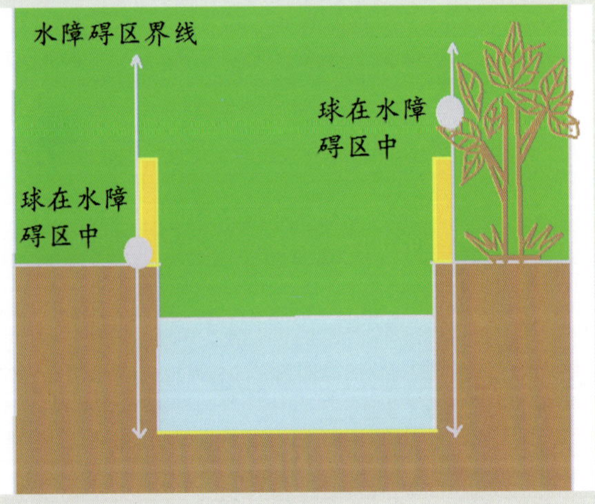

球在水障碍区中

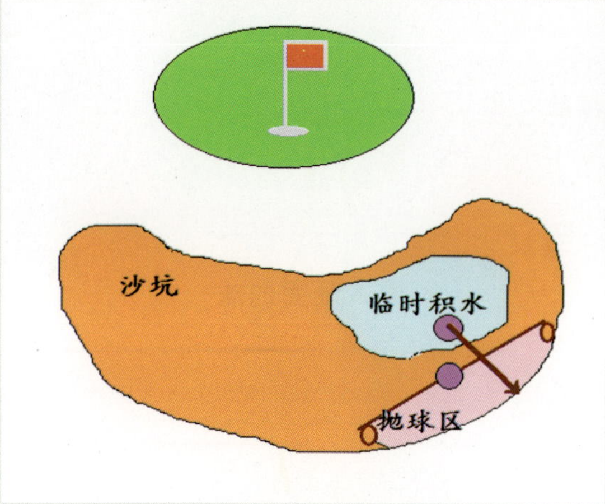

沙坑临时积水补救

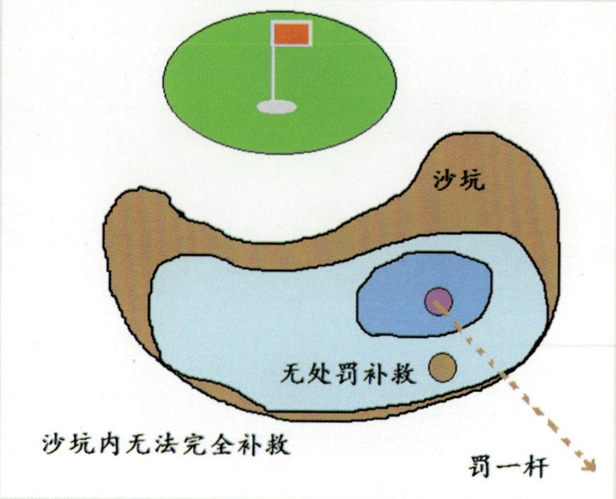

沙坑内无法完全补救

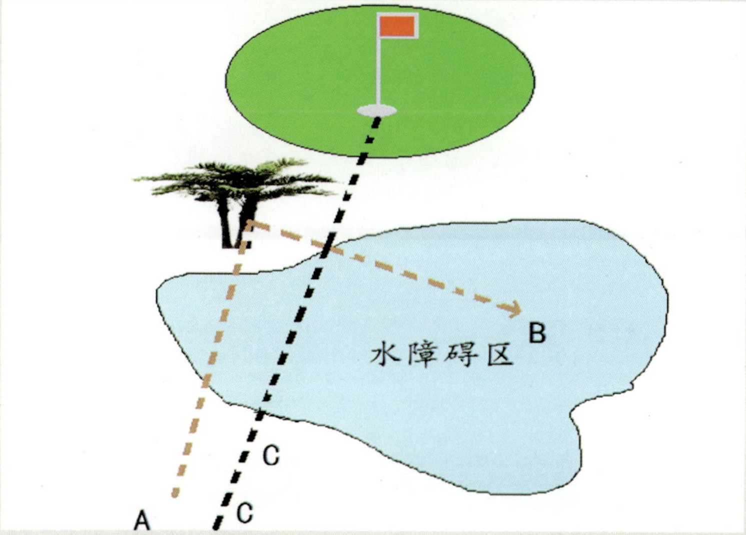

水障碍区 1

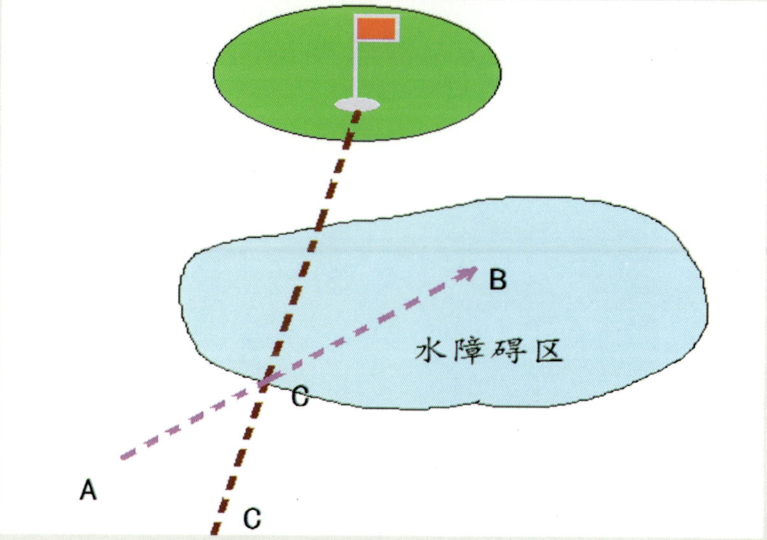

水障碍区 2

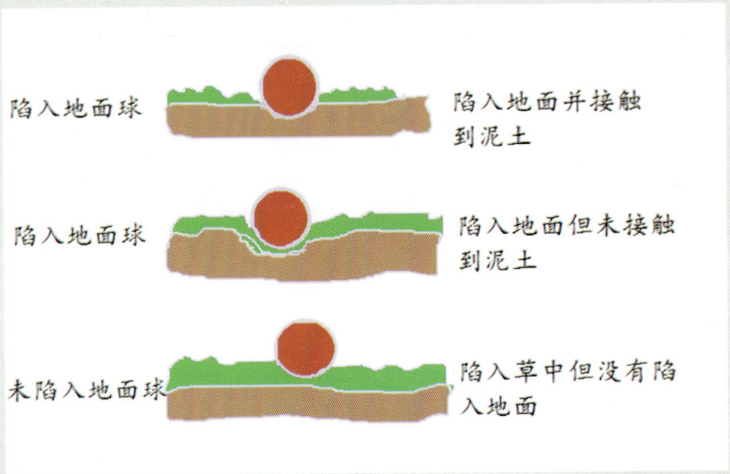

陷入地面的球

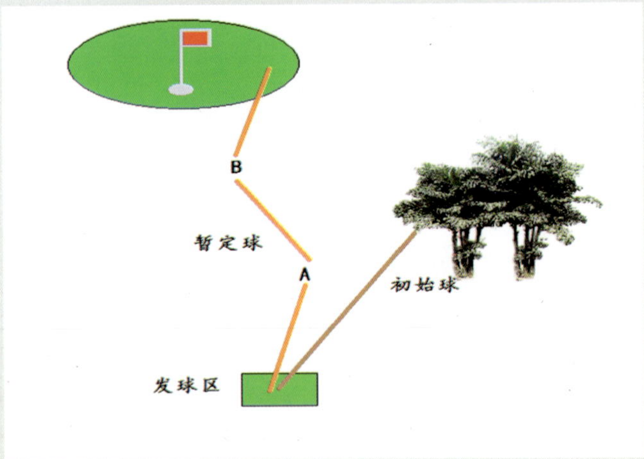

暂定球

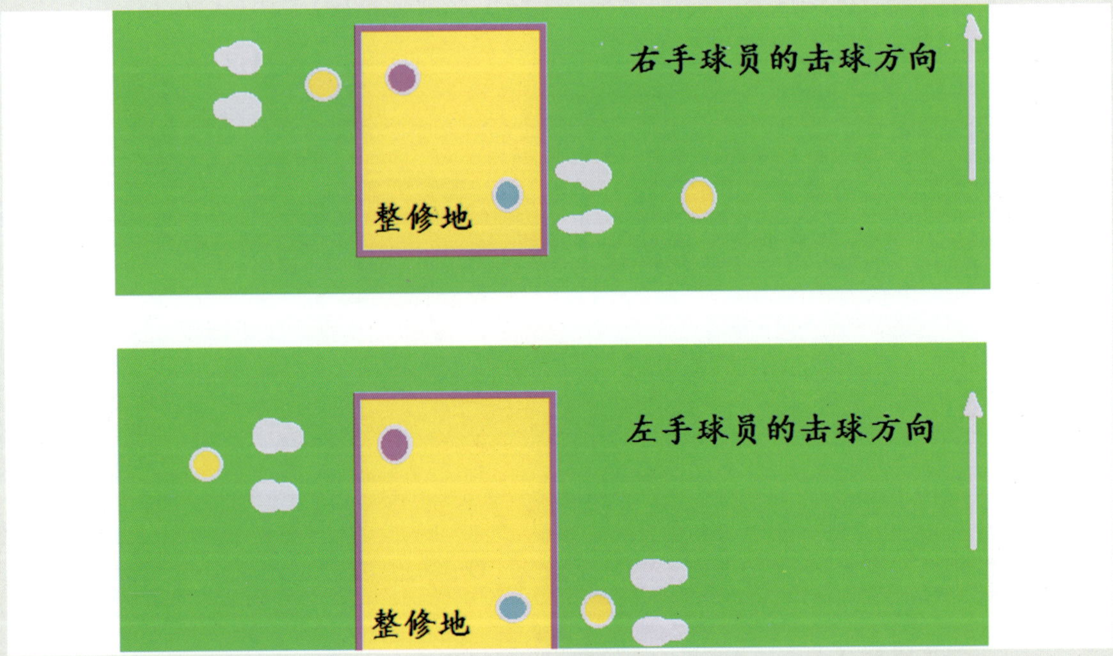

左右手击球方向